D1724606

Erfolgskonzepte Praxis- & Krankenhaus-Management

Ihre Erfolgs-Konzepte für Klinik und Praxis

Als Arzt sind Sie auch Führungskraft und Manager: Teamführung, Qualitätsmanagement, Kodier- und Abrechnungsfragen, Erfüllung gesetzlicher Vorgaben, patientengerechtes Leistungsspektrum, effiziente Abläufe, leistungsgerechte Kostensteuerung …
Zusätzliche Kompetenzen sind entscheidend für Ihren Erfolg.

Agieren statt reagieren

Gestalten Sie zielgerichtet die Zukunft Ihres Unternehmens – als Organisator, Stratege und Vermarkter.

Mathias Brandstädter

Sandra Grootz

Thomas W. Ullrich

Interne Kommunikation im Krankenhaus

Gelungene Interaktion zwischen
Unternehmen und Mitarbeitern

 Springer

Mathias Brandstädter
Leiter Stabsstelle
Unternehmenskommunikation
Uniklinik RWTH Aachen
Aachen

Thomas W. Ullrich
Director Consulting/Strategic Advisor
komm.passion GmbH
Düsseldorf

Sandra Grootz
Stellv. Leiterin Stabsstelle
Unternehmenskommunikation
Uniklinik RWTH Aachen
Aachen

ISBN 978-3-662-45153-3   ISBN 978-3-662-45154-0 (eBook)
DOI 10.1007/978-3-662-45154-0

Die Deutsche Nationalbibliothek verzeichnet diese Publikation in der Deutschen Nationalbibliografie;
detaillierte bibliografische Daten sind im Internet über ► http://dnb.d-nb.de abrufbar.

Umschlaggestaltung: deblik Berlin
Fotonachweis Umschlag: ©Thinkstock/ Jochen Sands
Satz: Crest Premedia Solutions (P) Ltd., Pune, India

Gedruckt auf säurefreiem und chlorfrei gebleichtem Papier

Springer-Verlag ist Teil der Fachverlagsgruppe Springer Science+Business Media
(www.springer.com)

Vorwort

Steigender Wettbewerb, enge Budgetvorgaben, hoher Innovationsdruck, rege Bautätigkeiten, reichhaltige Unternehmensgeschichten, eklatanter Fachkräftemangel, Internationalisierung der Belegschaft, spezielles Berufsethos und Ständebewusstsein sowie eine starke Trennung der Berufsgruppen: Es würde schwerfallen, so scheint es doch auf den ersten Blick, sich erstklassigere Betätigungsfelder für interne Kommunikation auszumalen als deutsche Krankenhäuser. Wer solche Herausforderungen hat, braucht sich um die Themen interner Kommunikation keine Gedanken zu machen. Umso erstaunlicher ist es, dass diese Betätigung in vielen Fällen kaum begonnen hat. Mehr noch: Auch die inhaltliche Auseinandersetzung mit dem Thema beschreibt bislang eine Leerstelle; interne Kommunikation in deutschen Krankenhäusern geschieht, wenn überhaupt, offenbar noch weitgehend intuitiv. Das muss nicht immer falsch sein – ist aber auch nicht stets im Interesse des Hauses.

Dieses Buch bietet erstmalig einen Beitrag zur methodischen Anleitung und strategischen Ausrichtung interner Kommunikation im Krankenhaus. Ausgehend von einer Begriffsbestimmung unternimmt es eine theoretische Fundierung interner Kommunikation im Konzert der Disziplinen moderner Unternehmenskommunikation. Es skizziert, gewissermaßen als Hands-on-Workshop, die Funktionsweise sowie die Vorzüge und Reichweite der einzelnen Kanäle in Theorie und Praxis und untersucht ihre Reichweite und Wirksamkeit im Hinblick auf die Kommunikationsziele Bekanntheit, Image, Einstellung und Verhalten. Es handelt in der Folge die relevanten Instrumente einer strategischen Mitarbeiterkommunikation ab und skizziert Sondersituationen wie Imagekrisen und Fusionen, die sowohl vom PR-Fachmann als auch von der Geschäftsführung besonderes Feingefühl in der hausinternen Darstellung erfordern. Welche Hürden im Rahmen der praktischen Einführung oder Verbesserung der internen Kommunikation zu nehmen sind, zeigen der abschließende Transfer und Praxischeck.

Wir bedanken uns für Ihr Vertrauen beim Erwerb des Buches und wünschen eine anregende und fruchtbare Lektüre. Sollten Sie Fragen oder Anregungen haben, zögern Sie bitte nicht, uns zu kontaktieren. Wir freuen uns auf Ihr Feedback!

Die Autoren

Mathias Brandstädter
mbrandstaedter@ukaachen.de

Sandra Grootz
sgrootz@ukaachen.de

Thomas W. Ullrich
tu@webosoph.de

Inhaltsverzeichnis

Serviceteil

Grundlagen der internen Unternehmenskommunikation

Thomas W. Ullrich

M. Brandstädter et al., *Interne Kommunikation im Krankenhaus*, Erfolgskonzepte Praxis- &
Krankenhaus-Management, DOI 10.1007/978-3-662-45154-0_1, © Springer-Verlag Berlin Heidelberg 2016

1.1 Einführung und Begriffsbestimmung

Interne Kommunikation geschieht immer dann, wenn Menschen in einem Unternehmen bzw. in einer Organisation aufeinandertreffen. Auch für die Angehörigen eines Unternehmens gilt also: »Man kann nicht nicht kommunizieren« (Watzlawick et al. 1969, S. 53). Doch genau diese Art der Kommunikation ist nicht gemeint, wenn von interner Unternehmenskommunikation die Rede ist. Umgekehrt erscheint es schwierig, genau zu bestimmen, was dieser Begriff eigentlich meint.

Die in der wissenschaftlichen Literatur ebenso wie in Praxisratgebern verbreitete Vielfalt nicht einheitlich bestimmter Synonyme für interne Unternehmenskommunikation – etwa Mitarbeiterinformation, Mitarbeiterkommunikation, innerbetriebliche Kommunikation, interne PR, internal Relations etc. – machen den fehlenden Konsens anschaulich (u. a. Gindra 2008). Es ist nicht Anspruch des vorliegenden Buches, diese konzeptionelle Lücke abschließend zu füllen. Vielmehr soll dem Praktiker ein praxisorientiertes Verständnis sowie Werkzeug in die Hand gegeben werden, um die Möglichkeiten und Grenzen des mit dem Themenfeld der internen Unternehmenskommunikation verbundenen Instrumentariums beurteilen und für die Unterstützung der Erreichung von Unternehmenszielen adäquat einsetzen zu können.

Insgesamt unterliegt das Verständnis der internen Unternehmenskommunikation einem deutlichen Wandel. Wurde mit dem Begriff früher häufig die Befriedigung der Informationsbedürfnisse der Mitarbeiter bis hin zu einer Kommunikation von Mitarbeitern für Mitarbeiter als einer Alternative zu der von den Führungskräften angebotenen Interpretation des Unternehmensalltags konnotiert, setzt sich etwa seit den 1980er Jahren ein Verständnis durch, das der internen Unternehmenskommunikation die Rolle eines Instruments zur Steuerung der Mitarbeiter zubilligt.

An letzterer Auffassung anknüpfend, lässt sich im Sinne dieses Buches definieren:

> ❯ Die interne Unternehmenskommunikation ist eine Unternehmensfunktion, die, in der Regel team-, abteilungs- und bereichsübergreifend, mittels zentral bewusst organisierter Kommunikationsmaßnahmen das Unternehmen bei der Erreichung seiner Ziele unterstützt.

Hierfür verwendet sie Kommunikationsinstrumente, wie etwa Poster, Flyer, Veranstaltungen, Mitarbeiterzeitschriften, Intranets etc., und stellt damit das Pendant zur externen Unternehmenskommunikation dar.

Soll die interne Unternehmenskommunikation die Ziele einer Organisation unterstützen, bedeutet dies, dass sie letztlich auf das Verhalten der Mitglieder der Organisation einwirken muss. Hier jedoch ist sie nur ein Teil eines Systems der insgesamt im Unternehmen stattfindenden Kommunikation: Sie steht neben anderen Einflussfaktoren, die auf das Verhalten der Mitarbeiterinnen und Mitarbeiter wirken, von denen vordringlich die Führungskräfte bzw. die Führungskaskade sowie die Personalfunktion zu betrachten sind (❏ Abb. 1.1).

Das Verhalten der Mitarbeiter eines Unternehmens wird in erster Linie durch deren Vorgesetzte, also die Führungskräfte, bestimmt. Sie stehen ihren Mitarbeitern räumlich und zeitlich nah, und sind jeweils direkte Bezugsperson. Die Führungskräfte sind gegenüber ihren unterstellten Mitarbeitern weisungsbefugt, setzen Ziele, definieren Abläufe und bestimmen letztlich ganz wesentlich über das interne Fortkommen (Entlohnung, Karriere etc.) der ihnen anvertrauten Mitarbeiter. Es sind auch die Führungskräfte, die von übergeordneten Führungsebenen kommende Ziele und Aussagen interpretieren und gegenüber ihren Mitarbeitern vermitteln. Insgesamt haben die jeweils unmittelbaren Führungskräfte also einen erheblichen Anteil an der von den Mitarbeitern erlebten Unternehmensrealität.

Die Personalfunktion ist der zweite dominante Einflussfaktor für das Mitarbeiterverhalten. Sie stellt eine indirekte Führung über Strukturen und Prozesse dar: Sie legt Regeln (Human Resources Policies) und Abläufe (Human Resources Processes) für alle wesentlichen Mitarbeiterbelange fest. Hierzu gehören etwa Regelungen für die Mitarbeitergewinnung und -einstellung, die Urlaubsgewährung, die Mitarbeiterbewertung, die Gewährung von Boni und Sonderzahlungen, Gehaltserhöhungen

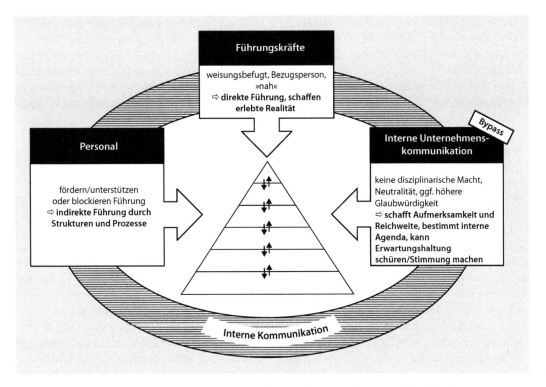

Führungskräfte

weisungsbefugt, Bezugsperson,
»nah«
⇨ direkte Führung, schaffen
erlebte Realität

Bypass

Personal

Interne Unternehmens-
kommunikation

fördern/unterstützen
oder blockieren Führung
⇨ indirekte Führung durch
Strukturen und Prozesse

keine disziplinarische Macht,
Neutralität, ggf. höhere
Glaubwürdigkeit
⇨ schafft Aufmerksamkeit und
Reichweite, bestimmt interne
Agenda, kann
Erwartungshaltung
schüren/Stimmung machen

Interne Kommunikation

▣ **Abb. 1.1**   System der internen Kommunikation in Unternehmen und Organisationen. (Nach Ullrich 2014)

und Beförderungen, die Vergabe von Statussymbolen, die interne und externe Weiterbildung sowie häufig auch die Ausstattung des Arbeitsplatzes, die Ausstattung mit persönlichen Arbeitsmitteln etc. Darüber hinaus sind die Themen Führungswerte und Verhaltensgrundsätze für Führungskräfte häufig bei der Personalabteilung allokiert. Je nachdem, wie die Personalfunktion ihre Regeln und Abläufe gestaltet, kann sie die Führungskräfte des Unternehmens in ihrer Arbeit fördern und unterstützen oder diese blockieren.

Ein dritter Faktor, der das Verhalten eines Mitarbeiters ganz wesentlich bestimmt, ist jener Teil der Unternehmenskultur, der weder durch das Führungsverhalten noch durch interne Strukturen und Prozesse erfasst werden kann: das Verhalten seiner direkten Kollegen sowie der Kollegen, die er in der Zusammenarbeit mit anderen Abteilungen erlebt.

Vor dem Hintergrund solch starker Einflussfaktoren scheint eine übergreifende interne Unternehmenskommunikation mit ihren Instrumenten von Postern bis zu vereinzelten Workshops kaum etwas ausrichten zu können. Sie hat keinerlei disziplinarische Macht. Sie stellt eher einen Bypass von der Unternehmensspitze zu den Mitarbeitern in der Breite dar. Geht man einen Schritt weiter, scheint grundsätzlich die Frage angebracht, ob es überhaupt einer zusätzlichen Form übergreifender interner Kommunikation bedarf.

Für eine funktionierende Organisation erscheint auf den ersten Blick die Verneinung aus theoretischer Perspektive angebracht: Es ist Verantwortung der Führungskräfte, die relevanten Informationen und Botschaften an die ihnen jeweils anvertraute Mitarbeiterschaft in der Hierarchiekaskade nach unten weiterzugeben und umgekehrt Stimmungen, relevante Informationen und begründete Bedenken aus der Mannschaft in der Hierarchiekaskade nach oben zurück zu spiegeln (Ullrich und Hacker 2014, S. 20).

Entgegen diesen Einwänden hat die interne Unternehmenskommunikation jedoch nicht nur ihren berechtigten Platz in Unternehmen, sondern ist für deren Funktionieren umso mehr evident, je größer, komplexer und arbeitsteiliger diese organisiert sind. Ihr fallen dabei vordringlich drei Arten von Aufgaben zu:

1. die effiziente Übermittlung organisatorischer Informationen,
2. die Unterstützung unverfälschter Informationsflüsse über Hierarchiekaskaden hinweg und
3. die Unterstützung in der Gestaltung und Erhaltung einer übergreifenden Identität und Kultur.

In jedem Unternehmen gibt es eine Reihe von organisatorischen Themen, die alle Mitarbeiter oder weite Teile der Mitarbeiterschaft unabhängig von der Zugehörigkeit zu einer Abteilung oder einer Hierarchieebene betreffen. Hierzu zählen beispielsweise die Ankündigung einer Brandschutzübung oder Informationen zum bevorstehenden Umbau des Parkplatzes etc. Die hier relevanten Informationen bedürfen nicht des Topmanagements als Absender. Im Gegenteil: Umso mehr die Führungskaskade gezwungen wird, sich mit der Aufbereitung und Übermittlung solcher Themen zu beschäftigen, desto weniger Raum verbleibt ihr für die eigentlichen Führungsaufgaben. Eine gut aufgestellte interne Unternehmenskommunikation schafft hier Entlastung, indem sie über intern reichweitenstarke und zeitlich gut steuerbare Medien die betreffenden Mitarbeiter hinreichend informiert und, soweit erforderlich, relevanten Führungskräfte-Ebenen ergänzende Hintergrundinformationen zur Verfügung stellt.

Die Notwendigkeit der Unterstützung unverfälschter Informationsflüsse über Hierarchiekaskaden hinweg erschließt sich bereits jedem, der einmal das Spiel »Stille Post« gespielt hat. Doch auch über die Vielzahl möglicher Missverständnisse hinaus erfolgt die Übertragung einer Information über mehrere Hierarchieebenen hinweg selten, ohne dass diese eine mehr oder minder merkliche Veränderung erfährt. Dieselbe Botschaft wird von unterschiedlichen Menschen eben unterschiedlich aufgefasst. Und: Je mehr Einfluss eine Person in einem Unternehmen hat, etwa durch ihre Position in der Hierarchiekaskade, desto deutlicher wirkt sich diese unterschiedliche Auffassung aus.

Zudem müssen die individuellen Interessen der Führungskräfte mit ins Kalkül einbezogen werden. Die meisten Führungskräfte haben eine bestimmte Vorstellung davon, wie sie den ihnen jeweils übertragenen Verantwortungsbereich prägen wollen. Entsprechend neigen sie dazu, Botschaften übergeordneter Führungskräfte so weiterzugeben, dass diese möglichst im Einklang mit diesen Vorstellungen stehen. Hier greift eine Vielzahl sozialpsychologischer Mechanismen, die vom Wunsch, die eigenen Mitarbeiter zu schützen und eine »heile Welt« zu erhalten, über den Versuch, Botschaften und Informationen in einen für die eigenen Mitarbeiter nachvollziehbaren Sinnkontext einzuordnen, dem Bedürfnis, Botschaften zu übermitteln, die nicht im Widerspruch zu dem stehen, was die Führungskraft im Vorfeld gesagt hat, bis hin zur Konfliktscheu oder auch zur Verteidigung des eigenen Machtanspruchs reichen. Dies gilt nicht nur für die Weitergabe von Botschaften »top down«, d. h. von oben in die Hierarchiekaskade hinunter, sondern ebenso für die Weitergabe von Informationen »bottom up«, also in der Hierarchiekaskade hinauf. In der Regel berichtet kaum eine Führungskraft gern über Dissens und Probleme im eigenen Verantwortungsbereich, soweit dies als eigenes Unvermögen interpretiert werden könnte. Dabei ist jedoch nur selten ein böswilliger Vorsatz, Informationen zu verstellen oder zu verschweigen, am Werk. In den meisten Fällen laufen diese Prozesse mehr oder weniger unbewusst oder mit kindlich verspielter Attitüde ab.

Als Weiteres ist zu berücksichtigen, dass die Fähigkeit, nicht nur Fakten, sondern auch harte und weiche Themen in geeigneter, gegebenenfalls emotionaler Weise zu vermitteln, nicht bei allen Führungskräften gleich ausgeprägt ist.

Die unverfälschte Übermittlung einer Botschaft über die Hierarchiekaskade setzt also Dreierlei voraus: erstens, dass die Botschaft von der Führungskraft in der beabsichtigten Weise verstanden wird, zweitens, dass die Führungskraft mit dieser Botschaft einverstanden ist, und drittens, dass die Führungskraft in der Lage ist, die Botschaft in entsprechender Form klar weiterzugeben.

Entsprechend diesen drei »Sollbruchstellen« in der Hierarchiekaskade definiert sich ein Teil des Auftrags an eine sinnvoll unterstützende interne

Unternehmenskommunikation: Sie muss erstens relevante Botschaften in geeigneter, unmissverständlicher Weise aufbereiten und internen Zielgruppen gegebenenfalls direkt zuleiten; sie soll zweitens Dissens auf geeignete Weise transparent machen und, soweit mit den ihr zur Verfügung stehenden Mitteln möglich, Diskursflächen zur Herstellung von Konsens anbieten, sowie drittens, insbesondere bei für das Unternehmen sehr bedeutsamen Themen, die Führungskräfte in ihrer Rolle als interne Vermittler der Botschaften auf geeignete Weise unterstützen – etwa durch aufbereitete Präsentationen, Frequently-Asked-Questions-Papiere (FAQ), die zu erwartenden Mitarbeiterfragen geeignete Musterantworten gegenüberstellen, Themenworkshops für Führungskräfte etc. Umgekehrt wird die interne Unternehmenskommunikation »bottom up« helfen, der Unternehmensführung ein realistisches Stimmungsbild der Mannschaft zu vermitteln.

In den letzten Jahren hat für die interne Unternehmenskommunikation eine weitere Aufgabe deutlich an Stellenwert gewonnen: Die Unterstützung in der Gestaltung und Erhaltung einer übergreifenden Identität und Kultur. Als Ursache dafür lassen sich vor allem drei Faktoren ausfindig machen:

a. die fortgeschrittene Spezialisierung der Berufsbilder,
b. die steigende Komplexität der beruflichen Rahmenbedingungen und
c. die erforderliche Integration des externen Marketings mit dem Mitarbeiterverhalten.

Die fortgeschrittene Spezialisierung der Berufsbilder hat zu einer immer größeren Arbeitsteilung geführt. Je höher aber die Arbeitsteilung ausgeprägt ist, desto geringer ist in der Regel auch das Verständnis des Einzelnen für das Große und Ganze. In der Folge richten sich das Identifikationsgefühl sowie der operative Fokus vordringlich auf den eigenen Tätigkeits- bzw. Verantwortungsbereich. Das führt oft dazu, dass einzelne Abteilungen eher nebeneinander her oder gar gegeneinander, statt miteinander arbeiten. In diesem Kontext wird oft von »Silodenken« gesprochen. Hier entgegenzuwirken, ist auch Aufgabe der internen Unternehmenskommunikation. Hierfür greift sie u. a. auf

die Betonung und Vermittlung der übergeordneten Unternehmensmarke und des mit dem Unternehmen verbundenen Zwecks, der Unternehmensvision und der übergeordneten Unternehmensziele ebenso zurück wie auf das »nahbar machen« übergeordneter Identifikationsfiguren, etwa des Vorstands, der Geschäftsführung bzw. der Direktion, sowie teilweise auf die Geschichte, Mythen und Legenden der Organisation.

Parallel zur Spezialisierung der einzelnen Berufsbilder steigt die Komplexität der beruflichen Rahmenbedingungen für den Einzelnen. Technische Entwicklungen, Fachwissen und Methoden sowie soziale und rechtliche Rahmenbedingungen verändern sich rasant. Entsprechend ist jeder gefordert, seinen Wissensstand aktuell zu halten, aus der Vielzahl der verfügbaren Daten (»Informationsflut«) die relevanten und richtigen Informationen zu filtern und im eigenen Verantwortungsbereich selbst Entscheidungen zu treffen, statt Entscheidungen seines Vorgesetzten abzuwarten oder einzufordern. In einer Analogie: Während früher das Arbeitsleben mehr oder weniger einem Ruderboot auf stillem See glich, in dem der Steuermann am Heck des Ruderbootes sitzt und seine Anweisungen gibt, denen die Mannschaft am Ruder folgt, lässt sich das heutige Arbeitsleben immer häufiger eher mit der Situation von Kajak-Paddlern im turbulenten Wildwasser vergleichen; hier muss der Einzelne selbst wissen worum es geht und die Prinzipien des großen Ganzen verinnerlicht haben, um daraus unmittelbar selbst das adäquate Verhalten abzuleiten. Um hier eine hinreichende Orientierung anzubieten, setzt die interne Unternehmenskommunikation nicht nur auf die Vision und übergeordnete Ziele der Organisation, sondern auch auf das Leitbild, d. h. die Werte der Organisation, die helfen sollen, sich nicht nur zielgerichtet, sondern im Sinne des Unternehmens *zielgerichtet richtig* zu handeln. Vision und Leitbild stellen entsprechend Instrumente zur Gestaltung der Organisation bzw. Unternehmenskultur dar.

Für den dritten Faktor, die hohe Bedeutung der Integration des externen Marketings mit dem Mitarbeiterverhalten, sind vorwiegend zwei Entwicklungen verantwortlich: Zum einen steigt der Wettbewerb, was zu einer höheren Bedeutung sowohl von Marken als auch von Marketingaktivitäten

8 Latitik

1

führt, und zum anderen steigt in der Leistungs-
erbringung der Anteil servicebasierter Tätigkeiten. Hängt jedoch ein wesentlicher Teil der vom
Kunden, d. h. im Fall einer Klinik von Zuweisern
und Patienten, subjektiv erlebbaren Leistung eines
Unternehmens von dem Verhalten seiner Mitarbeiter ab, darf in der Konsequenz im externen Marketing nichts versprochen werden, was intern durch
die Mitarbeiter nicht gehalten werden kann, bzw.
muss umgekehrt die interne Unternehmenskommunikation die Mitarbeiter darin unterstützen, das
zu halten, was im externen Marketing versprochen
wurde. In diesem Kontext wird die Notwendigkeit
der integrierten Unternehmenskommunikation offensichtlich.

Darüber hinaus konnte empirisch gezeigt werden, dass bei Leistungen mit hohem Serviceanteil
die Mitarbeiterzufriedenheit einen signifikanten
Einfluss auf die Kundenzufriedenheit hat (Schwetje
1999; Homburg und Stock 2005; Strauss und Seidel
2007). Die Brisanz dieses Zusammenhangs erweist
sich in den tendenziell rückläufigen und insgesamt
eher geringen Werten von Mitarbeiteridentifika-
tion und Mitarbeiterbindung. Als einer von vielen
Indikatoren zeigt etwa der jährlich von dem Markt-
forschungsunternehmen Gallup ermittelte und für
deutsche Arbeitnehmer repräsentative Engagement
Index, dass weniger als ein Fünftel der Miterbeiter
eine hohe Bindung an ihren Arbeitgeber haben,
rund zwei Drittel eine eher mittlere bis geringe
Bindung sowie rund ein Fünftel keine Bindung an
ihren Arbeitgeber haben, d. h. innerlich gekündigt
haben (Gallup 2014, S. 13).

Zudem hat in jüngerer Zeit der gestiegene und
oft durch Fachkräftemangel begründete Wettbewerb der einzelnen Arbeitgeber um die besten
Mitarbeiter (»war for talents«) zu einer verstärk-
ten Beschäftigung sowie werblichen Aktivität mit
Arbeitgebermarken (employer brands) geführt.
Während also die Unternehmenskommunikation
bzw. Marketingabteilung versucht, das Unterneh-
mensimage bei den externen Markt-Zielgruppen
zu beeinflussen, versucht in der Regel die Personalabteilung, die Arbeitgebermarke, d. h. die Summe
funktioneller, wirtschaftlicher und psychologischer
Vorteile, die sich aus einem Beschäftigungsverhält-
nis ergeben (Barrow und Mosley 2006), gegenüber
potenziellen Arbeitnehmern dergestalt zu ver-

mitteln, dass diese sich eben für das betreffende
Unternehmen entscheiden. Sind jedoch beide Ak-
tivitätenstränge nicht aufeinander abgestimmt, ergeben sich in der Folge aus den über die Marketingkommunikation und Public Relations vermittelten
Leistungsversprechen einerseits und dem aus dem
Erscheinungsbild und Verhalten der Mitarbeiter
als Markenbotschafter vermittelten Leistungserle-
ben andererseits kritische Sollbruchstellen. Analoges gilt für das von der Arbeitgebermarke im
Rahmen des Personalmarketings gegenüber den
potenziellen Mitarbeitern abgegebene Leistungsversprechen: Weicht dieses merklich von der erlebten Arbeitsrealität ab, sind Enttäuschung, Un-
zufriedenheit und Konflikte programmiert (Ullrich
2008, S. 7, ◘ Abb. 1.2).

Dort, wo Defizite in der Abstimmung oder ge-
lebten Realität gestellter Ansprüche zutage treten,
kann die interne Unternehmenskommunikation
diese nicht lösen, jedoch auf geeignete Weise transparent machen, und Themen sowie dialogorientierte Maßnahmen entwickeln, die sich als Dis-
kursfläche zur Lösung organisationaler Missstände
eignen.

Gleichzeitig soll die interne Unternehmenskommunikation die ihr zur Verfügung stehenden
Instrumente nutzen, um einerseits operativ erforderliche interne Informationsflüsse zu unterstützen
und andererseits aus der Vielzahl möglicher Daten
und Informationen diejenigen herauszufiltern und
auf die interne Agenda zu setzen, die für das Unternehmen zum jeweiligen Zeitpunkt für die Verfol-
gung seiner Ziele besondere Relevanz haben.

1.2   Wirkung der internen Unternehmenskommunikation

Im vorherigen Abschnitt wurde herausgearbeitet,
dass die interne Unternehmenskommunikation lediglich eine Ergänzung zu der direkten Führungs-
beziehung zwischen Vorgesetztem und Mitarbeiter
sowie zu den im Wesentlichen durch die Personalabteilung definierten mitarbeiterbezogenen Regeln
und Prozesse darstellt. Gerade vor diesem Hintergrund erscheint die Frage unerlässlich, welche Wirkungen durch eine interne Unternehmenskommunikation überhaupt erreicht werden können.

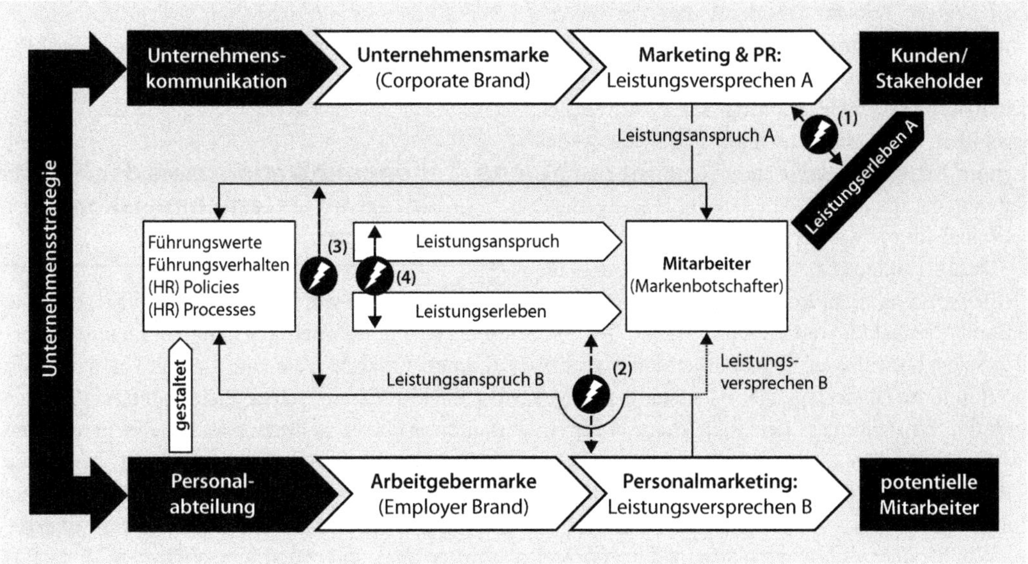

Abb. 1.2 Illustration zur Herausforderung der integrierten Kommunikation von Marketing und Personalmarketing und den Risiken möglicher Sollbruchstellen (*1*) bis (*4*). (Nach Ullrich 2008, S. 7)

Wie die Medienwirkungsforschung allgemein zeigt, beeinflussen Massenmedien stark, welche Themen ihre Nutzer für wichtig halten (Agenda-Setting), haben jedoch weniger ausgeprägten Einfluss darauf, wie sehr der Einzelne diese Themen für sich persönlich wichtig findet (u. a. McCombs und Shaw 1972; Funkhouser 1973, S. 74; Kepplinger 2009, S. 669). Insbesondere bei länger andauernder Thematisierung und Konsonanz, d. h. Auftreten derselben Aussage über verschiedene Medien, folgen die Vorstellungen der Mediennutzer in der Regel dem Medientenor (Kepplinger 2009, S. 657) und werden auch in ihren Meinungen merklich beeinflusst (Kepplinger 2009, S. 695). Medien beeinflussen also nicht nur, worüber Menschen sprechen, sondern auch die Meinungen bzw. Einstellungen, die dabei zutage treten.

Auch wenn die genannten Erkenntnisse auf Untersuchungen redaktioneller Massenmedien zurückgehen, wird für die Medien der internen Unternehmenskommunikation gern eine vergleichbare Wirkung unterstellt (u. a. Heger 2005, S. 84).

Allzu leichtfertig jedoch darf diese Schlussfolgerung nicht vorgenommen werden. Während redaktionelle Massenmedien als mehr oder weniger neutral gegenüber den Unternehmen, über die sie berichten, wahrgenommen werden, gilt für Medien der internen Unternehmenskommunikation etwas ganz anderes: Hier ist den internen Mediennutzern klar, dass die Unternehmensleitung mit der Herausgabe und Bezahlung der internen Kommunikationsmedien die Mitarbeiter beeinflussen will. Damit aber fällt die Glaubwürdigkeit der internen Kommunikationsmedien gleich etwas geringer aus. Darüber hinaus ist zu berücksichtigen, dass die Mitarbeiter viele der Nachrichten bzw. Botschaften der internen Unternehmenskommunikation schon deshalb nicht akzeptieren, weil sie selbst z. B. aus eigenem Erleben oder von dem Kollegenkreis um das tatsächliche Betriebsgeschehen wissen bzw. zu wissen glauben (u. a. Frauenholz 2009).

In der Konsequenz ist es conditio sine qua non für die interne Unternehmenskommunikation, bei den internen Nutzern ihrer Medien eine hohe Glaubwürdigkeit zu erreichen. Hierfür dürfen die Darstellung des Unternehmens und der handelnden Führungskräfte nicht zu weit von den subjektiven Erfahrungen der Mitarbeiter abweichen. Diese Erkenntnis steht oft im Widerspruch zum Wunsch der Unternehmensführung, die in den internen Medien meist vordringlich positive Selbstdarstellungen platziert sehen will und kritische Themen gern negiert. Diesem Desiderat darf die interne Unternehmenskommunikation jedoch nicht nachgeben. Andernfalls muss sie nicht nur mit einer distanziert-kritischen Haltung ihrer Adressaten gegenüber ihrer Berichterstattung rechnen, sondern im Extremfall damit, dass die Mitarbeiter die Nutzung der internen Medienangebote weitgehend bis vollständig verweigern.

Darüber hinaus ist zu berücksichtigen, dass die Medienwirkung nicht losgelöst von sozialen Interaktionen betrachtet werden kann: Neben den Medien selbst beeinflussen sogenannte Meinungsführer (Opinion Leader) den Wissensstand (Image) und die Einstellungen der Menschen in ihrem jeweiligen sozialen Umfeld (Lazarsfeld et al. 1944, S. 49 ff.; Katz und Lazarsfeld 1955, S. 54 ff., 138 ff.; Robinson 1976).

Was für die Gesellschaft als Ganzes beobachtet wurde, gilt auch für Unternehmen: Über informale Netze verbreiten sich Informationen und ihre Interpretationen ausgehend von unternehmensinternen Meinungsführern. In der Praxis spricht man hier von Flurfunk.

Eine gut aufgestellte interne Unternehmenskommunikation weiß um diese informellen Knotenpunkte der Informationsverbreitung, d. h. die internen Netze, und nutzt diese gezielt, sei es direkt in Form von Programmen oder auf informellen Wegen, um einerseits Informationen aus der Organisation zu gewinnen oder andererseits Botschaften in die Organisation zu »streuen«. Für die Analyse interner Netze halten die Soziologie und die Organisationsforschung ein geeignetes Instrumentarium bereit (vgl. einführend z. B. Holzer 2005).

Einschränkend muss jedoch auch erwähnt werden, dass sich die Grenzen der Wirkung der internen Unternehmenskommunikation auch aus der unterschiedlichen Mitarbeiterbindung ergeben: Nicht für alle Menschen ist der Beruf gleich Berufung, sondern häufig auch nur ein Job, der allein dem Gelderwerb dient. Auf die allgemein eher relativ gering ausgeprägte Mitarbeiterbindung wurde im vorherigen Abschnitt bereits eingegangen. In solchen Fällen bleiben Instrumente, wie eine Unternehmensvision, die Vermittlung des Unternehmenszwecks bzw. des Sinns der Arbeit, ohne besondere motivationale Wirkung. Hier ist pragmatischer Realismus ebenso angebracht wie die

Bereitschaft, herauszuarbeiten, welche Anreize im Einzelfall zu dem gewünschten Verhalten der Mitarbeiter beitragen können.

1.3   Kommunikationsziele der internen Unternehmenskommunikation

In ▶ Abschn. 1.1 wurde bereits ausgeführt, dass die interne Unternehmenskommunikation eine Unternehmensfunktion darstellt, die das Unternehmen bei der Erreichung seiner Ziele unterstützt: Information ist kein Selbstzweck. Da die Erreichung der Unternehmensziele in der Regel durch die Mitarbeiter geleistet wird, folgt also für die interne Unternehmenskommunikation das übergeordnete Ziel, das Mitarbeiterverhalten zu beeinflussen – und zwar dergestalt, dass das bewirkte Verhalten die Erreichung der Unternehmensziele fördert. Neben der Erfüllung gegebener Informationspflichten werden Inhalte und Aktivitäten der internen Unternehmenskommunikation also im Wesentlichen der Frage folgen: Was soll dadurch bei wem erreicht werden bzw. welches Verhalten soll letztlich dadurch bewirkt werden und wie passt dies zu den gegebenen Unternehmenszielen?

Diese Frage wirkt als Filter: In der intern verfügbaren Flut von Daten, Informationen und Themen werden auf diese Weise diejenigen Aspekte offenbar, die bezogen auf die Unternehmensziele und die internen Zielgruppen besonders relevant sind. Vordringlich diese Themen werden in der Folge aufbereitet und über die internen Kommunikationskanäle gegenüber den jeweils relevanten internen Zielgruppen adressiert.

Dabei endet die Verantwortung explizit nicht mit der Informationsübermittlung, sondern umfasst auch die aktive Förderung der Erreichung der gesetzten Unternehmensziele mit den der Kommunikation zur Verfügung stehenden Mittel und Instrumente.

Zur Illustration: Findet eine Brandschutzübung statt, erschöpft sich die Verantwortung der internen Unternehmenskommunikation nicht darin, die Mitarbeiter lediglich darüber in Kenntnis zu setzen. Sie muss vielmehr auch das im Rahmen der Brandschutzübung vom Einzelnen verlangte

Verhalten vermitteln und gegebenenfalls fördern. Steht ein interner Veränderungsprozess bevor, gilt es nicht lediglich zu beschreiben, was wann geschieht, sondern ebenfalls Orientierung für das gewünschte Verhalten des Einzelnen zu geben. Und: Wird eine neue Vision oder ein neues Leitbild eingeführt, ist dies nicht lediglich mitzuteilen und um Akzeptanz zu werben, sondern es gilt, Maßnahmen für die interne Unternehmenskommunikation abzuleiten, welche die nachhaltige Übersetzung der gefällig formulierten Desiderate in das beabsichtigte individuelle Verhalten fördern.

Wie eine solche Verhaltensbeeinflussung generell erreicht werden kann, verdeutlicht die sozialpsychologische Wertschöpfungskette der Marketingkommunikation (u. a. Ullrich 2013), die in ◘ Abb. 1.3 illustriert ist.

Verhalten kann grundsätzlich direkt oder indirekt beeinflusst werden. Die direkte Verhaltensbeeinflussung ruft ein vorhandenes Verhaltensrepertoire ab. Zur Illustration: Reichen wir in unserem Kulturkreis jemandem die Hand und sagen »Guten Tag«, wird in aller Regel unser Gegenüber auf dieselbe Art antworten – es besteht ein leicht abrufbares Verhaltensrepertoire.

Darüber hinaus kann etwa durch Bitte, Anweisung oder die eigene Handlungsweise das Verhalten eines Dritten direkt beeinflusst werden. Entsprechend könnte die interne Unternehmenskommunikation über die ihr zur Verfügung stehenden Kanäle und Maßnahmen an vorhandene Verhaltensroutinen erinnern, diese aktivieren sowie Anweisungen übergeordneter Stellen schlicht in eineindeutiger Form verbreiten.

Ist hingegen bei der Zielgruppe eine bestimmte, gewünschte Verhaltensroutine nicht etabliert, muss diese durch den indirekten Pfad der Verhaltensbeeinflussung eingeführt werden: Das gewünschte Verhalten muss erlernt werden. Häufig kann dies durch Erkenntnisgewinn erreicht werden. In anderen Fällen ist hingegen ein mehr oder weniger umfassendes Training erforderlich.

Wie die Metapher von der Rudermannschaft auf stillem See als Paradigma der beruflichen Vergangenheit und dem Kajak-Paddler im Wildwasser als Paradigma der beruflichen Gegenwart im ► Abschn. 1.1 verdeutlichte, bietet das heutige Berufsleben nur unzureichende Möglichkeiten der

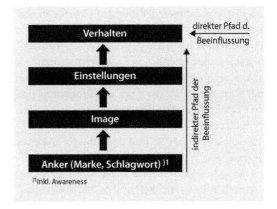

◘ **Abb. 1.3** Illustration der sozialpsychologischen Wertschöpfungskette der Marketingkommunikation. (Nach Ullrich 2014, S. 20)

direkten Verhaltensbeeinflussung: In vielen Situationen besteht ein mehr oder minder großer Interpretationsspielraum, den der Mitarbeiter selbst mit der richtigen Verhaltensweise füllen muss.

In beiden Fällen ist der indirekte Pfad der Verhaltensbeeinflussung der geeignete Ansatz. Den Ausgangspunkt bildet ein Imageanker, etwa eine Marke, ein Schlagwort oder ein Themenfeld. Ist dieser in den Köpfen der Zielgruppe noch nicht verankert, muss er zunächst bekannt gemacht werden, damit er sich im Gehirn der internen Zielgruppe verfängt und festigt. An diesen Anker können nun Informationen »angedockt« bzw. »gelernt« werden. Es entsteht das sogenannte Image zu diesem Anker, also die Summe der Eindrücke und Informationen, die jemand bezogen auf diesen Anker hat. Diese Eindrücke und Informationen sammeln sich erstens aus individuellen Erfahrungen und individuell erworbenem Wissen bezogen auf diesen Anker sowie zweitens aus der Reputation des Ankers, das heißt der öffentlichen wertenden Thematisierung von Aspekten des Images, das Dritte bezogen auf diesen Anker haben, also aus den Berichten Dritter über ihre Erfahrungen und ihr Wissen bezogen auf diesen Anker.

Ein Beispiel: In einem Unternehmen wird ein Programm zur Verbesserung der abteilungsübergreifenden Zusammenarbeit initiiert. Als Anker erhält es den Namen »We Collaborate«, der in Form eines schönen Logos ausgestaltet und intern über Newsletter, Poster etc. bekannt gemacht wird. Die

1

aus den Maßnahmen der internen Unternehmenskommunikation rund um dieses Programm von Programmmitarbeitern gewonnenen Informationen sowie die persönlichen Eindrücke aus der Teilnahme an Programmworkshops bilden gemeinsam mit dem, was Kollegen über das Programm und ihre Erfahrungen mit diesem berichtet haben, bei dem einzelnen Mitarbeiter sein subjektives Image über dieses Programm und das dahinter stehende Thema.

Ausgehend von diesem Image sowie seiner individuellen Persönlichkeit und seinen Werten, bildet der einzelne Mitarbeiter seine Einstellung, d. h. sein Urteil, zu diesem Anker, in unserem Beispiel zu dem Programm »We Collaborate«.

Die Einstellungen bilden als Verhaltensdispositionen Vorprägungen für künftiges Verhalten. In unserem Beispiel wird also die Einstellung, die ein Mitarbeiter gegenüber dem Programm »We Collaborate« und dem dahinter stehenden Thema der abteilungsübergreifenden Zusammenarbeit hat, sein Verhalten gegenüber dem Programm und in der eigenen Zusammenarbeit mit anderen Abteilungen ganz wesentlich bestimmen. Seine Einstellungen prägen also vor, ob er die abteilungsübergreifende Zusammenarbeit propagieren, fördern und selbst leben oder eher blockieren wird.

Sollen sich Mitarbeiter in einer bestimmten Situation auf eine bestimmte Weise verhalten, müssen sie also entsprechend eingestellt sein. Um Einstellungen zu verändern, ergeben sich aus dem Gesagten zwei denkbare Ansatzpunkte: erstens das Image, dass jemand zu einer Sache hat, sowie zweitens seine Persönlichkeit und seine Werte. Die Erfahrung zeigt, dass sich die Persönlichkeit und die Werte einer Person kaum oder nur schwer, d. h. langsam und mit erheblichem Aufwand, ändern lassen. Hingegen lässt sich das Image, das jemand von einer Sache hat, vergleichsweise leicht verändern. Damit bildet Letzteres für die interne Unternehmenskommunikation den zentralen Ansatzpunkt für die indirekte Einwirkung auf das Mitarbeiterverhalten.

In unserem Beispiel würde man also versuchen, dem Thema der abteilungsübergreifenden Zusammenarbeit ein positives Bild (Image) zu geben: Was ist daran gut? Für wen? Welche Nachteile ergeben sich gegebenenfalls? Für wen? Wie lassen sich die

Nachteile relativieren oder marginalisieren? Welche Vorteile stehen diesen gegenüber? Für wen? Wie lassen sich diese aufwerten?

Hier wird deutlich, dass geeignete Antworten auf diese Fragen nur dann zu finden sind, wenn ein fundiertes Bild der internen Zielgruppe, ihrer Persönlichkeit und Werte bekannt sind. Im praktischen internen Kommunikationsmanagement steht dabei in der Regel nicht der einzelne Mitarbeiter im Mittelpunkt, sondern begründete Annahmen über Charakteristika und Werte der überwiegenden Mehrheit im jeweils betrachteten Zielgruppensegment.

Es ist also eine Ableitung der einzelnen Kommunikationsziele für die interne Unternehmenskommunikation nur vor dem Hintergrund sowohl einer konkreten Vorstellung des Zielzustandes (z. B. gewünschtes Verhalten) als auch einer hinreichend detaillierten Kenntnis der internen Zielgruppen sinnvoll möglich.

Neben der Sicherstellung der Erfüllung etwaiger Veröffentlichungs- bzw. Informationspflichten können die Ziele der internen Unternehmenskommunikation unter Berücksichtigung der Unternehmensziele und bezogen auf die einzelnen internen Zielgruppen (▶ Abschn. 1.4) also sein:

1. die Steigerung der Bekanntheit von Informationen, eines Themas, eines Sachverhalts, einer Person etc.,
2. die Beeinflussung von Images bezogen auf ein Thema, einen Sachverhalt, eine Person etc.,
3. die Beeinflussung von Einstellungen, etwa der Auf- oder Abbau von (Vor-)Urteilen bezogen auf ein Thema, einen Sachverhalt, eine Person etc.,
4. die Beeinflussung oder Auslösung von Verhalten.

Dabei ist es sinnvoll, die jeweiligen Ziele konkret, d. h. nach Möglichkeit messbar, zu formulieren, um die Wirkung der ergriffenen Kommunikationsmaßnahmen beurteilen sowie den Zielerreichungsgrad nachhalten zu können. Nur so ist eine Steuerung der internen Kommunikationsaktivitäten möglich und nur so kann der Nachweis der Wirksamkeit des ergriffenen Kommunikationsmanagements, etwa gegenüber der Unternehmensleitung, erbracht werden.

1.4 Zielgruppen der internen Unternehmenskommunikation

Im Rahmen der Beschäftigung mit den internen Zielgruppen werden diese in Segmente gegliedert und ihnen geeignete Kommunikationsziele sowie Kommunikationsmaßnahmen zugeordnet. Interne Zielgruppen sind Gruppen von Mitarbeitern, die von der internen Unternehmenskommunikation erreicht werden sollen. In Anlehnung an die Marketingkommunikation (Ullrich 2013, S. 36) ließen sich diese jeweils bezogen auf eine Maßnahme weiter in die Kernzielgruppe, also jene Zielgruppe, die durch die betreffende Maßnahme möglichst vollständig erreicht werden soll, und in die erweiterte Zielgruppe, für welche die Maßnahme im Kern nicht entwickelt oder durchgeführt wurde, die jedoch sinnfällig durch die Maßnahme erreicht werden kann, ohne dass damit besonderer Mehraufwand verbunden ist, gliedern.

Zur Illustration ließe sich das Beispiel der Mitarbeiterzeitung anführen. Die Mitarbeiterzeitung richtet sich an die festangestellten Mitarbeiter eines Unternehmens. Sie sind die Kernzielgruppe der Maßnahme »Mitarbeiterzeitung«. Für sie sind die Themen und Inhalte ausgewählt und aufbereitet. Für die gehobenen und höheren Führungskräfte würde die Mitarbeiterzeitung nicht aufgelegt und entwickelt werden. Dennoch ist es sinnfällig, durch die geringen Mehrkosten einer erhöhten Auflage und erweiterten Distribution die Mitarbeiterzeitung auch den Führungskräften zuzuleiten. Sie bilden die erweiterte Zielgruppe.

In der Praxis ist die Strukturierung der internen Zielgruppensegmente eine komplexe Aufgabe, die situativ immer wieder Anpassungen erfordert.

Betrachtet man beispielsweise ein Krankenhaus mittlerer Größe, lassen sich in erster Näherung grob sechs interne Zielgruppen unterscheiden:[1]

1. Mitarbeiter des medizinischen Dienstes, also Ärzte im weitesten Sinne
2. Mitarbeiter des pflegerischen Bereiches, also der Pflegedienst im weitesten Sinne

3. Mitarbeiter sonstiger klinischer Funktionen, etwa Hebammen oder Wissenschaftler im diagnostischen oder therapeutischen Bereich, z. B. Chemiker, Laboranten, Physiker, Biologen, Diätassistenten etc.
4. Mitarbeiter der Verwaltung, vom Zentralempfang über den Telefondienst bis hin zu den klassischen Supportfunktionen Personal, Finanzen, IT, Logistik etc.
5. Mitarbeiter der sonstigen internen Dienste, vom Apothekenpersonal über Hausmeister, sonstige technische Dienste, Reinigungskräfte, interne Kuriere, Hof- und Gartenarbeiter, Wäscherei und Nähstube, intern angestelltes Sicherheitspersonal etc.
6. vor Ort tätige Externe, Seelsorger, Grüne Damen, aber auch Mitarbeiter externer Reinigungsfirmen, extern betriebener Gastronomie, externe Sicherheitsdienste, im Haus tätige externe Berater, Techniker, Handwerker, Bauarbeiter, Architekten etc.

Obwohl bereits sechs interne Zielgruppen unterschieden wurden, erscheint die Liste unvollständig. Zum einen spiegelt sie die Vielfalt der Berufe bzw. Tätigkeitsfelder, die sich in einem Krankenhaus finden, nur unzureichend wider; so weist etwa die Anlage 4 der Krankenhaus-Buchführungsverordnung (KHBV 2012) mehr als 100 verschiedene Berufe bzw. Funktionen aus – die Unterscheidung zwischen verschiedenen Fachkliniken wird dabei noch nicht berücksichtigt. Zum anderen vernachlässigt diese einfache Gliederung die für das praktische interne Kommunikationsmanagement sehr relevante Betrachtung verschiedener Hierarchieebenen. Wie ◨ Tab. 1.1 exemplarisch illustriert, kann bereits in einer mittelgroßen Klinik eine Vielzahl von nach Hierarchiestufen segmentierbaren internen Zielgruppen entstehen, die jeweils unterschiedliche Verantwortung, Wissensstände und Informationsbedürfnisse aufweisen.

Doch auch differenzierte Betrachtungen nach Funktion und Hierarchie sind nicht immer zielführend oder hinreichend. So können je nach Fall auch räumliche Kriterien (z. B. alle Mitarbeiter am Standort Köln oder in Gebäude 3b etc.), nach zeitlichen Kriterien (z. B. Mitarbeiter der Schicht 1, 2 bzw. 3; Teilzeitarbeiter etc.) sowie, je nach besonderer Situation, spontan zu bildende interne

---

1   Der Betriebsrat bzw. Personalrat stellt hingegen zwar eine relevante Anspruchs- und Dialoggruppe für die Unternehmensleitung, die Personalabteilung und ggf. gegenüber einzelnen Führungskräften dar, ist jedoch keine klassische, separate Zielgruppe für die interne Unternehmenskommunikation.

1

○ **Tab. 1.1** Exemplarische Darstellung der Hierarchiestufen (Auswahl) in einem mittelgroßen Krankenhaus in den drei Kernbereichen des medizinischen, pflegerischen und Verwaltungsdienstes

Medizinischer Dienst	Pflegerischer Dienst	Verwaltungsdienst
Ärztlicher Direktor	Pflegedirektion	Bereichsleiter
Chefarzt	Fachbereichsleitung	Abteilungsleiter
Stellvertretender Chefarzt	Abteilungsleitung	Teamleiter
Leitender Oberarzt	Stationsleitung/Gruppenleitung	Sachbearbeiter
Oberarzt	Examinierte Pflegekraft	Assistenzkräfte
Stationsarzt	Pflegehilfskraft	Auszubildende
Assistenzarzt	Auszubildende Pflegekräfte	Werkstudenten
Arzt im Praktikum	Freiwilligendienstleister und Praktikanten	Praktikanten
etc.	etc.	etc.

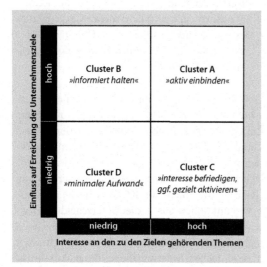

○ **Abb. 1.4** Illustration zur Einfluss-Interesse-Matrix. (Eigene Darstellung in leichter Anlehnung an Ackermann und Eden 2011, S. 183)

Zielgruppensegmente für die gezielte Ansprache zu unterscheiden sein.

Hier gibt es keine für jede Organisation gültige optimale Segmentierung. Deutlich ist aber, dass eine zu kleinteilige Gliederung sich praktisch in den Kommunikationsaktivitäten nicht bewältigen lässt und eine zu grobe Bündelung ein wertschöpfendes internes Kommunikationsmanagement unmöglich macht.

Sucht man den für den Einzelfall adäquaten Ansatz der Segmentierung interner Zielgruppen, wird die Gliederung anhand der Kriterien 1) »gemeinsame/vergleichbare Themen«, 2) »gemeinsame/vergleichbare Aufgaben«, 3) »Teil eines gemeinsamen Prozesses« und gleichzeitig 4) »über verschiedene Kliniken, Fachbereiche bzw. Abteilungen verteilt« Orientierung bieten können. Darüber hinaus sollten interne Segmente dieselben Kriterien erfüllen, die auch in der externen Kommunikation angesetzt werden: eine hinreichende Größe, zeitlich über einen längeren Zeitraum stabil, auffindbar, d. h. durch verhältnismäßige Methoden identifizierbar, sowie zugänglich, d. h. über (bekannte/vorhandene) Instrumente der internen Unternehmenskommunikation erreichbar sein (Ullrich 2013, S. 36.).

Führt die Segmentierung der internen Zielgruppen letztlich dennoch zu mehr Segmenten, als durch die Arbeit der internen Unternehmenskommunikation sinnvoll bewältigt werden kann, lässt sich mit Hilfe von Methoden aus dem Stakeholder-Management eine Priorisierung der Zielgruppen ableiten und dann entsprechend eine Gewichtung der Kommunikationsaktivitäten vornehmen.

Ein Ansatz hierfür kann die Einfluss-Interesse-Matrix sein (○ Abb. 1.4). Hier werden die internen Zielgruppen bezogen auf die jeweiligen Unternehmensziele danach eingeordnet, wie ausgeprägt ihr Einfluss auf den Erfolg der Unternehmensziele ist und wie groß ihr Interesse an dem Ziel bzw. den mit diesem verknüpften Themen ist.

Im Ergebnis ergeben sich vier Cluster: Die Zielgruppen in Cluster A (hoher Einfluss, hohes

Interesse) haben die höchste Relevanz und sind daher in der Gewichtung der internen Kommunikationsaktivitäten zu priorisieren und insbesondere auch mit dialogorientierten Kommunikationsmaßnahmen zu adressieren. Die Zielgruppen in Cluster B (hoher Einfluss, geringes Interesse) bilden dann die zweite Priorität. Es gilt, sie regelmäßig informiert zu halten. Die dritte Priorität erhalten die Zielgruppen in Cluster C (geringer Einfluss, hohes Interesse), bei denen es vorwiegend darum geht, ihr Informationsbedürfnis zu befriedigen. Den letztlich minimalen Aufwand erhalten die Zielgruppen in Cluster D (geringer Einfluss, geringes Interesse). Für sie sind die regulären Instrumente der internen Unternehmenskommunikation hinreichend.

Wenn es um die Betrachtung der internen Zielgruppen geht, ist es ungewöhnlich, jedoch durchaus ein sinnvoller Gedanke, auch die Patienten ins Kalkül zu ziehen. Traditionell sind Patienten aus Sicht des Klinikmarketings eine externe Zielgruppe (Brandstädter et al. 2013). Andererseits sind sie, insbesondere, wenn sie längere Zeit in der Klinik verweilen, in gewisser Weise »Teil des Krankenhausbetriebs« und können bzw. sollten entsprechend betrachtet werden. Was sollten sie wissen? Welches Verhalten wird von ihnen erwartet? Wie bzw. durch welche Maßnahmen und Kommunikationsinstrumente kann dies unterstützt werden?

1.5 Instrumente der internen Unternehmenskommunikation

Um die Kommunikationsziele der internen Unternehmenskommunikation zu erreichen, steht ihr eine Vielzahl von Kommunikationsinstrumenten zur Verfügung. Diese werden auch als interne Kommunikationskanäle oder interne Kommunikationsmedien bezeichnet. Je nach Charakteristikum des Mediums kann man diese ganz allgemein gliedern als Printmedien, zum Beispiel Aushänge am schwarzen Brett oder die Mitarbeiterzeitung, als digitale Medien, etwa das Intranet oder interne E-Mails, und als persönliche Kommunikation, etwa Vorträge auf Betriebsversammlungen oder Workshops. In ◘ Tab. 1.2 ist eine Auswahl der Instrumente der internen Unternehmenskommunikation zusammengestellt.

Darüber hinaus können auch interne Ausstellungen, Ehrungen bzw. die Verleihung von Preisen und Giveaways (Werbe-/Streuartikel) die Erreichung von Kommunikationszielen unterstützen und so im weiteren Sinne zu den Kommunikationsinstrumenten gezählt werden.

Für den Kommunikator stellt sich dann in der Praxis die Frage, für welches Thema bzw. für welche Botschaft welche internen Kommunikationskanäle geeignet sind. Dafür sind weitere Eigenschaften der Instrumente zu betrachten. Zum einen lassen sich Kommunikationsmedien danach unterscheiden, ob sie Push-Medien sind, d. h. Medien, bei denen im Wesentlichen der Absender über den Zeitpunkt entscheidet, wann diese die betreffenden Zielgruppen erreichen. Die betreffenden Zielgruppen werden also durch diese Medien in ihrem normalen Arbeitsrhythmus ungefragt erreicht bzw. »gestört«. Hierzu zählen etwa Poster, E-Mails, aktiv verteilte Handzettel, Flyer, Lautsprecherdurchsagen etc. Hingegen werden Pull-Medien von den betreffenden Zielgruppen selbst nachgefragt: Der Einzelne überlegt sich, was er wissen will bzw. woran er interessiert ist, und nimmt entsprechende Medienangebote an oder nicht. Beispiele hierfür sind etwa Hintergrundinformationen im Intranet, digitale Datenbanken, Veranstaltungsformate mit freiwilliger Teilnahme etc. Bei Push-Medien werden also Informationen seitens des Unternehmens an die »passiven« internen Zielgruppen »gedrückt«, während bei Pull-Medien Mitarbeiters sich zeitlich und voneinander unabhängig Informationen »ziehen«. Entsprechend ist die Wahl von Push-Medien immer dann angezeigt, wenn es darum geht, sicherzustellen, dass die breite Mitarbeiterschaft oder bestimmte interne Zielgruppen zu einem bestimmten Zeitpunkt über eine gewisse Information verfügen, während die Wahl von Pull-Medien dann zu bevorzugen ist, wenn die zu vermittelnde Information zeitlich unkritisch und vor dem Hintergrund des Umfangs der Informationen nicht absehbar ist, welche Mitarbeitergruppen welche Teile dieser Informationen benötigen.

Darüber hinaus lassen sich Medien danach unterscheiden, ob sie eher monologorientiert geprägt oder eher dialogorientiert sind. Monologorientierte Medien dienen im Wesentlichen der Einwegkommunikation: Sie sind dann zu

□ Tab. 1.2   Medien der internen Unternehmenskommunikation (Auswahl)

Printmedien	Digitale Medien	Persönliche Kommunikation
Aushänge am schwarzen Brett	Intranet	Vorträge
Poster	Interne E-Mail Newsletter	Podiumsdiskussion
Mitarbeiterzeitung, gedruckt	Info E-Mails	Betriebsversammlungen
Handzettel/Flyer	Bewegtbild (Video, Animation)	Einführungs-/Informationsveranstaltungen
(Vorstands-)Briefe	Corporate TV	Meetings/Konferenzen
Unternehmensleitbild, gedruckte Broschüre	Corporate Radio	Workshops
Führungsleitbild, gedruckte Broschüre	Intranet Blogs, Diskussionsforen, Wikis etc.	Betriebsfeiern/Events, Exkursionen/Betriebsausflüge
Informationsbroschüren	Intranet-Quiz/-Wettbewerb/-Preisausschreiben	Kongresse
Rundschreiben	Durchsagen über Lautsprecher	Seminare/Trainings
	etc.	etc.
Pressespiegel	**Digital vermittelte persönliche Kommunikation**	
Informationsmappe für neue Mitarbeiter	Telefonkonferenz	
Informationstafeln/Hinweisschilder	Videokonferenz	
Interne Mailings	Webkonferenz	
Jubiläumsschriften	Intranet-Live-Chats	
etc.	etc.	

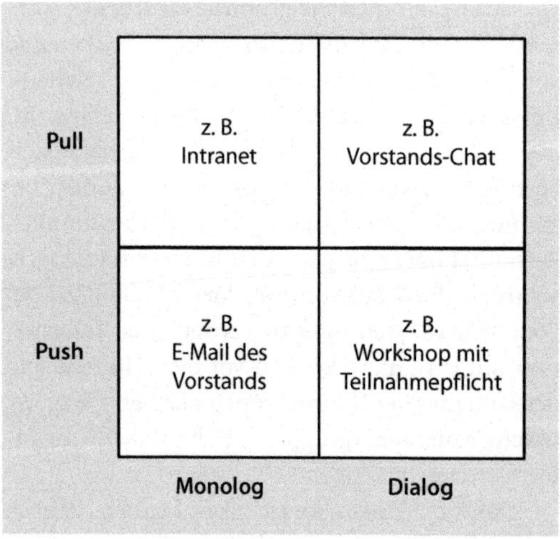

	Monolog	Dialog
Pull	z. B. Intranet	z. B. Vorstands-Chat
Push	z. B. E-Mail des Vorstands	z. B. Workshop mit Teilnahmepflicht

□ Abb. 1.5   Illustration zu den Charakteristika der Medien der internen Unternehmenskommunikation

bevorzugen, wenn die darüber übermittelten Informationen lediglich mitgeteilt werden sollen und für die Empfänger aller Voraussicht nach klar verständlich sind, Rückfragen also nicht erwartet werden. Zudem werden solche Medien der Einwegkommunikation auch dann gewählt, wenn zu einer zu übermittelnden Botschaft zu einem bestimmten Zeitpunkt Widerspruch und alternative Ansichten unterbunden werden sollen. Hier ist in der Praxis jedoch in hohem Maße Vorsicht geboten und die Entscheidung auch vor dem Hintergrund der langfristigen Wirkung abzuwägen.

Demgegenüber dienen dialogorientierte Medien der Zweiwegkommunikation: Eine Botschaft oder Information soll nicht nur übermittelt werden, sondern der Empfänger darauf auch reagieren können.

Legt man beide Ansätze gegeneinander, ergibt sich eine Matrix wie in □ Abb. 1.5. Während

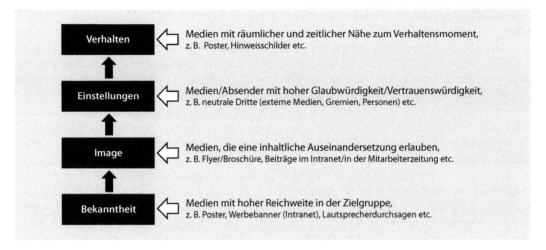

Abb. 1.6 Schema zur zielabhängigen Wahl der Kommunikationsinstrumente. (Nach Ullrich 2014, S. 20)

zum Beispiel Poster oder Lautsprecherdurchsagen monologorientierte Push-Medien darstellen, bildet ein Vorstands-Chat im Intranet ein eher dialogorientiertes Pull-Medium. Natürlich können die Medien durch ihre konkrete Ausgestaltung einen jeweils etwas anderen Charakter erhalten. Das traditionelle Pull-Medium Intranet kann dadurch »gepushed« werden, dass die Seite mit den aktuellen internen Meldungen bei jedem Start des Computers mit geladen und angezeigt wird. Traditionell monologorientierte Vorträge lassen sich dadurch etwas dialogorientierter gestalten, dass etwa Zwischenfragen zugelassen werden oder im Anschluss eine Diskussionsrunde ergänzt wird. Auch Poster könnten einen Freiraum für »Ihr Kommentar: …« bieten.

Welche Eigenschaften der Kommunikationsinstrumente konkret gefordert sind, hängt letztlich von den Kommunikationszielen ab, wie sie in ▶ Abschn. 1.3 anhand der sozialpsychologischen Wirkungskette der Marketingkommunikation dargestellt wurden. Diesen Zielen sind in ◘ Abb. 1.6 Anforderungen an geeignete Kommunikationsinstrumente sowie Beispielinstrumente zugeordnet. Geht es vorwiegend darum, etwas bekannt zu machen, sind vor allem Push-Medien mit hoher Reichweite in der betreffenden internen Zielgruppe zu wählen. Dialogorientierte Elemente sind dabei in der Regel nicht erforderlich. Hier wären also zum Beispiel Poster, digitale Anzeigenformate im Intranet (Banner) etc. geeignete Instrumente.

Sollen hingegen in größerem Umfang Informationen vermittelt werden (Gestaltung von Images), sind Medien erforderlich, mit denen sich die internen Zielgruppen inhaltlich auseinandersetzen und die hinreichenden Raum für die Aufbereitung der Informationen bieten. Hier ist etwa an die Mitarbeiterzeitung, Beiträge im Intranet, interne Newsletter, Flyer etc. zu denken.

Geht es darum, bestehende Einstellungen zu verändern, muss das geeignete Medium neben Raum und Möglichkeit einer differenzierten Überzeugungsargumentation zudem eine hohe Glaubwürdigkeit bzw. Vertrauenswürdigkeit bei den internen Zielgruppen aufweisen. Dies ist oftmals nicht allein durch die Wahl der intern zur Verfügung stehenden Instrumente hinreichend möglich. Entsprechend muss hier zudem über das Medium Mensch nachgedacht werden: Wer wäre intern oder gegebenenfalls auch extern der geeignete Absender, um die betreffenden internen Zielgruppen zu überzeugen? Was wäre dafür das richtige Format? Geht man einen Schritt weiter, so sind auch die externen Medien, d. h. klassische redaktionelle Massenmedien, wie Lokalzeitungen etc., Instrumente, über die auch Mitarbeiter erreicht werden können. Sie verfügen oftmals pauschal über eine höhere Glaubwürdigkeit als die Medien der internen Unternehmenskommunikation. Insofern ist es nicht unüblich, bestimmte interne Themen auch über »die externe Bande zu spielen«.

Geht es letztlich darum, in bestimmten Situationen konkretes Verhalten auszulösen, muss das zu wählende Kommunikationsinstrument eine räumliche und zeitliche Nähe zum Verhaltensmoment aufweisen: Die Maßnahme muss an dem Ort und zu der Zeit wirksam vorhanden sein, in dem ein bestimmtes Verhalten konkret abgerufen werden soll. Für solche »Erinnerungswerbung« können unter anderem Poster und Hinweisschilder ins Kalkül gezogen werden.

Neben diesen Kriterien werden für die Wahl des geeigneten Instruments auch Aspekte wie Kosten und Vorlaufzeiten für Herstellung und Distribution sowie die zu unterstellende Aufmerksamkeits- und Durchsetzungswirkung berücksichtigt: Manchmal genügt ein Schwarz-Weiß-Handzettel aus dem Laserdrucker (schnell, günstig) und manchmal muss es ein Hochglanz-Flyer sein (höhere Vorlaufzeit, teurer); manchmal genügt ein Beitrag in der Mitarbeiterzeitung (mittlere Aufmerksamkeit, geringe bis mittlere Durchsetzungswirkung) und manchmal muss es eben der Vorstandsbrief sein (hohe Aufmerksamkeit, mittlere bis hohe Durchsetzungswirkung).

1.6   Interne Unternehmenskommunikation in Form von Kampagnen

Eine Faustformel besagt, dass der Einzelne in der heutigen Informationsflut nur jede neunte Botschaft wahrnimmt, eine Botschaft jedoch dreimal bewusst wahrgenommen werden muss, bevor sie sich im Gehirn verfestigt. Rein rechnerisch müsste eine Botschaft also etwa siebenundzwanzig Mal dargeboten werden, bevor unterstellt werden kann, dass sie »angekommen ist«. Die Realität könnte viel schlimmer aussehen, denn vereinzelt wurde nachgewiesen, dass nicht einmal zwei Prozent der zur Verfügung gestellten Informationen von ihren Empfängern tatsächlich genutzt werden (Munzinger und Musiol 2008, S. 20). In diesem Kontext spricht man oft von der Informationsüberflutung oder Informationsüberlastung (information overload).

Vor diesem Hintergrund wird schnell deutlich, dass einzelne Botschaften bzw. Kommunikationsmaßnahmen heute vor dem massiven Hintergrundrauschen der multimedialen Gesellschaft verhallen. Mit einer singulären Kommunikationsmaßnahme lässt sich in aller Regel also auch in der internen Unternehmenskommunikation nur wenig verrichten. Daher ist heute über die Forderung einer crossmedialen Kommunikation hinaus, bei der Themen und Botschaften über verschiedene Medien hinweg in wiedererkennbarer Weise, zeitlich und inhaltlich integriert dargeboten werden, das Denken in kommunikativen Kampagnen (lat. »*campus*« = »*Feldzug*«) erforderlich.

Eine Kampagne ist das »Sinnbild" der strategisch ausgerichteten, integrierten Kommunikation: Sie unterscheidet nicht zwischen »online« und »offline« und nicht zwischen Mitarbeiterinformation, Weiterbildung und Eventmanagement. Statt »Senderdisziplinen« stellt sie die Zielgruppen in den Mittelpunkt der Betrachtung. Sie integriert und synchronisiert die wirkungsvollsten Instrumente der jeweiligen Kommunikationsdisziplin und leitet Botschaften und Formate ab, die für die Zielgruppen relevant sind. Die Kampagne will in ihrer Botschaft und als Format Gesprächsthema im relevanten Beziehungskreis der Zielgruppen werden.

Die Komplexität von Kampagnen, die durch das Synchronisieren verschiedener Disziplinen der Kommunikation entsteht, verlangt ein Höchstmaß an professioneller Arbeitsweise und konzeptioneller Disziplin. In diesem Kontext bildet die Zusammensetzung des Teams ein sehr bedeutendes Erfolgskriterium.

Das Teamverständnis in engerer Betrachtung umfasst auch die internen Nahtstellen etwa zur externen Unternehmenskommunikation und zur Personalabteilung. Bereits in diesem engeren Kreis lassen sich Friktionen und Machtkämpfe durch Zielkonflikte, unklare Zuständigkeiten, knappe Ressourcen und persönliche Animositäten als Problemfelder beobachten. Dadurch werden nicht nur Ressourcen verschwendet, sondern gegebenenfalls auch Glaubwürdigkeit und Vertrauenswürdigkeit der handelnden Akteure bei ihren internen Teilöffentlichkeiten verspielt. Hier sind gegebenenfalls Entscheidungen des Topmanagements erforderlich, um eine effektive Zusammenarbeit der Fachabteilungen im Dienst der übergeordneten Unternehmensziele zu etablieren.

Konzeptionell sind Kampagnen mit den Köpfen der internen Zielgruppen gedacht und an deren Interessen und Bedürfnissen ausgerichtet. Dies erfordert in der Regel eine umfassende Analyse der Ausgangslage und der internen Zielgruppen, die Formulierung klarer kommunikativer Ziele und die Entwicklung einer Kampagnendramaturgie. Letztere muss die zeitliche und inhaltliche Konzertierung der Maßnahmen so bestimmen, dass die Adressaten eine rationale wie emotionale Lernkurve durchlaufen. Dabei empfehlen sich Response-Elemente als aktive Integration der Zielgruppen in die Kampagne: Wann können diese aktiv werden bzw. aktiv teilhaben?

Inhaltlich sind Kampagnen auf eine oder wenige emotionale Botschaft(en) zu beschränken, die über die verschiedenen internen Kommunikationskanäle eingängig wiederholt werden.

Für eine hohe Wiedererkennung der Botschaft werden alle kommunikativen Maßnahmen mit einheitlichen Elementen der »Campaign Identity« ausgestattet. Diese definiert die Verwendung von Flächen, Farben, Typografie (Schriftbild) und Bildstilistik ebenso wie den Einsatz eines Kampagnenlogos, eines Kampagnenslogans und gegebenenfalls weiterer grafischer, akustischer oder haptischer Gestaltungselemente. Dabei soll sich die Kampagne möglichst zielgruppengerecht von dem bestehenden kommunikativen Umfeld abheben, um deutlich und positiv aufzufallen, ohne völlig aus dem Rahmen der sonstigen Corporate Idendity (CI) bzw. dem Corporate Design (CD) des Unternehmens zu fallen.

In der Praxis umfasst das interne Kampagnenmanagement fünf Schritte:
1. Analyse,
2. Zielsetzung,
3. Strategie- und Maßnahmenplanung,
4. Umsetzung und Steuerung und
5. Evaluation.

Den ersten Schritt bildet die Analyse. Sie beginnt mit der Identifikation der kommunikativen Problemstellung: Fehlt es an Bekanntheit oder mangelt es an Wissen, Können oder Akzeptanz? Darauf folgend werden die internen Kommunikationspartner miteinander in Beziehung gesetzt und einerseits ein genaues Bild der internen Zielgruppen erarbeitet

und gleichzeitig das Verhältnis der Dialogpartner, etwa Geschäftsführung und Mitarbeiter, sowie die gegenseitigen Vorstellungen und Erwartungen bestimmt. Entscheidend ist also, die Beziehungen der internen »Player« untereinander und ihr Verhältnis zum kommunikativen Problem zu verstehen. In der Analysephase wird daher häufig mit Befragungen in Form von Einzelinterviews, Workshops oder Mitarbeiterbefragungen gearbeitet.

Im zweiten Schritt wird eine messbare kommunikative Zielsetzung abgeleitet. Dies ist nicht nur Voraussetzung für die Erarbeitung einer adäquaten Kampagnenstrategie, sondern auch notwendige Bedingung zur Kampagnensteuerung und zur Bewertung ihres Erfolges. Anhand welcher Kriterien man den Grad der Zielerreichung jeweils bemisst, hängt von der kommunikativen Problemstellung ab. Methodisch werden die Kriterien in der Regel durch Befragung (Wissen, Einstellung) oder Beobachtung (Verhalten) ermittelt. Dies kann zum Beispiel die Frage nach der Meinung über den in der Kampagne adressierten Sachverhalt oder die Beobachtung der Einhaltung von Arbeitsschutzbestimmungen sein. Auch können Hilfskennzahlen, etwa Visits (Besuche) und Page Impressions (Anzahl der angesehenen Seiten) der Themen-Website im Intranet, Art und Anzahl der im für die Kampagne eingerichteten Briefkasten eingehenden Anfragen der Mitarbeiter oder der im Flurfunk behandelten Themen, eine grobe Orientierung geben.

Im dritten Schritt erfolgt die Entwicklung von Kommunikationsstrategie und Maßnahmenplan. Die Kommunikationsstrategie gibt die Antwort auf die Frage, auf welche Weise das Ziel erreicht werden kann, und beschreibt den kommunikativen Wirkmechanismus zwischen Zielsetzung, internen Zielgruppen, Maßnahmen und Ergebnis. Da es in der Regel mehrere Wege gibt, das Ziel zu erreichen, wird die Auswahl der »richtigen« Strategie anhand der Kriterien Effektivität (Wirksamkeit) und Effizienz (optimaler Mitteleinsatz) vorgenommen.

In der Kommunikationsstrategie werden die Botschaften für jede Anspruchsgruppe definiert, die Komposition der Kommunikationsmaßnahmen (Instrumente) vorgenommen sowie ihre inhaltliche und zeitliche Integration (Dramaturgie) in Form eines Ablaufplans erarbeitet. Dabei werden der Dramaturgie folgend die Kommunikationsinstrumente in ihrer zeitlichen und inhaltlichen Ordnung festgelegt. In der Regel gibt die Kommunikationsstrategie auch Auskunft über die »Campaign Idendity« (s. o.). Darüber hinaus hat sich eine Chancen- und Risikoanalyse bewährt. Sie reflektiert verschiedene Verlaufsszenarien in der Umsetzungsphase der Kommunikationsstrategie und nimmt mögliche Anpassungen der Kampagne vorweg. Ist nicht absehbar, wie die internen Zielgruppen auf die Kampagne – positiv wie negativ – reagieren, werden also im Vorfeld Indikatoren entwickelt, die hierüber Aufschluss geben, sowie Kriterien abgeleitet, anhand derer sich bestimmen lässt, unter welchen Gegebenheiten Abweichungen von dem einmal gesetzten Kommunikationsplan möglich oder notwendig sind, und je nach Situation unterschiedliche Ansätze zur weiteren Kampagnenführung definiert.

Selbstverständlich müssen Kommunikationsstrategie und Maßnahmenplan in Relation zum vorhandenen Budget entwickelt werden und sollen zudem Ansätze zur Evaluation umfassen. Letztere bestimmen, wann und über welche Methode die intendierte Kampagnenwirkung während ihrer Laufzeit und im Anschluss gemessen wird.

Den vierten Schritt bildet die eigentliche Umsetzung der Kampagne. Sie erfordert ein konsequentes Projektmanagement. Ferner gilt: Die Umsetzung ist nicht allein die Abarbeitung des einmal erstellten Plans, sondern auch die konsequente Ablaufsteuerung. Das heißt, die Wirkung der Maßnahmen muss kontinuierlich überprüft und die weiteren Schritte hinterfragt werden: Sind Botschaften vor dem Hintergrund aktueller interner und gegebenenfalls auch externer Entwicklungen haltbar? Bedarf eine der internen Zielgruppen einer ergänzenden Maßnahme? Sind gegebenenfalls einzelne Maßnahmen gar nicht mehr erforderlich?

Den fünften und letzten Schritt bildet die abschließende Evaluation. Nach Beendigung der Kampagne wird also die Zielerreichung anhand der definierten Kriterien ermittelt bzw. aufbereitet und gegenüber den originär formulierten Kommunikationszielen bewertet. Darüber hinaus sollen unter Einbindung aller an der Kampagne beteiligten internen Stellen sogenannte »Lessons Learned« gesichert werden, also die in Entwicklung und Umsetzung der Kampagne gemeinsam gesammelten

Erfahrungen. Dies umfasst die Dokumentation und Bewertung von Erlebnissen in der Zusammenarbeit ebenso wie Reaktionen von internen Zielgruppen. Dieses Wissensmanagement bildet eine wichtige Basis für die Gestaltung der nächsten Kampagne sowie für das generelle interne Kommunikationsmanagement.

1.7   Zur inhaltlichen Aufbereitung von Themen

Wie in ▶ Abschn. 1.2 gezeigt wurde, muss die interne Unternehmenskommunikation in besonderer Weise auf ihre eigene Glaubwürdigkeit achten, um Akzeptanz und Wirkung zu erreichen. Hier hilft es in der Praxis nur selten, wenn sie in ihrer Berichterstattung selbst Urteile zu einem Sachverhalt verbreitet, insbesondere, wenn diese Urteile, einem Claqueur gleich, positiv ausfallen.

Alternativ zu solcher direkten Beurteilung eines Sachverhalts lässt sich aus dem Werkzeugkasten des Tendenzbetriebs die indirekte Beurteilung nutzbar machen, für die sich im Wesentlichen zwei Mechanismen herausgebildet haben.

Der erste Mechanismus besteht in der Verbreitung einer vermeintlichen Mehrheitsansicht (Meinungsklima): Menschen neigen dazu, sich an anderen Menschen zu orientieren und ihr eigenes Verhalten von dem Verhalten anderer abhängig zu machen (u. a. Darley und Latané 1968) – insbesondere dann, wenn diese in ihren Augen Vorbilder oder Autoritäten sind (u. a. Milgram 1963). Entsprechend wird durch die Auswahl und Art der Darbietung von Statistiken und Befragungsergebnissen sowie durch Interviews mit bewusst ausgewählten Führungskräften und Mitarbeitern des Unternehmens diejenige Ansicht verstärkt dargeboten, die bei den internen Zielgruppen etabliert werden soll.

Der zweite Mechanismus ist die Wahl des Frames (Tversky und Kahneman 1986), d. h. der Perspektive, aus der über einen Sachverhalt berichtet wird. Zur Illustration: Über Gotcha lässt sich als »paramilitärische Kriegsübung« oder als »Sport« berichten. Je nachdem, welcher der beiden Frames gewählt wird, werden bei den Rezipienten vordringlich unterschiedliche Schemata aktiviert

– z. B. eher »Bedrohung und Gewalt« oder eher »Spaß und Gesundheit«, was Einfluss auf die weitere Wahrnehmung und Beurteilung des Themas sowie auf das Verhalten der betreffenden Zielgruppen hat.

Übertragen wir dies auf einen alltäglichen Fall: Im Rahmen der Mitarbeiterbefragung wird festgestellt, dass die Mitarbeiter einer Klinik weniger motiviert sind und ihren Arbeitsplatz und Arbeitgeber weniger schätzen, als dies im Benchmark, d. h. im Vergleich mit anderen Kliniken, der Fall ist. Unter anderem erhält die interne Unternehmenskommunikation nun den Auftrag, hieran etwas zu ändern und eine entsprechende interne Kampagne zu entwickeln. Je nachdem, welchen Frame sie für das Thema wählt, sind unterschiedliche Wirkungen zu erwarten. So würde etwa eine Kampagne unter dem Motto »Unser Klinikum als guter Arbeitgeber« auf ein traditionelles, eher konfliktbeladenes Rollenverständnis abzielen: Der Arbeitgeber mit seinen Leistungsverpflichtungen auf der einen Seite und auf der anderen Seite der Arbeitnehmer als Empfänger dieser Leistungen. Eine Kampagne unter dem Motto »Unser Klinikum als guter Arbeitsplatz« führt wahrscheinlich eher zu einer Versachlichung der Diskussion und einer größeren Integration: Was macht einen guten Arbeitsplatz aus? Was kann jeder Einzelne dazu beitragen, diesen aktiv und positiv zu gestalten – unabhängig davon, in welcher Abteilung er tätig ist oder welche Position er inne hat?

Zum anderen wird die interne Unternehmenskommunikation versuchen, die Aufmerksamkeit der Mitarbeiter stärker auf die Vorzüge hinzuleiten, also aus der Befragung und aus anderen Statistiken vorwiegend solche Daten in der internen Berichterstattung betonen, die die Vorzüge des Arbeitgebers widerspiegeln, und vor allem über solche Aspekte berichten, mit denen die Mitarbeiter zufrieden sind. Im Rahmen von Interviews wird sie in der Regel insbesondere solche Mitarbeiter zu Wort kommen lassen, die etwas Positives über ihren Arbeitgeber zu sagen haben und ihren Arbeitsplatz schätzen, hingegen wahrscheinlich eher unterrepräsentiert gemäßigt kritische Stimmen zulassen, um ihre Glaubwürdigkeit nicht zu gefährden.

Darüber hinaus wird die interne Unternehmenskommunikation auch selbst ausgewählte kritische Themen aufgreifen, die sich nach ihrer Einschätzung lösen lassen und nach dem Willen der Geschäftsführung gelöst werden sollen, um nicht nur Meinungen zu verändern, sondern auch die interne Wirklichkeit positiv verändern zu helfen.

1.8 Evaluation der internen Unternehmenskommunikation

Wie in den vorangegangenen Abschnitten herausgearbeitet, ist die interne Unternehmenskommunikation ein Instrument, um bestimmte Unternehmensziele zu erreichen: Bekanntheit soll gesteigert, Image gestaltet, Einstellungen verändert oder Verhalten beeinflusst bzw. ausgelöst werden. Um Kommunikation sinnvoll zu planen, umzusetzen und ihren Erfolg nachzuweisen, muss geklärt sein, wie man feststellt, ob die Maßnahmen die beabsichtigte Wirkung erreicht haben. Doch Evaluation im weiteren Sinne geht über die Betrachtung der beabsichtigten und erreichten Kommunikationswirkung hinaus. Sie untersucht und beurteilt auch die dafür eingesetzten Instrumente und die dafür insgesamt verbrauchten Ressourcen etwa in Form von aufgebrachter Arbeitszeit und verbrauchtem Geldbudget.

Wie für die externe Unternehmenskommunikation zahlreiche, vermeintlich ausgereifte und allgemeingültig erscheinende Evaluations- und Steuerungstools existieren, die die Steuerung des Kommunikationsmanagements auf ein übersichtliches »Cockpit« verdichten, so existieren solche Angebote auch für die interne Unternehmenskommunikation. Ein vergleichsweise positiv zu beurteilendes Beispiel ist der Index Interne Kommunikation® (Pütz 2006, S. 34 ff.). Dennoch gilt für die meisten dieser Lösungen, dass sie nicht pauschal auf die spezifischen Anforderungen des Kommunikationsmanagements eines bestimmten Unternehmens passen und entsprechend verändert oder erweitert werden müssen.

Gleichzeitig ist mit solchen Systemen – gerade dann, wenn sie stark kennzahlbasiert sind – ein Risiko verbunden: Zwar vermögen sie, eine gewisse Orientierung zu geben, täuschen jedoch gleichzeitig eine Exaktheit und Steuerbarkeit vor, die so tatsächlich nicht gegeben ist. Bis heute ist es nicht

◻ Tab. 1.3 Befragungsmethoden (Auswahl) und Aussagekraft hinsichtlich bestimmter Kommunikationsziele. (Nach Ullrich 2013, S. 44)

Befragungsmethode	erlaubt Aussagen über …			
	B	I	E	V
Recall- und Recognition-Test	●	○	○	○
Conjoint-Analyse	○	◑	◑	●
Einstellungsmessung	○	◑	●	○
Befragung nach erinnertem Verhalten oder der Verhaltensabsicht	○	○	○	◑
Imagemessung	○	●	○	○

B = Bekanntheit, I = Image, E = Einstellungen, V = Verhalten
● = ja, ◑ = bedingt, ○ = nein

oder meist nur mit unverhältnismäßig aufwändigen Verfahren der empirischen Sozialforschung (Befragung, Beobachtung, Experiment) möglich, einen direkten Zusammenhang von einer einzelnen Kommunikationsmaßnahme und der von ihr ausgehenden Wirkung belastbar nachzuweisen. Wollte man etwa die Wirkung einer Kommunikationsmaßnahme auf die Bekanntheit, das Image, die Einstellung gegenüber und das Verhalten hinsichtlich eines bestimmten Sachverhalts bestimmen, so müsste man gleich eine ganze Reihe von Befragungsverfahren parallel anwenden (◻ Tab. 1.3).

Zudem findet Kommunikation nicht unter Laborbedingungen statt, sondern in einem nur bedingt bestimmbaren Kommunikationsumfeld. Dieselbe Maßnahme mit demselben Thema kann im Sommerloch andere Wirkungen entfalten als etwa zu Zeiten, in denen Akkordarbeit angesagt ist oder eine Reorganisation stattfindet.

Dennoch spricht dies keinesfalls gegen Evaluation und klares Wirkungsmonitoring, sondern vielmehr für eine gewisse Pragmatik und Langfristorientierung in diesem Thema. Der gewählte Ansatz der Evaluation muss erstens konkret auf die Kommunikationsziele (Wirkung), zweitens auf die Art der Maßnahme, drittens auf den Informationsbedarf sowie viertens auf die operativen Anforderungen des Unternehmens ausgerichtet sein. Hier kann es keine für alle Unternehmen und Situationen pauschal gültigen Lösungen geben. Zudem liefert eine gute Evaluation nicht nur eine ex post

Bewertung der Kommunikationsarbeit, sondern erlaubt bereits während einer laufenden Kampagne oder Maßnahme Hinweise für deren Steuerung.

Als Grundlage für die Ableitung des geeigneten, individuellen Evaluationssystems bietet sich der 2009 veröffentlichte DPRG/ICV-Bezugsrahmen für das Kommunikationscontrolling an (DPRG 2011, S. 13), der in ◻ Abb. 1.7 vereinfacht dargestellt ist. Er gliedert den Kommunikationsprozess nach Input, Output, Outcome und Outflow. In den Bereichen Input und Output werden vor allem Aufwand und Effizienz der Maßnahmendurchführung betrachtet (Budget, Prozesse, Arbeitsteilung etc.), während im Bereich Outcome die kommunikativen bzw. sozialpsychologischen Wirkungen und schließlich im Bereich Outflow die ökonomischen Wirkungen der Kommunikationsaktivitäten betrachtet werden.

Betrachtet man im Sinne eines Benchmarkings den monetären Input für die interne Unternehmenskommunikation in Unternehmen allgemein, zeigt sich ein wenig einheitliches Bild: Während rund ein Fünftel mehr als 100.000 € für die interne Kommunikation jährlich als festen Budgetrahmen zur Verfügung hat, müssen sechzig Prozent mit rund 30.000 € und weniger pro Jahr zurechtkommen; das verbleibende Fünftel liegt dazwischen (Dörfel und Vilsmeier 2013). Gleichzeitig muss aber auch berücksichtigt werden, dass viele Maßnahmen der internen Kommunikation auch aus den Budgets des Vorstandes bzw. der Geschäftsführung

Input	Output		Outcome		Outflow
					Wertschöpfung
			Direkter Outcome	Indirekter Outcome	Einfluss auf strategische/ finanzielle Zielgrößen (Leistungsprozess) bzw. auf materielle/ immaterielle Ressourcen (Kapitalertrag)
	Interner Output	Externer Output	Wahrnehmung Nutzung Wissen	Meinung Einstellung Verhalten	
Ressourcen	Prozesseffizienz Qualität	Reichweite			
Personaleinsatz Finanzaufwand					
ORGANISATION	MEDIEN/KANÄLE		BEZUGSGRUPPEN		ORGANISATION

☐ **Abb. 1.7** Vereinfachte Darstellung des DPRG/ICV-Bezugsrahmen für das Kommunikationscontrolling. (In Anlehnung an die DPRG 2011, S. 13)

sowie der Personalabteilung und den Budgets anderer Fachabteilungen teilweise oder weitgehend kofinanziert werden.

Betrachtet man die Dimension des Outcome, wird deutlich, dass nicht für jede einzelne Kommunikationsmaßnahme der Aufwand für eine Befragung gerechtfertigt bzw. sinnvoll ist. Um dennoch eine gewisse Orientierung darüber zu erlangen, ob mit der Maßnahme wahrscheinlich die intendierte Wirkung erreicht wurde, lassen Hilfsvariablen als Indizien eine begründete Annahme zu. Dass diese jedoch nur eine äußerst begrenzte Aussagekraft auf den unteren Stufen der sozialpsychologischen Wirkungskette der Marketingkommunikation haben, illustriert ☐ Tab. 1.4 anschaulich.

Auch wenn im Einzelfall rechtliche Besonderheiten und Mitbestimmungsrechte des Betriebsrats bzw. Personalrats erforderlich sind, etwa für differenziertere Auswertungen von Nutzerstatistiken des Intranets, rechtfertigt der Erkenntnisgewinn in der Regel diesen Aufwand.

Wie das Beispiel in ☐ Abb. 1.8 deutlich macht, kommt es bei der Evaluation auf die Zusammenführung sowohl quantitativer als auch qualitativer Daten an, um zur richtigen Entscheidung im Kommunikationsmanagement zu gelangen.

Im Beispiel wird ein Intranet untersucht. Quantitativ zeigt sich, dass das Intranet im betrachteten Zeitraum von 1.000 Mitarbeitern besucht wurde, die insgesamt 1.200 Seiten angesehen haben. Ins

Verhältnis gesetzt, erhält man daraus eine Klickrate von 1,2, was ein sehr geringer Wert ist: Jeder Besucher hat sich im Durchschnitt nur 1,2 Seiten angesehen. Das Ergebnis kann viele Ursachen haben, über die sich letztlich nur spekulieren lässt. Erst die zusätzliche Berücksichtigung qualitativer Daten, die naturgemäß nicht repräsentativ sind, erlaubt den begründeten Rückschluss auf die vordringliche Ursache und damit eine sinnvolle Handlungsentscheidung über die Weiterentwicklung des Intranets.

1.9 Organisatorische Aufstellung der internen Unternehmenskommunikation

Während in größeren Unternehmen die Aufgaben der internen Kommunikation in einer ebenso bezeichneten Abteilung gebündelt sind, werden sie in kleineren Unternehmen häufig von Mitarbeitern der externen Unternehmenskommunikation oder von Mitarbeitern der Personalabteilung übernommen. Eine jüngere Befragung förderte zu Tage, dass weniger als zwei Fünftel der Unternehmen in Deutschland eine eigenständige Abteilung für die interne Unternehmenskommunikation unterhalten (Dörfel und Vilsmeier 2013). Zwar steht eine vergleichbare, auf den Kliniksektor fokussierte Untersuchung aus, jedoch kann aus Erfahrungswerten

�‪ Tab. 1.4   Hilfsvariablen zur Maßnahmenevaluation (Auswahl). (In Anlehnung an Ullrich 2013, S. 46)

Maßnahmen	Hilfsvariable zur Erfolgsbewertung	Indiz für Wirkung auf…			
		B	I	E	V
Werbliche Formate: Poster, Aufsteller etc.	Kontaktchancen bzw. Reichweite	●	○	○	○
Intranet	Anzahl der Seitenaufrufe (Page Impressions)	◐	○	○	○
	Anzahl der Besuche (Visits)	◐	○	○	○
	Anzahl der Besucher (Unique Visitors)	◐	○	○	○
	Anzahl Seitenaufrufe pro Besucher	○	◐	○	○
Veranstaltungen	Anzahl der Besucher	◐	○	○	○
	Aufenthaltsdauer	○	◐	○	○
	Menge ausgegebenen Informationsmaterials	○	◐	○	○
Resonanz-Analysen zur generellen Maßnahmenbewertung	Anzahl der Rückfragen (persönlich, per E-Mail, telefonisch etc.)	◐	○	○	○
	Anzahl Einträge in Intranet-Foren	○	○	○	○
	Art der Rückfragen bzw. Intranet-Foreneinträge	○	◐	◐	○

B = Bekanntheit, I = Image, E = Einstellungen, V = Verhalten
● = aussagekräftig, ◐ = bedingt aussagekräftig, ○ = nicht aussagekräftig

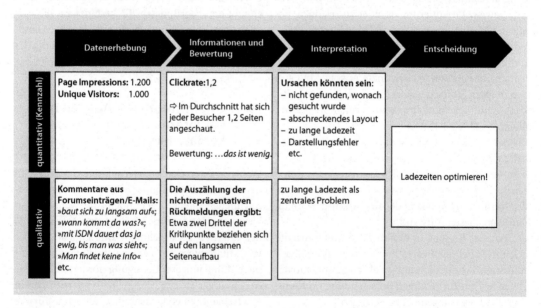

◪ Abb. 1.8   Illustration zur Relevanz des Zusammenspiels qualitativer und quantitativer Daten in der Evaluation. (Nach Ullrich 2009, S. 7)

unterstellt werden, dass die Situation dort nicht sehr viel »besser« ausfällt.

In größeren Unternehmen, in denen sich mehrere Mitarbeiter die Kommunikationsaufgaben teilen, stellt sich hingegen regelmäßig die Frage, wie diese optimal zu organisieren sei. In der Praxis stehen drei extreme Ansätze zueinander in Konkurrenz: der kanalorientierte Ansatz, der zielgruppenorientierte Ansatz und der themenorientierte Ansatz.

Der kanalorientierte Ansatz weist Mitarbeitern der Unternehmenskommunikation einzelne Kommunikationskanäle zu: Mitarbeiter A kümmert sich um das Mitarbeitermagazin, Mitarbeiter B kümmert sich um das Intranet etc. Der Vorteil ist hier, dass die Mitarbeiter die Vorzüge und Möglichkeiten der von ihnen verantworteten Kommunikationskanäle sehr gut kennen und auf effiziente Weise »technisch« wertige Produkte schaffen. Im Gegenzug leidet häufig die Qualität der inhaltlichen Aufbereitung und vor allem die kanalübergreifende Integration der Themen.

Der zielgruppenorientierte Ansatz weist Mitarbeitern verschiedene Zielgruppen zu: Mitarbeiter A kümmert sich um Führungskräfte und deren Themen, Mitarbeiter B kümmert sich um die Mitarbeitergruppen in der Verwaltung etc. Der Vorteil dieses Ansatzes ist die besondere Nähe, welche die interne Unternehmenskommunikation zu den einzelnen Arbeitnehmergruppen entwickelt. Die zentrale Herausforderung ist es hier, aus den so im Team der internen Unternehmenskommunikation geschaffenen Lagern bzw. Vertretern unterschiedlicher Interessen letztlich einen integrierenden Ansatz einer auf die übergeordneten Unternehmensziele ausgerichteten internen Kommunikation zu schaffen.

Der themenorientierte Ansatz identifiziert die großen Themenfelder im Unternehmen und weist diese den Mitarbeitern fest zu: Mitarbeiter A kümmert sich um Personalthemen, Mitarbeiter B kümmert sich um strategische Themen der Unternehmensführung etc. Der Vorteil dieses Ansatzes liegt in der besonderen inhaltlichen Tiefe und langfristigen Orientierung, welche die Mitarbeiter mit diesen Themen verbinden. Der einzelne Kommunikator kann schnell die Auswirkungen von Rahmenbedingungen und Entscheidungen auf die verschiedenen Arbeitnehmergruppen einschätzen und entwickelt auf natürliche Weise ein eigenes Interesse an der positiven Gestaltung des Themas. In der Praxis ergeben sich hier zwei zentrale Herausforderungen: Zum einen müssen die verschiedenen Themen für die gemeinsame interne Agenda wieder miteinander in Beziehung gesetzt werden (z. B. Personal und Strategie), was, insbesondere infolge der Tiefe der Themendurchdringung, einen erhöhten Austausch der für die interne Kommunikation verantwortlichen Mitarbeiter erfordert. Zum anderen müssen die stark auf Inhalte fokussierten Mitarbeiter diese nun verschiedenen Zielgruppen über verschiedene Kommunikationskanäle darbieten, was in der Praxis häufig, je nach persönlicher Medienaffinität des einzelnen Mitarbeiters, zu über die Medien verschiedenen Ergebnisqualitäten führt.

Keiner dieser drei Ansätze wird sich in Reinform auf Dauer durchhalten lassen. Dennoch ist eine Organisation des Teams der internen Unternehmenskommunikation, die dem themenorientierten Ansatz den Schwerpunkt gibt, vorzuziehen. Diese Perspektive erlaubt nachhaltig, die Erreichung der Ziele des Unternehmens mit den der Kommunikation zur Verfügung stehenden Mitteln zu fördern.

Literatur

Ackermann F, Eden C (2011) Strategic management of stakeholders. Theory and practice. Long Range Plan 44:179–196

Barrow S, Mosley R (2006) Internes Brand Management. Wiley-VCH, Weinheim

Brandstädter M, Ullrich T, Haertel A (2013) Klinikmarketing mit Web 2.0. Kohlhammer, Stuttgart

Darley JM, Latané B (1968) Bystander intervention in emergencies: diffusion of responsibility. J Personal Soc Psychol 8:377–383

Dörfel L, Vilsmeier G (2013) Trendmonitor interne Kommunikation 2013. SCM/DPRG, Berlin

DPRG (2011) Positionspapier Kommunikations-Controlling. Deutsche Public Relations Gesellschaft, Berlin

Frauenholz A (2009) Die »ganze Welt« von Siemens? Selbstdarstellungsstrategien des Unternehmens in der Mitarbeiterzeitschrift SiemensWelt. In: Crijns R, Janich N (Hrsg) Interne Kommunikation von Unternehmen, 2. Aufl. VS/GWV, Wiesbaden, S 111–148

Funkhouser GR (1973) The issue of the sixties: an exploratory study in the dynamics of the public opinion. Public Opin Quarterly 37:62–75

Gallup (2014) Engagement Index Deutschland 2013. Präsentation zum Pressegespräch. Gallup GmbH, Berlin

Gindra R (2008) Interne Kommunikation in Unternehmen. Öffentlichkeitsarbeit nach innen und die Motivation der Mitarbeiter. Eine Betrachtung aus mehreren Blickwinkeln. Universität Wien. Magisterarbeit (Institut für Publizistik- und Kommunikationswissenschaft), Wien

Heger W (2005) Wertorientierte interne Unternehmungskommunikation in internationalen Unternehmungen. LIT Verlag, Münster

Holzer B (2005) Netzwerkanalyse. In: Kühl S, Strodtholz P, Taffertshofer A (Hrsg) Quantitative Methoden der Organisationsforschung. VS/GWV, Wiesbaden, S 286–420

Homburg C, Stock RM (2005) Exploring the conditions under which salesperson work satisfaction can lead to customer satisfaction. Psychol Mark 5(22):393–420

Katz E, Lazarsfeld PF (1955) Personal influence: The part played by people in the flow of mass communication. Free Press, New York

Kepplinger HM (2009) Wirkung der Massenmedien. In: Noelle-Neumann E, Schulz W, Wilke J (Hrsg) Fischer Lexikon Publizistik Massenkommunikation. Fischer, Frankfurt a. M, S 651–702

KHBV (2012) Verordnung über die Rechnungs- und Buchführungspflichten von Krankenhäusern (Krankenhaus-Buchführungsverordnung – KHBV). Stand: 20. Dezember 2012

Lazarsfeld PF, Berelson B, Gaudet H (1944) The people's choice. How voter makes up his mind in a presidential campaign. Duel, Sloane and Pearce, New York/London

McCombs ME, Shaw DE (1972) The agenda-setting function in mass media. Public Opin Quarterly 36(1972):176–187

Milgram, Stanley (1963) Behavioral study of obedience. J Abnorm Soc Psychol 67:371–378

Munzinger U, Musiol KG (2008) Markenkommunikation. mmi/FinanzBuch, München

Pütz H (2006) Kommunikation managen. ICOM, Wiesbaden

Robinson JP (1976) Interpersonal influence in election campaigns. Two step-flow hypotheses. Public Opin Quarterly 3(40):304–319

Schwetje T (1999) Kundenzufriedenheit und Arbeitszufriedenheit bei Dienstleistungen. Operationalisierung und Erklärung am Beispiel des Handels. Gabler Verlag, Münster

Strauss B, Seidel W (2007) Beschwerdemanagement: unzufriedene Kunden als profitable Zielgruppe. Hanser, München

Tversky A, Kahneman D (1986) Rational choice and the framing of decisions. J Bus 59(1986):251–278

Ullrich TW (2008) Reflexionen zur Rolle der HR Kommunikation. Vortragspräsentation. Wiesbaden: Forum Personalkommunikation

Ullrich TW (2009) Kommunikationscontrolling. Gastvortrag. HHUD, Düsseldorf

Ullrich TW (2013) Grundfragen des Klinikmarketings. In: Brandstädter M, Ullrich TW, Haertel A (Hrsg) Klinikmarketing mit Web 2.0. Kohlhammer, Stuttgart, S 20–46

Ullrich TW (2014) PR Grundausbildung. Vorlesungsskript Deutsche Akademie für Public Relations Düsseldorf, Frankfurt a. M.

Ullrich TW, Hacker P (2014) Kommunikation in Transformationsprozessen – eine überschätzte Größe? Jahrbuch Restrukturierung 2015. Frankfurt Business Media, Friedberg, S 20–22

Watzlawick P, Beavin JH, Jackson DD (1969) Menschliche Kommunikation. Huber, Bern

Kanäle der internen Kommunikation

Mathias Brandstädter, Sandra Grootz

M. Brandstädter et al., *Interne Kommunikation im Krankenhaus,* Erfolgskonzepte Praxis- &
Krankenhaus-Management, DOI 10.1007/978-3-662-45154-0_2, © Springer-Verlag Berlin Heidelberg 2016

2.1   Schwarzes Brett

Sandra Grootz

2.1.1   Das analoge schwarze Brett – der Klassiker

Das analoge schwarze Brett ist das Basisinstrument der internen Kommunikation (Georgsdorf 2010, S. 52) und dient vorrangig der Bekanntmachung von Informationen.[1] Da bei diesem Medium der Absender über den Zeitpunkt entscheidet, an dem die Informationen die betreffenden Zielgruppen erreichen, ist das schwarze Brett als Push-Medium zu klassifizieren. Anders als Veranstaltungen und Gremientreffen ist es kein persönliches und dialogisches Kommunikationstool, sondern unpersönlicher und monologischer Natur. Es ist anzunehmen, dass viele Unternehmen das schwarze Brett gerade deshalb eher stiefmütterlich behandeln: Vergilbte Blätter, deren Inhalte längst überholt sind, sind keine Seltenheit. Dabei kann das schwarze Brett – richtig genutzt und entsprechend gepflegt – Anschlagtafel und Aushängeschild zugleich sein und eine positive Imagewirkung erzielen. Aktuelle Informationen stehen für Transparenz des Unternehmens, farbige und unbeschädigte Ausdrucke vermitteln Wertigkeit der transportierten Inhalte. Um diese Außenwirkung zu erzielen, bedarf es einer koordinierten und koordinierenden Pflege. Für die Praxis bedeutet das: Das schwarze Brett sollte von zentraler Stelle aus, beispielsweise durch die Unternehmenskommunikation, betreut und im Sinne einer Qualitätskontrolle in regelmäßigen Abständen gesichtet werden. Wer etwas aushängen möchte, muss sich beim Verantwortlichen zunächst eine Genehmigung einholen – nur so lässt sich »Wildwuchs« vermeiden. Ein Mehraufwand bei der Pflege entsteht dann, wenn innerhalb eines Unternehmens

mehrere schwarze Bretter aushängen und die Inhalte synchronisiert werden müssen. In Krankenhäusern beispielsweise ist es unzureichend, nur ein schwarzes Brett in der Personalkantine zu montieren. Auch im Verwaltungsbereich, über der Stempeluhr, vor Aufenthaltsräumen oder Umkleidekabinen sollten Anschlagtafeln zu finden sein – also überall dort, wo Mitarbeitende gerade nicht bei der Arbeit sind, auf eine Kollegin oder einen Kollegen warten und die Zeit nutzen möchten, um sich über Neuigkeiten aus dem Haus zu informieren. Das ist die Chance für Kommunikationsverantwortliche, diese Mitarbeiterinnen und Mitarbeiter als Multiplikatoren in ihre Abteilungen zu entlassen, um dort die Infos zu distribuieren. Darum sollten Sie stets darauf achten, dass die Aushänge aktuell sind. Um die Aktualität für Mitarbeitende erkennbar zu machen, versehen Sie jede Information mit dem Datum des Aushangtages. In den meisten Fällen bietet sich zudem an, eine Gültigkeitsdauer festzusetzen, und den Aushang nach Ablauf wieder vom schwarzen Brett zu entfernen. Ein weiteres wichtiges Kriterium ist das der Relevanz. Da das schwarze Brett von Mitarbeiterinnen und Mitarbeitern aller Berufsgruppen gelesen wird, müssen die Inhalte von allgemeinem Interesse sein. Mögliche Themen sind Auszeichnungen, Sicherheitshinweise, der Speiseplan der Personalkantine oder die Einladung zur nächsten Mitarbeiterversammlung. Auch eine nachträgliche Zusammenfassung derselbigen ist ein informatives Angebot für all diejenigen, die nicht an der Veranstaltung teilnehmen konnten. Für alle Aushänge gilt: Beschränken Sie sich auf das Wesentliche. Kennzeichnen Sie bei mehr als fünf Sätzen die Kernbotschaft, indem Sie sie farbig hervorheben, und legen Sie Wert auf klar formulierte, strukturierte Aussagen. Vermeiden Sie verklausulierte Sätze mit Fachbegriffen, die niemand versteht – das sorgt allenfalls für Unmut, nicht aber für Begeisterung ob der Transparenz des Unternehmens. Machen Sie die genannten Kriterien auch zur notwendigen Bedingung für Aushänge, die mit Bitte um Freigabe bei der zuständigen Abteilung eingereicht werden.

Darüber hinaus sollten Sie als Serviceleistung für Ihre Mitarbeitenden die Aushänge rubrizieren, beispielsweise nach dienstlichen Terminen wie medizinischen Fortbildungen oder aktuellen

---

1   Das schwarze Brett wird in diesem Kapitel nach der Definition des Arbeitsrechts ausgerollt. Einer Definition aus dem Bereich der Informatik zufolge versteht man unter dem schwarzen Brett ein Bulletin Board, also einen »Kommunikationsbereich in einem Netz (z. B. einem Intranet), auf dem Informationen von einer Instanz abgelegt und von mehreren Benutzern gelesen werden können« (Springer Gabler Verlag).

Mitteilungen des Vorstands. Arbeiten Sie hierbei auch mit Eyecatchern: Laden Sie mit einem bunten Plakat zum nächsten Mitarbeiterfest ein, machen Sie mit einem Foto auf die neuen Termine zur Gesundheitsförderung aufmerksam. Wenn sich die Möglichkeit bietet, arbeiten Sie mit Bildwelten aus Ihrem Haus: Das macht den Aushang umso authentischer.

Die bisher dargestellten möglichen Inhalte zielten auf Bekanntmachung aus. Das ist jedoch nicht der alleinige Zweck, den ein schwarzes Brett erfüllt: Es lässt sich auch für Dienstanweisungen und einer damit intendierten Aufforderung zur Verhaltensänderung bei Ihren Mitarbeiterinnen und Mitarbeitern nutzen (z. B. Rauchverbot in bestimmten Bereichen, Fotografie-Verbot im gesamten Haus). Hierbei sollten Sie jedoch bedenken, dass die aktive Suche nach Informationen auf freiwilliger Basis erfolgt und sie nicht alle Mitarbeitenden erreichen werden. Wer eine Zeit lang keine aktuelle Info und/ oder Dienstanweisung zu verkünden hat, sollte das schwarze Brett dennoch nicht unbeachtet lassen. Hängen Sie in diesem Fall beispielsweise die neueste Ausgabe beziehungsweise einzelne Artikel der Mitarbeiterzeitschrift als DIN A3-Ausdruck an das schwarze Brett. Auch der Aushang des neuesten Gewinnspiels bietet sich an, um die Mitarbeitenden nicht nur zu informieren, sondern darüber hinaus zu integrieren und zu unterhalten. Dabei entsteht nebenbei auch ein Benefit für Kommunikationsverantwortliche: Sie machen ihre Arbeit sichtbar.

2.1.2 Das digitale schwarze Brett – der Newcomer

Vor dem Hintergrund der zunehmenden Digitalisierung von Kommunikation ist auch mit Blick auf das schwarze Brett ein Trend zu erkennen: In vielen Schulen und öffentlichen Einrichtungen sind analoge schwarze Bretter bereits passé; stattdessen haben sich dort digitale schwarze Bretter als fester Bestandteil der kommunikativen Arbeit etabliert. Auch für die interne Kommunikation in Krankenhäusern bieten sie sich an: Zum einen schafft das digitale schwarze Brett für Mitarbeiterinnen und

Mitarbeiter ein hohes Maß an Aufmerksamkeit und entspricht in weiten Teilen den Mediennutzungsgewohnheiten. Zum anderen ermöglicht es eine enorm schnelle Kommunikation. Von jedem Computer aus können sich autorisierte Personen anmelden, um die Inhalte flexibel und standortunabhängig auf allen Endgeräten zu verwalten: Mit nur einem Knopfdruck sind die digitalen Aushänge aktualisiert, es entstehen keine Zeitverzögerungen. Ein weiterer Vorteil: Sie können Kriterien wie Aktualität und Gültigkeitsdauer über einen Timer einstellen, sodass der Aushang am Ablaufdatum automatisch auf allen Endgeräten eliminiert wird. Zudem besteht die Möglichkeit, Inhalte über den Tag verteilt zu assimilieren: Der Speiseplan des Tages kann beispielsweise nach Schließung der Kantine offline gehen, dafür rücken dann die Abendveranstaltungen in den Fokus. Neben den gängigen Informationen lassen sich über einen News-Ticker auch topaktuelle News aus Ihrem Krankenhaus oder Meldungen aus dem Weltgeschehen sowie die Wetterlage streamen. Muss ein Artikel oder ein Bild kurzfristig ausgetauscht werden, ist auch das innerhalb weniger Minuten möglich.

Um Informationen umgehend und gezielt abrufbar zu machen, bieten einige Hersteller mittlerweile auch schwarze Bretter mit Touchscreens an. Über eine Blätter- oder Verschiebefunktion werden die Display-Inhalte damit interaktiv abrufbar. Der Einsatz eines digitalen schwarzen Brettes spart mangels Druckkosten auf Dauer nicht nur Geld, sondern auch Zeit und damit verbundene Ressourcen. Dennoch: In erster Linie kommt es auf den Content an. Sind die Inhalte nicht zielgruppenorientiert verfasst, ist das schönste Gewand eine Fehlinvestition. Darum sollten auch bei digitalen Aushängen die Kriterien erfüllt sein, die für das analoge schwarze Brett gelten. Ein Aspekt, der für schwarze Bretter jeglicher Form von Bedeutung ist, ist die Tragweite der Informationen: Da das schwarze Brett an öffentlichen Orten für Patienten und Besucher zugänglich ist, kommunizieren Sie darüber keine Änderungen in der strategischen Ausrichtung, Personalwechsel oder Fusionen – für derlei Themen bieten sich andere Instrumente der internen Kommunikation an, die nicht ohne Weiteres von Externen eingesehen werden können.

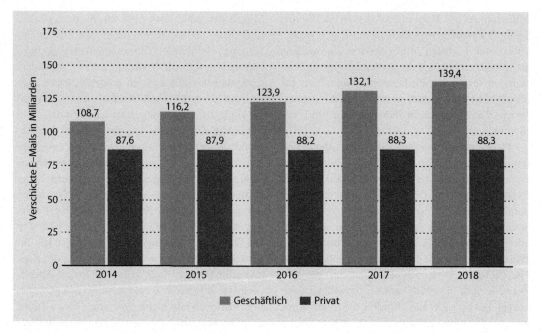

◘ Abb. 2.1   Schätzung zur Anzahl verschickter E-Mails privat vs. geschäftlich pro Tag von 2014 bis 2018. (Quelle: Das Statistik-Portal 2014b)

Zusammenfassung: das schwarze Brett (analog wie digital)
— Basisinstrument der internen Kommunikation
— Push-Medium; unpersönlich und monologisch
— Ziele: Bekanntmachung, Imagewirkung und Verhaltensänderung (z. B. Dienstanweisung)
— Kriterien
  – Aktualität
  – Relevanz
  – Gültigkeits-/Ablaufdatum
  – klar formulierte Aussagen
  – Rubrizierung

2.2   E-Mails und Newsletter

Sandra Grootz

Die E-Mail ist im Arbeitsalltag das meistgenutzte Instrument, sowohl in der internen als auch in der externen Kommunikation (Nitz 2008, S. 50). Der Begriff »meist« bezieht sich hier allerdings nicht nur auf die Häufigkeit der Nutzung dieser Kommunikationsform an sich – also meistens –, sondern auch auf die Anzahl der Personen, die Mails verschicken: die meisten. In diesem Zusammenhang sprechen die Zahlen für sich: 2014 wurden weltweit rund 196,3 Mrd. E-Mails verschickt, davon 108,7 Mrd. geschäftlich, Tendenz steigend. 2018 werden es voraussichtlich 139,4 Mrd. sein (Das Statistik-Portal 2014 a und b).

Der in ◘ Abb. 2.1 dargestellte aktuelle Trend beweist den Erfolg dieses digitalen Instruments, der in erster Linie auf die enorme Geschwindigkeit zurückzuführen ist. Während ein Brief erst aufgesetzt, kuvertiert, in den Briefkasten geworfen und durch die Post von A nach B transportiert werden muss, findet sich die E-Mail binnen weniger Sekunden bereits im elektronischen Postfach des Empfängers, ohne dass dabei Transaktionskosten anfallen (Nitz 2008, S. 50 f.). Da der Großteil des Personals sein Postfach den ganzen Tag über geöffnet hat und oftmals sogar mit akustischen Signalen auf eine neue E-Mail aufmerksam macht, ist die E-Mail ein klassisches Push-Medium. Der Nutzer muss nicht aktiv nach Informationen suchen, sondern erhält sie automatisch und unaufgefordert. Dank Erfindungen wie Smartphones kann der Empfänger die elektronische Post auch dann einsehen, wenn er unterwegs ist und – sofern erforderlich – umgehend antworten. Diese zeitliche und örtliche Unabhängigkeit zeigt den methodischen Charakter dieser Kommunikationsform: Die E-Mail ist ein asynchrones Instrument (Clawien 2008, S. 153). Versand und Empfang einer Mail verlaufen immer zeitversetzt, selbst wenn es sich nur um wenige Sekunden handelt. Bei Eingang der Mail ist diese allerdings noch nicht gelesen; dafür können weitere Minuten, Stunden oder gar Tage anfallen. Ist der Inhalt der Mail oder die Beantwortung derselben dringlich, kann dies in den gängigen E-Mail-Anwendungen durch ein entsprechendes Zeichen (z. B. das rote Ausrufezeichen bei Outlook) gekennzeichnet werden. Das erleichtert es dem Empfänger, der aufgrund eines Termins oder nach dem Urlaub eventuell viele ungeöffnete Mails im Postfach hat, die Mails nach Dringlichkeit zu sortieren. Diese Markierung sollte jedoch nur in Ausnahmefällen genutzt werden; andernfalls verliert sie ihre Bedeutung und wird bei häufiger Verwendung vom Empfänger nicht mehr ernst genommen.

2.2.1 Der Absender- und Empfängerkreis

Wie viele Personen mit der gleichen E-Mail beschickt werden, ist variabel. In den meisten Fällen liegt ein One-to-One-Format vor, es gibt also einen Sender und einen Empfänger. Das ist insbesondere dann von Belang, wenn personenbezogene und vertrauliche Daten ausgetauscht werden. Der Nachteil: Eine E-Mail kann, einmal auf »Weiterleiten« geklickt, schnell in falsche Hände geraten; dessen sollte sich jeder Absender bewusst sein. Es besteht aber auch die Möglichkeit, Verteilerlisten anzulegen, die beispielsweise dazu dienen, bestimmte Berufsgruppen mit aktuellen Informationen zu versorgen (Klinikdirektoren, Oberärzte, Pflegedienstleitungen etc.). Für diese Form der Massenkommunikation sind E-Mails ein gern genutztes Tool, da sie eine persönliche Anrede erlauben (Nitz 2008,

S. 51). Darüber hinaus eignen sich Verteilerlisten für Teams ab fünf Leuten, um das Projektmanagement zu optimieren. Bei wichtigen Angelegenheiten sollte der Verteiler mit den Mail-Adressen der Kollegen in Kopie gesetzt werden, um den eigenen Mailverkehr zu dokumentieren und die Vorgänge/Absprachen im Falle der eigenen Abwesenheit nachvollziehbar zu machen. Das Projektmanagement spielt auch im Hinblick auf den Umgang mit den E-Mails selbst eine große Rolle: An richtiger Stelle einsortiert, wird die »digital abgelegte Kommunikation zum Archiv, auf das jederzeit zurückgegriffen werden kann« (Nitz 2008, S. 51).

Die Option, mit einer E-Mail Anhänge zu verschicken, die vom Empfänger bearbeitbar sind, ist ein weiterer entscheidender Faktor für die intensive Nutzung von E-Mails im Arbeitsalltag (Kranich 1997, S. 37). Für Kommunikationsverantwortliche ist diese Funktion für die tägliche Arbeit von enormer Bedeutung: Wie sonst sollten Pressemitteilungen, Artikel für die Mitarbeiterzeitschrift oder News für das Intranet mit den jeweiligen Ansprechpartnern abgestimmt werden? Auch die Versendung von Termineinladungen, die nach Zusage direkt im Kalender erscheinen, erleichtert die Organisation des Arbeitsalltags (Nitz 2008, S. 51).

Im Gegensatz zu anderen Medien wie der Mitarbeiterzeitschrift oder dem Letter CEO, die ein typisches Beispiel für die Top-down-, also die Abwärtskommunikation, sind, ist das Medium E-Mail ein Exempel dafür, über Hierarchiegrenzen hinweg nach oben zu kommunizieren. Im Fachjargon wird diese Form der Aufwärtskommunikation Bottom-up-Kommunikation genannt. E-Mails machen es den Mitarbeitenden möglich, direkt mit dem Top-Management in Kontakt zu treten, da die Mails zumeist in deren persönlichem E-Mail-Account landen und somit – anders als beim Telefonat oder bei einem Meeting – nicht über das Sekretariat[2] abgefangen werden (Mast 2013, S. 235 f.). In Krankenhäusern ist das ein gängiges Mittel, um den eigenen Vorgesetzten und/oder den Vorstand unverzüglich über problemhafte Arbeitsabläufe in der Krankenversorgung zu informieren und damit auf ein mögliches Krisenpotenzial aufmerksam zu machen.

---

2 Kranich bezeichnet die Sekretariate/Assistenten als die »üblichen ,Gatekeeper'« (Kranich 1997, S. 37).

Business Email	2014	2015	2016	2017	2018
Average Number of Emails Sent/Received per	121	126	131	136	140
Average Number of Emails Received	85	88	91	95	97
Average Number of Legitimate Emails	*75*	*77*	*79*	*83*	*83*
Average Number of Spam Emails	*10*	*11*	*12*	*12*	*14*
Average Number of Emails Sent	36	38	40	41	43

Abb. 2.2   Geschäftliche E-Mails empfangen/gesendet pro Nutzer/pro Tag, 2014 bis 2018. (Quelle: The Radicati Group 2014)

2.2.2 Einschränkungen

»Wir sind froh, euch an Bord zu haben!« – dieser Willkommensgruß aus den USA läutete hierzulande vor rund 30 Jahren das E-Mail-Zeitalter ein (Fuest 2014: welt.de). Dieser Satz lässt sich mit Blick auf die Berufsgruppen, die im Krankenhaus über einen eigenen E-Mail-Zugang verfügen, ausnahmslos nur auf das Top-Management, die Mitarbeitenden der Verwaltung und die Ärzteschaft anwenden. Für die Pflegefachkräfte hingegen steht auf den Stationen häufig nur ein Computer mit Internetzugang für mehrere Nutzer bereit. Bei den Beschäftigten, die in größeren Kliniken in der hauseigenen Küche oder der Wäscherei arbeiten, sinken die Nutzungsraten noch weiter ab: Der Großteil hat keinen eigenen E-Mail-Account, geschweige denn einen Zugang zum Internet (oder Intranet).[3] Darum haben die Printmedien und das schwarze Brett für diese Berufsgruppen einen vollkommen anderen Stellenwert als für Führungskräfte oder Mitarbeitende aus dem Verwaltungsbereich (► Abschn. 2.1). Umso wichtiger ist es, diese Kommunikationsmittel bewusst einzusetzen und entsprechend zu pflegen – zum einen, um die Informationen auch dort zu distribuieren, zum anderen als Zeichen der Wertschätzung: Alle Mitarbeiterinnen und Mitarbeiter sollten sich gut informiert

fühlen. Die vielfältigen Vorteile, die das Medium E-Mail mit sich bringt, erwecken den Anschein, als gäbe es keine Nachteile. Allerdings führt der stetig wachsende E-Mail-Verkehr dazu, dass weniger Zeit für andere Aufgabenbereiche bleibt. Einer Studie zufolge haben Unternehmensmitarbeiter im Jahr 2014 durchschnittlich 85 Mails pro Tag erhalten und 36 Mails gesendet; für das Jahr 2018 werden 97 täglich eingehende und 43 ausgehende Mails pro Kopf prognostiziert (■ Abb. 2.2).

Abbildung 2.2 zeigt noch einen weiteren Effekt, den auch Nitz (Nitz 2008, S. 54) thematisiert: den zunehmenden Eingang von Spam-E-Mails. Dieser Umstand erfordert einen hohen Einrichtungs- und Wartungsaufwand von Spam-Filtern und verursacht damit erhebliche Kosten auf Seiten der IT. Darüber hinaus verbrauchen einmal im Postfach eingegangene Spam-E-Mails die Ressource Zeit, da Mitarbeitende die unerwünschten Mails manuell aussortieren müssen. Der generelle Aufwärtstrend bei eingehenden, versendeten und Spam-Mails wird sich massiv auf den Arbeitsalltag des Einzelnen auswirken. Schon heute gibt es einige Unternehmen, die daran arbeiten, die Flut von E-Mails einzudämmen, um die Beschäftigen zu entlasten. Der Autokonzern Daimler beispielsweise hat für 100.000 Beschäftigte in Deutschland den Abwesenheitsassistenten »Mail on Holiday« eingeführt. Dieser sorgt dafür, dass bei Eingang einer Mail während der Urlaubszeit der Absender automatisch über die Vertretung informiert und

---

3   Einer Statistik zufolge lag 2014 der Anteil an Berufstätigen, die über keine dienstliche E-Mail-Adresse verfügen, bei immerhin 17 % (Das Statistik-Portal 2014c).

die elektronische Post umgehend gelöscht wird (► www.daimler.com). Diese »radikale« Lösung ist kein Patentrezept für alle Unternehmen. Dennoch sollte der Informations-Overload so gut wie möglich eingedämmt werden.

2.2.3 Das Phänomen »Rundmail«

In vielen Unternehmen sind sie gängige Praxis: die sogenannten Rundmails an alle Mitarbeiter. An der Uniklinik RWTH Aachen hat man Mitte des Jahres 2014 mit einer entscheidenden Maßnahme den täglichen Eingang von E-Mails um durchschnittlich sechs Mails minimiert, indem die Rundmails abgeschafft wurden. Jede Mitarbeiterin und jeder Mitarbeiter hatte zuvor die Möglichkeit, sein Anliegen an eine zentrale Stelle zu schicken, die den Inhalt automatisch an rund 6000 Mitarbeiter weiterleitete, ohne ihn vorher auf seine Relevanz hin zu prüfen. Das Ergebnis waren täglich gegen 18 Uhr eintreffende Mails zu den verschiedensten Themen: Veranstaltungshinweise, Absage einer Veranstaltung, Ankündigung der Abwesenheit einer Abteilung wegen einer Fortbildung, ein verloren gegangener und ein aufgefundener Schlüssel, um nur einige Beispiele zu nennen. Für den Einzelnen, der seine Information weitergeben wollte, war der Versand dieser E-Mail von großer Bedeutung, schließlich hatte man so seine Informationspflicht erfüllt. Ob überhaupt und, wenn ja, von wem die Mails gelesen wurden, spielte nur eine untergeordnete Rolle. Das Gros der Beschäftigten empfand die Info-Mails eher als störend und verbannte sie direkt in den digitalen Papierkorb; es gab ohnehin schon ausreichend Mails zu bearbeiten.

Das »Rundmail-Problem« herrscht auch andernorts: Die Justus-Liebig-Universität Gießen hat auf ihrer Homepage einen Regelkatalog für die Nutzung von Rundmails zusammengestellt und ausgerechnet, welche Kosten durch das Versenden nur einer Rundmail verursacht werden: »Eine Rundmail an alle Mitarbeiter und Professoren beansprucht – abgeschätzt mit einer Lesezeit von 15 s bei mehr als 5000 erreichten Empfängern – in Summe etwa zweieinhalb Arbeitstage und kostet damit

mehrere hundert Euro« (Justus-Liebig-Universität Gießen 2014; ► www.uni-giessen.de).[4]

Um diese Zeit und die damit verbundenen Kosten zu sparen, hat die Uniklinik RWTH Aachen mit Einführung des neuen Intranets Mitte des Jahres 2014 einen neuen Kommunikationskanal implementiert und die Rundmails abgeschafft; sie werden nur noch in Notfällen (beispielsweise bei einem Systemausfall) verschickt. Die Abschaffung der Rundmails bedeutete auch eine Abkehr von alten Gewohnheiten, was bei einigen Mitarbeitern auf Unverständnis stieß, hatte es doch einen Machtverlust für den Einzelnen zur Folge. Mitteilungen, die zuvor per Rundmail an alle verschickt wurden, werden seitdem – nach Prüfung des Inhalts durch die Unternehmenskommunikation – auf die Startseite des Intranets gesetzt. Für die Veranstaltungshinweise wurde eigens ein Veranstaltungskalender geschaffen. Um den Mitarbeitern dabei zu helfen, den für sie geeigneten Weg zur Kommunikation des eigenen Anliegens zu finden, wurde ein Schema entwickelt (◘ Abb. 2.3), das im Intranet hinterlegt ist. Die Grafik zeigt eines ganz deutlich: Ohne ein funktionierendes, gut gepflegtes und rege genutztes Intranet gäbe es keine adäquate Lösung, um die verschiedenen Inhalte zu kommunizieren.[5]

2.2.4 E-Mail-Newsletter

Die Versendung eines Online-Newsletters ist die optimale Lösung, wenn es darum geht, schnell, aktuell und kostengünstig zu kommunizieren. Das digitale Medium, das meist als Anhang einer E-Mail verschickt wird, ist als Push-Medium zu klassifizieren. Der Vorteil eines E-Mail-Newsletters besteht

---

4 Auf diversen Homepages im universitären Bereich finden sich Informationen zum Versand von Rundmails. Die meisten versuchen, die Flut an Rundmails einzudämmen, indem sie neue Kanäle (beispielsweise einen Veranstaltungskalender) schaffen. (Technische Universität Kaiserslautern: ► www.rhrk.uni-kl.de; Uni Hildesheim: ► www.uni-hildesheim.de). An der Universität in Koblenz ist die Rundmail nach wie vor ein gängiges Tool (Universität Koblenz Landau: ► www.uni-koblenzlandau.de).

5 In ► Abschn. 2.4 werden das Intranet und dessen Funktionalitäten näher betrachtet.

2

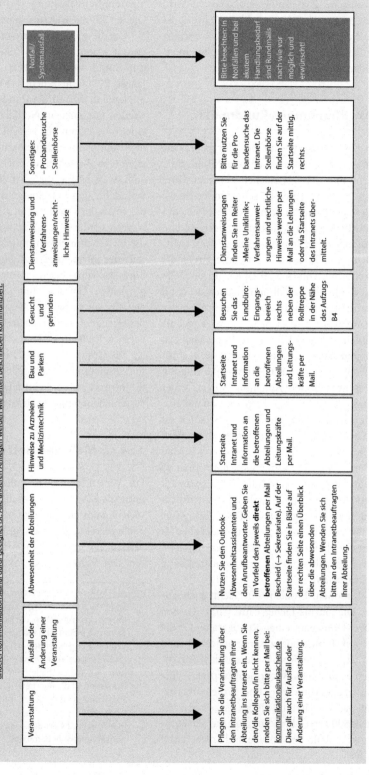

Das neue Intranet ist auch eine Abkehr von alten Gewohnheiten – unseren Rundmails. Sie werden nur noch bei speziellen Ausnahmen verschickt. Wie aber werden die verschiedenen Anliegen künftig kommuniziert? Das folgende Schema gibt Ihnen einen Überblick, sprechen Sie uns bei Bedarf an: kommunikation@ukaachen.de

↑ Spezifizieren Sie Ihre Zielgruppe, wer muss von Ihrem Anliegen wissen? Alle, einzelne Berufsgruppen, spezielle Abteilungen oder ausgewählte Kollegen? Rundmails werden nur noch in den Fällen verschickt, in denen die Informationen (1) kurzfristig, (2) allen Mitarbeitenden zur Verfügung gestellt werden müssen und (3) kein anderer Kommunikationskanal dafür geeignet ist. Alle anderen Anliegen werden wie unten beschrieben kommuniziert.

UNIKLINIK
RWTHAACHEN

Veranstaltung	Ausfall oder Änderung einer Veranstaltung	Abwesenheit der Abteilungen	Hinweise zu Arzneien und Medizintechnik	Bau und Parken	Gesucht und gefunden	Dienstanweisung und Verfahrensanweisungen/rechtliche Hinweise	Sonstiges: – Probandensuche – Stellenbörse	Notfall/ Systemausfall
Pflegen Sie die Veranstaltung über den Intranetbeauftragten Ihrer Abteilung ins Intranet ein. Wenn Sie den/die Kollegen/in nicht kennen, melden Sie sich bitte per Mail bei: kommunikation@ukaachen.de Dies gilt auch für Ausfall oder Änderung einer Veranstaltung.	Nutzen Sie den Outlook-Abwesenheitsassistenten und den Anrufbeantworter. Geben Sie im Vorfeld den jeweils **direkt betroffenen** Abteilungen per Mail Bescheid (→ Sekretariate). Auf der Startseite finden Sie in Bälde auf der rechten Seite einen Überblick über die abwesenden Abteilungen. Wenden Sie sich bitte an den Intranetbeauftragten Ihrer Abteilung.	Startseite Intranet und Information an die betroffenen Abteilungen und Leitungskräfte per Mail.	Startseite Intranet und Information an die betroffenen Abteilungen und Leitungskräfte per Mail.	Besuchen Sie das Fundbüro: Eingangsbereich rechts neben der Rolltreppe in der Nähe des Aufzugs B4	Dienstanweisungen finden Sie im Reiter »Meine Uniklinik«; Verfahrensanweisungen und rechtliche Hinweise werden per Mail an die Leitungen oder via Startseite des Intranets übermittelt.	Bitte nutzen Sie für die Probandensuche das Intranet. Die Stellenbörse finden Sie auf der Startseite mittig, rechts.	Bitte beachten: In Notfällen und bei akutem Handlungsbedarf sind Rundmails nach wie vor möglich und erwünscht!

□ **Abb. 2.3**   Schema zur Kommunikation der Anliegen von Mitarbeitern am Beispiel der Uniklinik RWTH Aachen. (Quelle: Uniklinik RWTH Aachen)

vor allem darin, dass alle Personen einer zuvor ausgewählten Zielgruppe zum gleichen Zeitpunkt mit den identischen Informationen versorgt werden können – auch standortübergreifend. Darum ist der Online-Newsletter insbesondere für Klinikkonzerne ein geeigneter Kommunikationskanal.

Wie hoch die Reichweite des Newsletters und der damit einhergehende Grad der Bekanntheit der kommunizierten Inhalte ist, hängt maßgeblich von der jeweiligen Zielgruppe ab: Sollen Führungskräfte zur Kommunikation strategischer Themen des Vorstands oder der Geschäftsführung adressiert werden, ist die Reichweite sehr hoch, da sie über einen Internetzugang verfügen. Handelt es sich bei der Zielgruppe um alle Mitarbeiter, ist die Reichweite deutlich geringer, denn nicht alle Beschäftigten eines Krankenhauses haben einen Zugang zum Internet oder einen eigenen E-Mail-Account. Für sie wäre eher die Printausgabe des Mitarbeitermagazins das geeignete Medium.

Die Besonderheit des digitalen Newsletters liegt darin, dass er vom Layout einer Printausgabe ähnelt und damit den üblichen Rezeptionsgewohnheiten der Leser entspricht (Kinter et al. 2009, S. 218). Allerdings ist er wesentlich aktueller als sein analoges Pendant, lässt er sich doch mit nur einem Klick versenden. Im Gegensatz zu einer Printausgabe sollte der Online-Newsletter so kurz wie möglich gehalten sein. Denn anders als ein Magazin, das man in den Händen hält, klicken sich die Leser bei der Online-Ausgabe schnell durch die Inhalte. Je mehr Text vorhanden ist, desto weniger wird er gelesen, darum sollten acht Einzelseiten in DIN A4, die zur besseren Lesbarkeit auch als solche und nicht als Doppelseiten angelegt sind, das Maximum sein.

Darüber hinaus empfiehlt es sich, den Newsletter nicht mit großformatigen Bildern zu überfrachten. Stattdessen bietet sich an, mithilfe von Hyperlinks auf eine im Intranet hinterlegte Fotogalerie, eine Datenbank, ein Video, eine Audiodatei oder eine Power-Point-Präsentation zu verweisen. Die Hyperlink-Funktion lässt sich bereits im Inhaltsverzeichnis anwenden. Mit nur einem Klick ist der Leser auf der entsprechenden Seite. Das erspart ihm viel Zeit, die er ansonsten dafür aufbringen müsste, die entsprechende Textstelle im Dokument aufzufinden.

Für den Newsletter gilt ebenso wie für Publikationen aller Art die Kennzeichnungspflicht mit den relevanten Kontaktdaten wie Postadresse, Telefonnummer und E-Mail-Adresse (Kinter et al. 2009, S. 220).

Hinsichtlich der Thematik sollte je nach Zielgruppe unterschieden werden. Ein Newsletter für alle Mitarbeiter kann Artikel zu verschiedenen aktuellen Themen aus dem eigenen Unternehmen enthalten. Aufgrund der Tatsache, dass bei einem Führungskräfte-Newsletter (als Beispiel siehe ◘ Abb. 2.4) der Vorstand oder die Geschäftsführung als Absender fungiert, ist es ratsam, den Schwerpunkt auf strategisch relevante Themen zu legen und Unterhaltungselemente unberücksichtigt zu lassen. Zum einen bietet der Newsletter nicht so viel Platz wie ein Printmagazin, zum anderen sollte er im Hinblick auf die Zielgruppe eine gewisse Durchdringungstiefe aufweisen und das jeweilige Thema von mehreren Seiten beleuchten. Diesem Anspruch gerecht zu werden, sollte vor allem im Interesse des Absenders, also des Vorstands oder der Geschäftsführung, liegen. Schließlich gehören die Führungskräfte nach der Einfluss-Interesse-Matrix zum Cluster A: Sie haben hohen Einfluss und ein hohes Interesse (siehe dazu ▶ Kap. 1.4), tragen viel Verantwortung und sind Wissensüberbringer. Es wäre fatal, wenn sie über den Kurswechsel des Vorstands aus den externen Medien oder von den eigenen Mitarbeitern erführen. Je umfangreicher und aktueller sich die Führungskräfte informiert fühlen, desto eher lassen sie sich als Fürsprecher gewinnen.

Die Devise »Weniger ist mehr« gilt auch für den Inhalt der E-Mail selbst. Fassen Sie in zwei bis drei Zeilen den Kern des Themas zusammen, die vierte Zeile einer Mail wird meistens schon nicht mehr (aufmerksam) gelesen. Auch ein aussagekräftiger Betreff kann hilfreich sein, um den Empfänger neugierig zu machen. Ist der Empfängerkreis des Online-Newsletters überschaubar, bietet sich zudem eine persönliche Anrede in der E-Mail an (Kinter et al. 2009, S. 218). Im Abschluss der E-Mail können Sie um Feedback bitten, denn auch wenn der Newsletter vom Ansatz her eher monologisch ist, besteht die Möglichkeit, in Outlook mit nur einem Klick auf »Antworten« zu reagieren und damit einen – wenn auch zunächst nur digitalen – Dialog

2

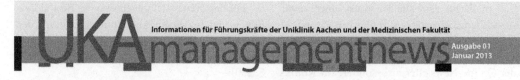

Informationen für Führungskräfte der Uniklinik Aachen und der Medizinischen Fakultät

UKAmanagementnews Ausgabe 01
Januar 2013

UNIKLINIK AACHEN – DAS NEUE CORPORATE DESIGN KOMMT

EDITORIAL

**Sehr geehrte Kolleginnen,
sehr geehrte Kollegen,**

in das neue Jahr 2013 möchten wir mit einer erweiterten Kommunikationplattform starten und uns gezielt an die Führungskräfte in Forschung, Lehre und Krankenversorgung wenden. Kommunikation hat für jede Organisation eine zentrale Bedeutung und sollte strukturiert und faktenbasiert erfolgen. An diese Thematik und damit an unsere Kommunikationskultur sollten wir hohe Ansprüche stellen: Gelingt Kommunikation, katalysiert sie positive Prozesse und realisiert Synergien, hat sie Deletionen entsteht das Risiko trunkierter Botschaften, die Anlass zu negativen Projektionen und faktenfernen Meinungsbildern geben können. Die vorliegende Mitteilungsform an Führungskräfte soll uns bei der Erreichung gemeinsamer Ziele unterstützen und den nicht minder wichtigen persönlichen Erfahrungsaustausch durch bilaterale Gespräche und die bestehenden gemeinsamen Informationsforen ergänzen. Die UKAmanagementnews werden Sie zukünftig mehrmals im Jahr anlassbezogen über verschiedene Schwerpunktthemen unterrichten. Weil es um übergeordnete, nachhaltige Informationen geht, möchten wir bewusst allen Lehrstuhlinhabern der Medizinischen Fakultät dieses Format anbieten.

Diese Informationen sollen Ihnen auch einen Vorsprung gewährleisten, den Sie in manchen Situationen als Führungskraft benötigen, um bestimmte Entscheidungen und Positionen innerhalb Ihrer Kliniken, Institute und

Teams vertreten und multiplizieren zu können. Daher bitte ich Sie um einen bedachtsamen Umgang mit den Informationen. Sie setzen bisweilen Vorkenntnisse voraus und können daher nicht automatisiert innerhalb einer Kaskade weitergereicht werden. Sie sollen Ihnen vielmehr als Hintergrundwissen über strategische Projekte und Vorstandspositionierungen dienen.

Schwerpunkt dieser Ausgabe ist die neue Corporate Identity. Ein systemtheoretischer Überbau und insbesondere ein wertebasierter Kodex sind conditio sine qua non für eine erfolgreiche »Markenbildung«. Denn wir alle wissen: Marken entstehen in den Köpfen, nicht am Bildschirm oder auf dem Papier. Sie können nicht allein über formale Aspekte wie Name, Zeichen, Symbol, Logo oder Design definiert werden. Aus diesem Grund hat das UKA die Markengebung bewusst mit einer internen Positionierung synchronisiert, die parallel zur Ausarbeitung des Corporate Designs erfolgt. Zur Vergewisserung wurden standardisierte Interviews geführt, Mitarbeiter befragt und in bilateralen Gesprächen und innerhalb verschiedener Arbeitsgruppen rege diskutiert. Was ist eigentlich unsere Kernaufgabe? Wo soll die Uniklinik Aachen in zehn, in zwanzig Jahren stehen? Und: Wie wollen wir den Weg dahin gestalten, wie wollen wir miteinander umgehen, wonach richten wir uns aus? Diese Fragen zu beantworten, ist alles andere als trivial. Angesichts der genannten Herausforderungen kann der spontane Gedankensplitter aufkommen, auf unserer Agenda stünden dringlichere Aufgaben als ein neues Leitbild. Hier habe

ich eine eindeutige Auffassung, und das aus zwei Gründen: Erstens heißt das eine zu tun, nicht das andere zu lassen. Zweitens – und das ist zentral – ist ein Leitbild eben nicht nur ein Stück Papier, sondern die Basis und die Leitplanke unseres täglichen Handelns. Es beschreibt das Koordinatensystem, entlang dessen wir uns entwickeln wollen und definiert die Werte, die wir voneinander einfordern und im Miteinander fördern werden – es generiert Verbindlichkeit. Ohne diese festen Standards im Umgang miteinander wären die Kriterien, die uns bei Entscheidungen leiten, schlecht nachvollziehbar. Ein Haus unserer Größe kann sich an dieser Stelle keine Definitionslücken oder Skotome leisten. Daher ist es nicht nur das Privileg von Führungskräften, zu wissen, welche Ziele ein Unternehmen auf welche Weise erreichen will. Darüber muss in angemessener Form jede Mitarbeiterin und jeder Mitarbeiter informiert werden. Führungskräfte haben hier die Aufgabe und die Möglichkeit, diese Positionierung in den Arbeitsalltag übersetzen und entsprechend akzentuieren zu können. Der Vorstand möchte Ihnen nachstehend den letzten Entwurf unseres Leitbildes vorstellen. Feedback Ihrerseits ist gern willkommen. Wir bedanken uns bei den Kolleginnen und Kollegen, die sich bereits auf so konstruktive und fruchtbare Weise eingebracht haben.

Für den Vorstand

Prof. Dr. med. Thomas H. Ittel

DAS NEUE LEITBILD

DAS NEUE LOGO

UNIKLINIK RWTHAACHEN

DIE NEUE HOMEPAGE

Innovationen für Leben.

⬛ **Abb. 2.4 a** und **b** Führungskräfte-Newsletter der Uniklinik RWTH Aachen zum Thema »Corporate Design Relaunch«. (Quelle: Uniklinik RWTH Aachen)

Informationen für Führungskräfte der Uniklinik Aachen und der Medizinischen Fakultät

Ausgabe 01
Januar 2013

Neugestaltung der Homepage
Schritt für Schritt zu Ihrem Webauftritt

Eines steht fest: Die Homepage einer Klinik stellt einen wichtigen Kanal zur Erreichung von Patienten, Ärzten, Wissenschaftlern und zukünftigen Mitarbeiterinnen und Mitarbeitern dar. Doch auch intern ist dieses Marketinginstrument von enormer Bedeutung, und das aus gutem Grund: Nur mit einem attraktiv gestalteten Internetauftritt lässt sich die Qualität kommunikativ transportieren, die täglich im Klinikum geleistet wird. Die Homepage ist also das zentrale Aushängeschild – intern wie extern. Um den User von der

Wertigkeit einer Website zu überzeugen und einen bleibenden Eindruck zu hinterlassen, bedarf es dreierlei: einer einfachen Menüstruktur, zielgruppenspezifischer Inhalte sowie ansprechender und einheitlicher Bildwelten. Ziel der Neugestaltung der Internetpräsenz ist es, diese Kriterien zu erfüllen.

Schritt 1: Der Aufbau
Sie gelangen weiterhin wie bisher von der Hauptseite aus zu den jeweiligen Funktionsbereichen. Sobald Sie die Kliniken und Institute anklicken, werden

Sie jedoch eine Veränderung zur jetzigen Homepage feststellen: Diese Bereiche werden künftig in einem neuen Browserfenster mit eigens auf Ihre Zielgruppe zugeschnittenen Inhalten erscheinen, d.h. der Aufbau gleicht dem einer eigenen Homepage. In der linken Menüleiste finden Sie also nur noch die für die jeweilige Klinik bzw. die jeweilige Abteilung relevanten Reiter – das sorgt für Übersichtlichkeit und eine leichte Handhabung. Selbstverständlich besteht die Möglichkeit, mit einem Klick wieder auf die Startseite zurückzukehren.

▶ **Abb. 2.4** Fortsetzung

anzustoßen. Der Aufwand für den Leser ist also wesentlich geringer, als wollte er Feedback zu einer Printausgabe geben. Wenn Sie die Feedback-Funktion anbieten, sollten Sie bei eingehenden E-Mails darauf achten, diese auch so schnell wie möglich zu beantworten, um dem Absender der Mail das Gefühl zu vermitteln, dass seine Meinung wichtig ist und wertgeschätzt wird.

Da vermutlich nicht alle Leser die Newsletter auf ihrem Laufwerk speichern, gegebenenfalls aber noch einmal auf einen Artikel zugreifen möchten, sollten Kommunikationsverantwortliche die Newsletter an einer zentralen, für alle Mitarbeiter zugänglichen Stelle im Intranet archivieren. Für den Führungskräfte-Newsletter böte sich an, ihn unter einem im Menü verborgenen Menüpunkt anzulegen, der nur über einen Link erreichbar ist, der den Führungskräften in der Mail mit dem Online-Newsletter zur Verfügung gestellt wird. Diese Variante ist empfehlenswert, wenn auf umfangreiche Attachements verzichtet werden soll; der Newsletter ist dann direkt über den Link abrufbar. Sofern die Datei im Intranet hinterlegt ist, sollte sichergestellt sein, dass die jeweilige Zielgruppe auch von zu Hause aus auf das Intranet zugreifen kann.

In Zeiten von Smartphones und Tablet-PCs ist das Angebot noch attraktiver, wenn der Newsletter auch auf mobile Endgeräte optimiert zur Verfügung gestellt wird (Idstein 2003, S. 204).

Um den Newsletter zur Verstetigung der internen Kommunikation zu etablieren, ist es hilfreich, ihn in einem bestimmten Turnus – etwa einmal pro Quartal – erscheinen zu lassen (Kinter et al. 2009, S. 218). Nicht alles ist planbar: In Krisensituationen oder bei sonstigen unerwarteten Ereignissen kann der Newsletter natürlich auch unabhängig von den sonstigen Erscheinungsdaten verschickt werden, um rechtzeitig Hintergrundinformationen und Handlungsempfehlungen zu geben. Hier zeigt sich erneut der Vorteil des digitalen Mediums: Der Newsletter kann schnell erstellt und nach Abstimmung mit dem Vorstand/der Geschäftsführung direkt per E-Mail versendet werden; damit ist er hochaktuell. Strategisch eingesetzt und redaktionell wie gestalterisch ansprechend umgesetzt, trägt er zur Steigerung des Images und zur Verbesserung der Unternehmenskultur bei.

> **Zusammenfassung: E-Mails und E-Mail-Newsletter**
>
> E-Mails
> - Meist genutztes Instrument der internen Kommunikation
> - Push-Medium; asynchrone (Massen-)Kommunikation
> - hohe Reichweite, dialogisch
> - Vorrangiges Ziel: Bekanntmachung
> - Kriterien:
>   - Größe der Attachements
>   - Persönliche Ansprache
>
> E-Mail-Newsletter
> - Push-Medium
> - Schnelle, aktuelle und kostengünstige Kommunikation
> - Hierarchie- und standortübergreifende Kommunikation
> - Reichweite von der jeweiligen Zielgruppe abhängig
> - Kriterien
>   - Maximal 8 DIN A4-Seiten
>   - Mit Hyperlinks arbeiten
>   - Archivierung im Intranet

2.3   Corporate TV

Sandra Grootz

Ein Beispiel für den Goldstandard unter den Formaten für Bewegtbilder ist das Corporate TV, teilweise auch Business TV oder Firmenfernsehen genannt. Unter dem Begriff Corporate TV »werden alle Bewegtbild-Maßnahmen eines Unternehmens oder einer Institution verstanden, die nicht unter die Begriffe »Rundfunk« oder »Werbung« fallen – so lautet die offizielle Definition der CTVA (▶ www.ctva.de). Damit ist das Corporate TV ein Beispiel für »Branded Entertainment«.[6] Es ist ein monologisches Push-Medium, kann sich aber –

---

6   Branded Entertainment bedeutet, dass die Zuschauer im Namen der Marke, also des Unternehmens, unterhalten werden. Das Gegenteil ist das klassische Product Placement, bei dem ein Markenprodukt im Rahmen einer Fernsehsendung oder in der Werbung platziert wird.

eingebunden ins Intranet – mithilfe einer Kommentar-, Bewertungs- oder Verbreitungsfunktion zum dialogischen Medium entwickeln.

Dass Bewegtbilder ein selbstverständlicher Teil unserer täglichen Kommunikation sind, zeigen die Nutzungszahlen des Online-Kanals YouTube: Wurden 2008 nur durchschnittlich 13 h Videomaterial pro Minute bei der Videoplattform YouTube hochgeladen, waren es im Jahr 2013 bereits 100 h/min; rund 75 % der Befragten gaben an, gelegentlich Videos im Internet anzusehen (Das Statistik-Portal 2015; ▶ www.statista.com). Auch soziale Netzwerke wie Facebook oder der Micro-Blogging-Dienst Twitter leben von Videos oder Fotos. So liegt bei Twitter die Wahrscheinlichkeit für eine Weiterempfehlung – der sogenannte Retweet – um 94 % höher als bei Tweets, die auf Bilder, Grafiken oder Filme verzichten (Wagner 2013; ▶ www.mashable.com).[7]

Die Gründe dafür sind evident: Es geht schnell, die Tools sind einfach zu bedienen und Videos und Bilder sind unterhaltsamer und kurzweiliger als ein seitenlanger Text. Einige größere Unternehmen in Deutschland setzen schon seit einigen Jahren auf Corporate TV.[8]

Anders als bei den klassischen Videos im Intranet, den sogenannten Vodcasts, handelt es sich bei Corporate TV um ein Format, das den gängigen Fernsehproduktionen ähnelt und von den Zuschauern – also den Mitarbeitern – auch daran gemessen wird (Amberg 2013, S. 319). Bei der Gestaltung von Corporate TV kommt es auf eigene Sendeformate oder -reihen an, in denen mit verschiedenen stilistischen Mitteln gearbeitet wird: Interviews, Talks

mit Moderation sowie Reportagen sind nur einige Beispiele für die formale Gestaltung.

Die Jyske Bank A/S, eine börsenorientierte Bank in Dänemark, setzt das Corporate TV professionell über einen eigenen Kanal ein, der über das Internet abrufbar ist (◘ Abb. 2.5). Neben Interviews gibt es auch praktische und handwerkliche Tipps für den Alltag sowie eine Livesendung. Der Kanal ist direkt mit Facebook verknüpft, sodass einzelne Inhalte geteilt werden können.

Aufgrund der allgemein verbreiteten Akzeptanz und Beliebtheit von Bewegtbild eignet sich Corporate TV dazu, Themen bekannt zu machen. Es kann insbesondere dann von Nutzen sein, wenn eine neue Arbeitsanweisung kommuniziert oder eine Schulung (beispielsweise die Einführung in ein Content Management System) durchgeführt werden muss. Von Bedeutung ist hier die Verständlichkeit: Während man einen neuen Arbeitsablauf in der Mitarbeiterzeitschrift umfassend beschreiben müsste, lässt er sich mit Bewegtbild leicht demonstrieren. Da audiovisuelle Kommunikation zwei Sinne zugleich anspricht, nämlich Hören und Sehen, sind sowohl die Aufmerksamkeit als auch der Wiedererkennungswert wesentlich höher, als würde nur ein Sinn bedient (Eck 2008, S. 109). Und je höher die Aufmerksamkeit, desto schneller werden die Inhalte aufgenommen. Darum setzt die Bundesagentur für Arbeit zur Unterweisung ihrer Mitarbeiter schon seit einigen Jahren auf das Medium Corporate TV – mit erwiesenem Erfolg. Die Forschungsstudie »Empirische Evaluation des Mitarbeiterfernsehens BAdirekt« (BA = Bundesagentur für Arbeit) der FH Düsseldorf hat ergeben, dass 82,5 % der befragten Beschäftigten das 14-tägige Mitarbeiterfernsehen BAdirekt zumindest ab und zu nutzen. Fast zwei Drittel (64,6 %) der Befragten haben bestätigt, dass sie durch BAdirekt konkrete Anregungen für ihren Arbeitsalltag erhalten. Darüber hinaus hat die Studie ergeben, dass das Mitarbeiterfernsehen sendungsbezogene Wissenszuwächse bei den Mitarbeiterinnen und Mitarbeitern der Bundesagentur erzielen konnte (Fachhochschule Düsseldorf 2013; ▶ www.fh-duesseldorf.de).

Auch der Autokonzern Daimler setzt Corporate TV ein und hat verschiedene Formate für unterschiedliche Fachgruppen entwickelt, zusammengefasst unter der »AKUBIS Formatfamilie«

---

7   Der Video-Boom hält an: Im Jahr 2014 hat Twitter mit dem »Promote Video« ein neues Programm für mehr Werbevideos geschaffen. Derzeit arbeitet der Kurznachrichtendienst an einer weiteren Video-Funktion (Bergert 2015; ▶ www.heise.de).

8   Eine Umfrage unter den Top500-Unternehmen im Nachbarland Österreich hat ergeben, dass sich 81 % der befragten Unternehmen sicher sind, dass die Bedeutung von Corporate TV in den nächsten Jahren steigen wird. 58 % glauben, dass es durch Corporate TV zu einer Budgetverschiebung kommen wird und damit die Ausgaben für andere Kommunikationsbereiche sinken werden. Nur 49 %, also nicht einmal die Hälfte der befragten Unternehmen, verfügen über die notwendigen Strukturen, um Corporate TV umzusetzen (West4Media; ▶ www.west4media.com).

2

□ **Abb. 2.5**   Corporate TV der Jyske Bank. (Quelle: Jyskebank.tv 2014)

(AKUBIS = Automobil Kundenorientiertes Broadcast Informations System).

AKUBISdirect wird einmal wöchentlich mit einer Sendezeit von 30 min ausgestrahlt. Die Sendung richtet sich an Werkstattfachkräfte und informiert über Wissenswertes und Aktuelles, z. B. zu Smart- und Mercedes-Benz-Servicethemen. *AKUBISdirect special* ist eine hochaktuelle Schwerpunktsendung, die Werkstattfachkräfte detailliert über unterschiedliche After-Sales Themen informiert. *AKUBISdirect sales* ist speziell auf Mercedes-Benz-Verkäufer konzipiert. Dort erfährt diese Zielgruppe alles zu Innovationen neuer Modelle, aber auch Wettbewerbsvergleiche stehen auf dem Programm. *AKUBIS selected audience* richtet sich an alle Konzernbereiche und setzt ausgewählte Zielgruppen schnell und direkt über spezifische Inhalte in Kenntnis (Mercedes Benz; ► www.akubis.de). Im Anschluss an einige Sendungen können Mitarbeitende einen Online-Test machen, der bei erfolgreichem Abschluss in die Bildungshistorie des je-

weiligen Mitarbeiters aufgenommen wird (Daimler 2013; ► www.daimler.com).

Die Beispiele aus dem Bankensektor, dem öffentlichen Dienst und der Automobilindustrie illustrieren, wie Corporate TV mit Erfolg zur Mitarbeiterkommunikation eingesetzt wird. Allerdings sind die Größenverhältnisse (Daimler hat 275.000 Mitarbeiter rund um den Globus) andere als in einem Krankenhaus; auch die finanziellen Mittel sind inkomparabel. Und dennoch: Diese Unternehmen statuieren ein Exempel, das auch kleineren Krankenhäusern als Inspiration dienen kann.

Wer Corporate TV in seinem Unternehmen einsetzen möchte, sollte sich zunächst die Frage nach der Zielgruppe, den Zielsetzungen und den möglichen Themen für Bewegtbild stellen. Zudem gilt es zu klären, welche Voraussetzungen es braucht, um das Corporate TV zu implementieren.

Die internen Zielgruppen des Corporate TV sind in einem Krankenhaus ebenso vielfältig wie die Begrifflichkeiten dieses Formats: Führungskräfte,

Mitarbeiter (unterteilt in medizinischer Betrieb, pflegerischer Betrieb und Verwaltungsbetrieb; siehe dazu auch ▶ Kap. 1.4).[9] Da eine Spezifizierung auf einzelne Zielgruppen in der Praxis mit einem hohen Aufwand verbunden ist, soll der Fokus hier auf der Zielgruppe Mitarbeiter im Allgemeinen liegen.

Nach Amberg (2013, S. 317) gibt es drei Ziele, die dafür sprechen, Corporate TV in der internen Kommunikation einzusetzen:

1. Emotionalisierung
2. Verständlichkeit
3. Glaubwürdigkeit

Diese drei lassen sich um fünf weitere ergänzen:

4. Identifikation
5. Integration
6. Steigerung von Bekanntheit von Informationen
7. Beeinflussung von Images
8. Beeinflussung von Einstellungen und Verhalten (▶ Abschn. 1.3)

Die genannten Aspekte definieren nicht nur die Zielsetzung, sondern zugleich auch den Rahmen für mögliche Themen und werden daher im Folgenden zusammen betrachtet. Um einen hohen Grad an Emotionalisierung und das Zugehörigkeitsgefühl zu und die Identifikation mit dem eigenen Unternehmen hervorzurufen, bieten sich Themen wie das Mitarbeiterfest oder ein Sportevent an. Anders als bei einem Artikel in der Mitarbeiterzeitschrift besteht hier die Möglichkeit, die Stimmung des Events einzufangen und einzelne Mitarbeiter zu Wort kommen zu lassen, diese also zu integrieren.

Die Uniklinik RWTH Aachen hat im Jahr 2014 am »3. Aachener Firmenlauf« teilgenommen. Insgesamt 302 Läuferinnen und Läufer gingen mit einheitlichen Laufshirts mit dem Firmenlogo an den Start; damit war die Uniklinik das größte aller teilnehmenden Teams. Ein Clip zu diesem Event, in dem die Läufer auf dem Weg zur Laufstrecke begleitet sowie vor und nach dem Lauf interviewt wurden, ist nachträglich ins Intranet eingebunden worden.[10] Ziel war es, das Zusammengehörigkeitsgefühl und das

Identifikationspotenzial nachhaltig zu steigern und auch andere dazu zu motivieren, sich sportlich zu betätigen und im nächsten Jahr für das eigene Unternehmen mitzulaufen. Die Idee hat gefruchtet: Im Jahr 2015 nahmen 502 Läuferinnen und Läufer der Uniklinik RWTH Aachen am Firmenlauf teil und stellten damit erneut das mit Abstand größte Team.

Der Fokus sollte allerdings nicht nur auf den klassischen »Wohlfühlthemen« liegen; auch kritische Thematiken wie Veränderungsprozesse eignen sich – sofern optimal aufbereitet –, um sie in ein Corporate TV-Format einzubinden. Zum einen sind derlei Themen für den Einzelnen relevant, zum anderen sind sie mit vielen verschiedenen Emotionen – oftmals mit negativen – verbunden. Mithilfe von Bewegtbild kann es gelingen, diese Themen zu emotionalisieren, indem man ein positives Image aufbaut und sich damit letztlich die Einstellung des Mitarbeiters und gegebenenfalls auch dessen Verhalten ändert. Das ist insbesondere dann der Fall, wenn das Corporate TV für Schulungszwecke genutzt wird, da diese Form der Unterweisung zum Ziel hat, das Verhalten des Mitarbeiters zu beeinflussen.

Wichtig ist: Das Corporate TV kann im Allgemeinen, aber auch insbesondere bei kritischen Themen die anderen Kommunikationsformen nicht ersetzen. Es ist aber ein probates Mittel, diese um einen weiteren Kanal zu ergänzen. Unabhängig davon, ob man ein positiv oder negativ besetztes Thema in den Fokus rückt, ist Glaubwürdigkeit stets ein bedeutsamer Faktor für die Akzeptanz bei den Mitarbeitern. Nach Mast sind »Glaubwürdigkeit und Vertrauen […] zentrale Ressourcen für Vorgesetzte. Ohne sie kommen Botschaften nicht bei den Mitarbeitern an, werden Entscheidungen nicht akzeptiert und Anweisungen mehr oder weniger offen boykottiert« (Mast 2013, S. 244).

Um diesem Anspruch gerecht zu werden, hat Bewegtbild einen entscheidenden Vorteil: Anders als bei Printmedien, die vorab abgestimmt und feingranuliert werden, sind bewegte Bilder für den Zuschauer unmittelbarer, wirken aufgrund von Mimik und Gestik und kleinen Versprechern authentischer und erhöhen die Glaubwürdigkeit (Amberg 2013, S. 318). Es ist angebracht, Corporate TV immer anlassbezogen einzusetzen und sich nicht auf einen bestimmten Turnus festzulegen. Im schlimmsten

---

9   Neben der internen gibt es im Krankenhaus auch externe Zielgruppen wie Patienten und Besucher.
10   Der Clip ist auch extern über den Link
     ▶ www.ac-gesund.info abrufbar.

Fall gibt es genau zu diesem Termin nichts Unterhaltsames oder Strategisches zu berichten, zwei Wochen nach dem Termin hingegen schon.

Die wichtigste Voraussetzung zur Implementierung von Corporate TV ist ein strategisch durchdachtes Konzept. Ohne Ziel auf den fahrenden Zug aufzuspringen, nur weil Bewegtbild momentan im Trend liegt, würde nicht nur einen monetären Schaden anrichten, sondern im schlimmsten Fall auch zu einem Imageverlust bei den eigenen Mitarbeitern führen.

Bei der Erstellung eines Konzepts können folgende Fragen hilfreich sein:

1. Verfügen Sie über ausreichend Budget für Personal- und Produktionskosten, um das Format nicht nur kurzfristig ins Leben zu rufen, sondern auch dauerhaft am Leben zu halten?
2. Welche konkreten Ziele verfolgen Sie mit dem Corporate TV?
3. Welche Zielgruppe möchten Sie ansprechen? Möchten Sie nach Zielgruppen differenzieren?
4. Verfügen Sie über die nötigen technischen Voraussetzungen, d. h. haben Sie ein Intranet, Kabel/UMTS oder arbeiten Sie mit Offline-Medien (DVDs)?
5. Haben Sie das nötige Equipment und Personal, um die Clips selbst zu erstellen? Falls nicht, auf welchen externen Dienstleister greifen Sie zurück?
6. Verfügen Sie über das redaktionelle Knowhow, um die Themen adäquat aufzubereiten?
7. Wie schätzt der Vorstand Ihr Vorhaben ein? Haben Sie Fürsprecher aus der Führungsriege?
8. Haben Ihre Mitarbeiter einen Intranetzugang, können sie Videos abspielen, haben sie Lautsprecher an ihren Rechnern?
9. Besteht für Ihre Mitarbeiter die Möglichkeit, von zu Hause aus auf das Intranet zuzugreifen, um sich Videos anzuschauen?
10. Sind Ihre Mitarbeiter medienaffin? Wie hoch schätzen Sie deren Akzeptanz des Corporate TV ein?
11. Welchen Nutzen haben Ihre Mitarbeiter von Corporate TV?
12. Mit Blick auf die kommenden sechs Monate: Welche Anlässe gibt es, die sich Ihrer Meinung nach für einen Beitrag im Corporate TV eignen würden?

Sollten Sie nach der Beantwortung der voranstehenden Fragen feststellen, dass Corporate TV für Ihr Unternehmen keine Option ist, könnten Sie auf ein anderes modernes Medium wie Corporate Audio ausweichen.[11]

> **Zusammenfassung: Corporate TV**
> - Monologisches Push-Medium (dialogisch bei Möglichkeit zur Kommentar-, Bewertungs- und Verbreitungsfunktion)
> - Reichweite ist von technischen Voraussetzungen abhängig
> - Vorrangige Ziele: Steigerung von Bekanntheit, Beeinflussung von Images, Beeinflussung von Einstellungen und Verhalten
> - Kriterien:
>   – Format ähnelt Fernsehproduktionen
>   – Qualitativ hochwertige Umsetzung
>   – Grundlage: strategisches Konzept

2.4 Corporate Intranet

Sandra Grootz

Das Corporate Intranet, also das Mitarbeiterportal, hat gegenüber analogen Kanälen der Unternehmenskommunikation enorme strategische Vorteile: Es ist maximal flexibel, schnell, aktuell, permanent verfügbar und prinzipiell günstig, da keine Druckkosten entstehen. Insbesondere internationale Firmen profitieren von dieser Form der standortübergreifenden kommunikativen Vernetzung (Mast 2013, S. 239). Als Pull-Medium drängt es sich den Mitarbeitern nicht auf, ist bei Interesse und Bedarf aber jederzeit abrufbar.

Trotz all dieser Vorzüge liegen die Intranets in den meisten Krankenhäusern weit hinter ihren tatsächlichen Möglichkeiten oder dem Standard im industriellen Sektor. Sie verharren meist auf dem Niveau unzureichend systematisierter Dokumenthalden oder halbwegs aktueller Linkansammlungen, die von der IT mit möglichst knappen Mitteln

---

11 Weitere Informationen zum Thema »Corporate Audio« finden Sie bei Eck (2012), S. 102–121, und Hinsen (2012), S. 253–281.

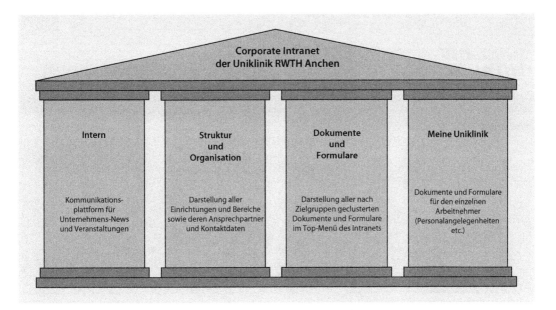

■ **Abb. 2.6** Die vier Säulen des Corporate Intranets der Uniklinik RWTH Aachen (Quelle: eigene Darstellung)

nebenbei verwaltet werden. Ein nicht unerheblicher oder regelloser Versand von Mails an alle Mitarbeiter ist dabei in der Regel ein typisches Indiz für ein dergestalt unausgegorenes hauseigenes Mitarbeiternetz, in dem sich der Bedarf nach Kommunikation anderweitig Bahn bricht (▶ Abschn. 2.2.3). Ein wohlstrukturiertes Intranet spart durch die eingängige Ablage der Daten nicht nur Ressourcen und erleichtert das Wissens- und Projektmanagement im Haus, es stellt auch ein wirkmächtiges Instrument der internen Kommunikation dar. Zum einen dient es als Kommunikationsmittel dazu, Themen bekannt zu machen, zum anderen hat eine strukturierte Datenablage einen Nutzen für den jeweiligen Arbeitnehmer und damit einen imagefördernden Effekt. Nicht zuletzt können dort hinterlegte Dienstanweisungen das Verhalten der Mitarbeiter beeinflussen.

2.4.1 Fallbeispiel Uniklinik RWTH Aachen

Am Fallbeispiel des Intranets der Uniklinik RWTH Aachen sollen exemplarisch die Ziele und Chancen des Intranets als Kommunikations- und Projektmanagementplattform aufgezeigt werden.

Ziel des Intranet-Relaunchs der Uniklinik RWTH Aachen war es, eine Kommunikationsplattform für Strategiethemen und tagesaktuelle News zu etablieren, die Arbeitsprozesse der Kliniken und Abteilungen zu erleichtern und den Service mit einem individualisierbaren Intranet zu arrondieren.

Zu Beginn des Projekts, das auf eine Laufzeit von sechs Monaten (November 2013 bis April 2014) projektiert war, stand daher neben der Integration des Intranets in die Koordinaten des Markengefüges der Uniklinik RWTH Aachen zunächst eine umfassende Bestandsaufnahme und Recherche in den einzelnen Bereichen auf der Agenda: Welche Formulare und Dokumente sollten in das neue Intranet übernommen werden? Leitendes Kriterium war dabei die Frage der Interdisziplinarität: Im Fokus standen also vor allem die Dokumente, auf die mehrere Abteilungen und Bereiche im Haus Zugriff haben müssen. Mit Hilfe einer Matrix wurden anhand der recherchierten rund sechshundert Dokumente Ziel- und Anspruchsgruppen geclustert, bis das Top-Level-Menü eine weitestgehend erschöpfende Zuordnung aller Dokumente ermöglichte. Die zielgruppengerechte Navigationsstruktur sollte eine intuitive Benutzerführung gewährleisten.

Das Corporate Intranet der Uniklinik RWTH Aachen fußt unter Berücksichtigung der Ziele auf vier Säulen (■ Abb. 2.6).

2

| Intranet | Index A-Z ǀ Telefonbuch | | | | | | Suchbegriff | Q | Notfall |

UNIKLINIK RWTHAACHEN **intern**

| Struktur | Aufnahme/Abrechnung | Ärzte/Forschende | Pflege | Hausdienste | Sicherheit | ★ Meine Uniklinik |

Home ▸ Intern

gesund

Newsrubriken

Empathie
Faktenbasierung
Schnelligkeit
Effizienz durch gemeinsames Handeln
Qualität
Persönliche Verantwortung
Transparenz

Mitmach-

PERSÖNLICHE VERANTWORTUNG

»Wir machen Gesundheit – auch für uns«

Altes Intranet: Sie erreichen die alten Inhalte über diesen Link

Intern
› Stellenbörse
› UK Idee - Ideenmanagement
› Mitarbeitermagazin
› Schwarzes Brett
› Intranet von Zuhause

Meine Favoriten

In Favoriten speichern

EMPATHIE
02.09.2015: Rezepte gesucht! Das Rezeptebuch von und für Mitarbeiter/-innen

SCHNELLIGKEIT
02.09.2015: Informationen für alle Teilnehmer des Aachener Firmenlaufs 2015

Veranstaltungen

Fr, 11. September 2015
› 12:00 Uhr: Internistische Fortbildung
› 13:00 Uhr: Onko-Lunch

Weitere intern Beiträge

SCHNELLIGKEIT
08.09.2015: Neurocup 2015 - Spielplan

Sa, 12. September 2015
› 16:00 Uhr: Katholischer Gottesdienst (Samstag)

So, 13. September 2015
› 09:00 Uhr: Katholischer Gottesdienst (Sonntag)
› 10:30 Uhr: Evangelischer Gottesdienst

Mo, 14. September 2015
› 18:00 Uhr: Vortrag über „Neue Physik: Was der LHC uns über die Naturgesetze verrät"
› 18:00 Uhr: Katholischer Gottesdienst (Montag)

TRANSPARENZ
02.09.2015: Neue Ausgabe intern 07/2015 ist da

◻ Abb. 2.7   Startseite des Intranets der Uniklinik RWTH Aachen. (Quelle: Uniklinik RWTH Aachen)

Der Reiter »Struktur« gibt eine Übersicht über die rund achtzig Bereiche und stellt die Teams und Aufgaben der Abteilungen vor (◻ Abb. 2.7).

Hinter den Menüpunkten »Aufnahme & Abrechnung«, »Pflege«, »Ärzte & Forschende«, »Hausdienste«, Sicherheit« und »Meine Uniklinik« verbergen sich alle kursierenden Dokumente und Formulare in eingängiger Clusterung. Sie dienen der Erleichterung des operativen Tagesgeschäfts (◻ Abb. 2.7).

Abb. 2.8 Startseite des Menüpunkts »Meine Uniklinik«. (Quelle: Uniklinik RWTH Aachen)

Im Menüpunkt »Meine Uniklinik« wird der Einzelne als Arbeitnehmer der Uniklinik in den Fokus gerückt. Dort sind alle Formulare, Anträge und Hinweise hinterlegt, die ihn betreffen (Arbeitsplatz, Personalangelegenheiten, Fort- und Weiterbildung etc.). Zudem hat jeder User die Möglichkeit, Lesezeichen zu setzen und seiner Favoritenliste hinzuzufügen, um das Intranet nach eigenem Belieben durch Schnellzugriffe zu personalisieren (■ Abb. 2.8).

Über den Schriftzug »INTERN« gelangt man von jedem Reiter wieder auf die Startseite, die die Kommunikationsplattform des Hausnetzes bildet.

Jeder Nutzer landet beim Öffnen des Browsers automatisch auf der Startseite des Intranets, auf der alle News, der Stellenmarkt, das schwarze Brett, die Ideenbörse, der Veranstaltungskalender und das Mitarbeitermagazin zu finden sind. Mit Blick auf die News fungiert eine immer als sogenannte Top-News, die ganz oben auf der Startseite mit einem großformatigen Bild und einer Headline angeteasert wird. Die Top-News ist in der Regel circa eine Woche sichtbar, kann bei Bedarf aber auch eher ausgetauscht werden und rückt dann automatisch weiter nach unten. Die Kommunikationsthemen reichen von Vorstandsmeldungen über Events, organisatorische Hinweise, Sicherheitshinweise aus der Apotheke bis hin zu Auszeichnungen oder Dienstanweisungen. Je nach News sind auch Bildergalerien oder Videoclips[12] hinterlegt. Zudem werden unter jeder News verwandte Nachrichten angezeigt, um die Themen inhaltlich miteinander zu verbinden, die Suche nach ähnlichen Artikeln zu erleichtern und die Mitarbeiter auf News mit dem gleichen Themenschwerpunkt aufmerksam zu machen.

Die Rubrizierung der News erfolgt nach den sieben Werten des Leitbilds, um diese dauerhaft in den Alltag zu integrieren. Jedes Leitbild bedarf einer regelmäßigen Aufmerksamkeit durch kontinuierliche Kommunikation der Inhalte und Kernwerte. Im neuen Intranet wurde daher ganz bewusst auf die klassische Rubrizierung nach inhaltlichen Gesichtspunkten verzichtet und stattdessen eine Gliederung der News und Themen anhand der Kernwerte des Unternehmensleitbilds vorgenommen. Auf diese Weise ist sichergestellt, dass mindestens drei Mal pro Woche ein Kernwert des Leitbilds im Rahmen der Regelkommunikation unternehmensweit in Szene gesetzt wird. Diese Kategorisierung, die auf der strategischen Unternehmensphilosophie basiert, setzt sich konsequenterweise auch im Mitarbeitermagazin des Hauses fort. Der stetige Kommunikationsfluss sorgt dafür, dass die zentralen Pfeiler der Unternehmensstrategie nicht nur als bekannt vorausgesetzt werden können, sondern auch zu einer entsprechenden Imagebildung des Mitarbeiters über das Haus führen (◘ Abb. 2.9).

Ebenfalls auf der Startseite (oberste Zeile, ◘ Abb. 2.7) zu finden sind der Link zum Telefonbuch mit allen Ansprechpartnern des Hauses sowie ein A-Z-Index. Dieser wurde auf Basis der am häufigsten ins Intranet eingegebenen Suchbegriffe erstellt. Der Index hat den Vorteil, dass die Navigationsstruktur nicht bekannt sein muss und der Anwender mit nur zwei Klicks zum Ziel kommt. Wer nicht im Index fündig wird, kann den Suchbegriff in das dafür vorgesehene Suchfeld eingeben. Da die Uniklinik RWTH Aachen auch im Web 2.0 aktiv ist, sind in der obersten Zeile ein Link zum eigenen YouTube-Channel, zur Facebook-Seite, zum Google+-Account, zu Twitter, zu Xing und zum haus-

eigenen Gesundheitsportal ▶ www.ac-gesund.info zu finden.

2.4.2   Veranstaltungskalender

Einen Überblick über die jährlich rund 1000 Veranstaltungen in der Uniklinik RWTH bietet der Veranstaltungskalender (◘ Abb. 2.10).

Bereits auf der Startseite werden im grünen Balken rechts die Veranstaltungen der nächsten fünf Tage angezeigt. Über den jeweiligen Link unter den Terminen kommt man entweder zu den »nächsten Veranstaltungen« (Veranstaltung der nächsten 30 Tage), zu den »heutigen Veranstaltungen« und über »Ausfall/Abwesenheiten« zu den ausfallenden Veranstaltungen bzw. zu den Abwesenheiten einzelner Abteilungen, beispielsweise aufgrund einer Fortbildung. Darüber hinaus verfügt der Kalender über eine Abo-Funktion. Jeder Mitarbeiter kann mit dem Setzen eines Häkchens entscheiden, über welche internen und externen Veranstaltungen er informiert werden möchte: Absage/Abwesenheit, Fortbildung für Mitarbeiterinnen und Mitarbeiter, Gesundheitsförderung für Mitarbeiterinnen und Mitarbeiter, Kulturveranstaltungen, medizinische Fortbildungen, Patientenveranstaltungen, Unternehmens-Events, wissenschaftliche Vorträge und Sonstiges. Für jede Veranstaltung der jeweils ausgewählten Kategorie erhält der Mitarbeiter eine Info per E-Mail, sobald die Veranstaltung in das Content-Management-System eingepflegt wurde. Die Mitarbeitenden können das Abo jederzeit abbestellen oder eine Kategorie hinzufügen/löschen.

Die Benefits der Kommunikationsseite liegen auf der Hand: Zum einen gibt es nun einen Ort, um all die Anliegen zu kommunizieren, die zuvor per Rundmail an alle Mitarbeiter verschickt wurden. Zum anderen liegt der Vorteil in der enormen Flexibilität und Aktualität: Mit ein paar Schritten sind die aktuellsten News oder der Veranstaltungshinweis ins Content-Management-System eingepflegt und auf der Startseite des Intranets für alle Mitarbeiter sichtbar. Im Falle eines Fehlers oder einer Terminverschiebung kann die Änderung direkt vorgenommen werden, das Intranet ist also hochaktuell. Zudem stellt das Intranet eine perfekte Ergänzung zum Mitarbeitermagazin dar: Eine Meldung, die in

---

12   Zur Funktion von Bewegtbild in der internen Kommunikation ▶ Abschn. 2.3.

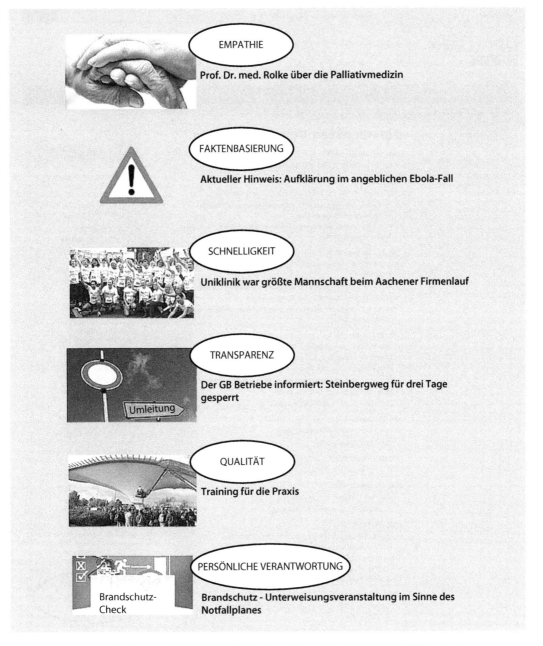

Abb. 2.9 Startseite des Intranets der Uniklinik RWTH Aachen mit News. (Quelle: Uniklinik RWTH Aachen)

der Mitarbeiterzeitschrift keinen Platz mehr gefunden hat, muss nicht entfallen oder unter Einbuße der Aktualität ins nächste Heft verschoben werden, sondern findet ihren Platz direkt im Intranet. Auch die Option, weiterführende Informationen, Bilder-

galerien oder Clips zu bestimmten Artikeln anzubieten, ist dank des Intranets gegeben.

Aufgrund der Tatsache, dass nicht alle Mitarbeiter über einen Internet- oder Intranetzugang verfügen oder sich einen PC teilen müssen, können

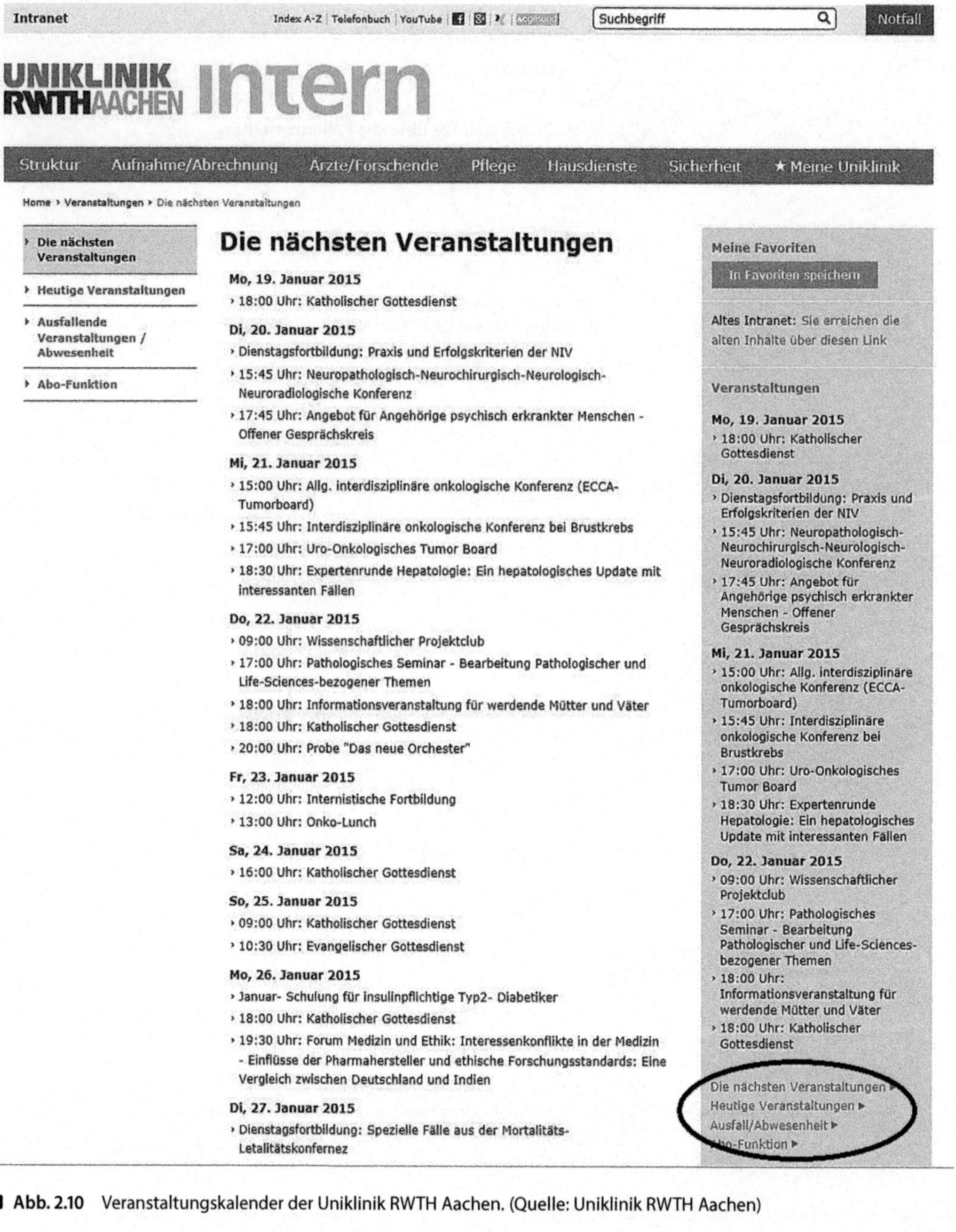

Abb. 2.10   Veranstaltungskalender der Uniklinik RWTH Aachen. (Quelle: Uniklinik RWTH Aachen)

sie sich über eine Sicherheitskennung auch von zu Hause aus anmelden.

Bei der Frage der Pflege der Netzinhalte wurde bewusst Abkehr von der rein zentralen Pflege und Dateneingabe genommen. Anders als die Homepage ist das Intranet Arbeits- und Kommunikationsmittel zugleich, bedarf also der unmittelbaren Pflege, Aktualisierung und somit auch der Verantwortung durch die Abteilungen selbst. Im Vorfeld des Relaunches wurden daher in den Kliniken, Instituten und Geschäftsbereichen Intranetbeauftragte geschult, die auf Basis eines Berechtigungskonzepts

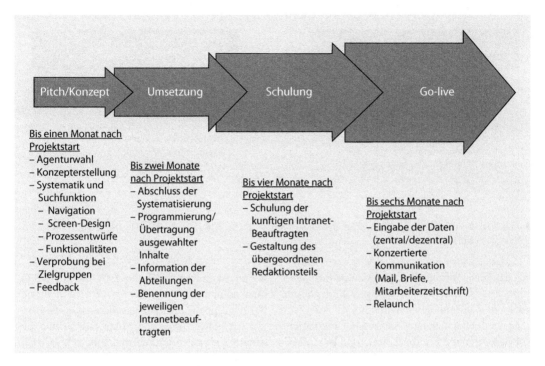

☐ Abb. 2.11   Projektverlauf für einen Relaunch am Beispiel der Uniklinik RWTH Aachen (Quelle: Uniklinik RWTH Aachen)

Inhalte ins Content-Management-System einstellen können. Die Startseite mit den aktuellen News und Veranstaltungen ist analog zur Homepage Aufgabe der Unternehmenskommunikation. In der Praxis bedeutet das: Wer etwas kommunizieren möchte, richtet sein Anliegen an die Unternehmenskommunikation, die sich um die Weiterverarbeitung und das Einstellen ins Intranet kümmert.

Zur Umsetzung eines Relaunch-Projekts kann obenstehendes Schema (Projektverlauf am Beispiel der Uniklinik RWTH Aachen) als Orientierungshilfe dienen (☐ Abb. 2.11). Dabei ist zu berücksichtigen, auf welchem Standard der Relaunch aufsetzt. Die komplette Übertragung hunderter Intranetseiten in ein neues System und in eine neue Ordnungsstruktur kann unter Umständen ein Vielfaches an Zeit benötigen als die erstmalige Etablierung eines funktionsfähigen Intranets aus nur rudimentär vorhandenen Inhalten.

Mit dem Go-live des Intranets ist die Arbeit offiziell abgeschlossen. Dennoch: Das Intranet ist ein lernendes System und bedarf der kontinuierlichen Pflege und ständigen Weiterentwicklung, um das Angebot attraktiv zu halten und es zu einem Benefit für die Mitarbeiter zu machen. Da die schnelle Frequenz des Intranets fortwährend das Einstellen von News erfordert, ist es hilfreich, im Rahmen regelmäßiger Meetings und Projektbesprechungen kontinuierliches Agendasetting zu betreiben und wöchentlich mindestens zwei neue Themen ins Netz einzuspeisen, um entsprechende Leseanreize für die Nutzer zu schaffen.

2.4.3   Social Intranet: Zukunft oder Sackgasse?

Viele Unternehmen und Krankenhäuser haben mittlerweile die Vorteile eines funktionierenden Intranets erkannt (Zeitersparnis, Grad der Informiertheit, Prozessoptimierung) und planen dementsprechend einen zeitnahen Relaunch ihres Intranets. Vor allem seitens der Dienstleister und Agenturen wird die Abkehr vom klassischen Intranet zelebriert und das primär interaktive bzw. Social Intranet favorisiert. Aus ihrer Sicht orientiert

2

Erfolgsfaktoren des Social Webs	Realität in vielen Unternehmen
– **Meinungsvielfalt:** Es geht um Inhalte, nicht um Personen – **Unabhängigkeit:** Nutzer sind wirtschaflich & sozial nicht von anderen Nutzern abhängig – **Dezentralisierung:** Jeder ist an der Bewertung/Entscheidungsfindung beteiligt	– **Wertschätzung** einer Idee ist **an** den **Status** des Ideengebers **gekoppelt** – (wirtschaftliche) Abhängigkeit der Mitarbeiter – **Zentralisierung** von Entscheidungen

◨ **Abb. 2.12**   Wo die Realität in Unternehmen den Erfolgsfaktoren des Social Webs entgegensteht. (Nach Ullrich 2012; Webosoph.de 2012)

sich das Social Intranet an den realen Bedürfnissen und geänderten Mediennutzungsgewohnheiten der Mitarbeiter, kommt deren Wunsch nach Anerkennung, Selbstdarstellung, Austausch, Reputation, Kollaboration und Feedback nach, und ist ein Medium, um Prozesse zu demokratisieren (Schönefeld 2011, S. 23). Des Weiteren bietet es vermeintlich die Möglichkeit der erfolgreichen Selbstorganisation mit dem Ziel, die Leistungsfähigkeit der Organisation zu steigern (Buhse 2011, S. 89).

In Anbetracht der Tatsache, dass für den Relaunch eines Intranets in der Regel eine umfassende technische Infrastruktur sowie ein sechsstelliges Budgetvolumen aufgebracht werden müssen, ist es von zentraler Bedeutung, die Effizienz und Funktionalität von Social Intranets kritisch zu hinterfragen. Das gilt in zweierlei Hinsicht: Zum einen sind finanzielle Fehlinvestitionen dieser Größenordnung für jeden Vorstand per se ein Ärgernis. In diesem Fall kommt aber erschwerend hinzu, dass sich zweitens die etwaige Ineffizienz des Social Intranets erst durch den ausbleibenden Elan und das mangelnde Feedback der Mitarbeiter zeigen und damit das Scheitern des gesamten Projekts zwangsläufig öffentlich wird.

Vor Projektstart sollte daher unbedingt geklärt werden, welche notwendigen und hinreichenden Bedingungen erfüllt werden müssen, damit ein Social Intranet aus kommunikativer Hinsicht zum Erfolg führen kann. Dabei gilt es zu berücksichtigen, dass vor allem im Rahmen der internen Kommunikation im Krankenhaus und der Unternehmenskulturen im Klinikwesen besondere Rahmenbedingungen herrschen: starke Trennung der Berufsgruppen, mehrstufige Hierarchiegefälle sowie ein hoher Anteil von Mitarbeitern ohne Zugang zu PC oder Bildschirmarbeitsplatz. Gleichzeitig muss kritisch hinterfragt werden, ob die mit diesem Medium intendierte »Demokratisierung« der internen Kommunikationsprozesse sowie der Rollenwechsel des Mitarbeiters vom Konsumenten hin zum Produzenten von Unternehmensneuigkeiten wirklich gewollt und auf den kulturellen Reifegrad des Krankenhauses abgestimmt ist.

Die oft auch als »one-to-one« und »many-to-many« (Ullrich 2008; Webosoph.de) bezeichnete Kommunikationsform soll die schweigende Mehrheit mobilisieren (Puschkin 2013, S. 272). Ein Blick auf die Zahlen zeigt, dass die Realität anders aussieht: Weniger als 2/5 der Berufstätigen in Deutschland nehmen überhaupt aktiv am Web 2.0 teil (Ullrich 2012; Webosoph.de); im sogenannten Mitmach-Web beteiligen sich de facto nur sehr wenige Personen.

Das Schema in ◨ Abb. 2.12 illustriert, inwiefern Anspruch und Realität in Unternehmen auseinanderklaffen und wieso diese Branche mit erheblichen Widerständen und unternehmenskulturellen Eigenheiten zu kämpfen hätte, die den Erfolg eher unwahrscheinlich machen (◨ Abb. 2.12).

Ob Enterprise 2.0 tatsächlich funktioniert, ist in erster Linie von einer positiven Unternehmens- und Kommunikationskultur abhängig (Escribano 2012,

S. 94).[13] Herrscht in einem Unternehmen ein starkes Hierarchiegefälle – in Krankenhäusern ist dies definitiv der Fall –, ist die Hemmschwelle zur Beteiligung sehr hoch, allerdings nicht nur bei der Belegschaft, sondern auch in der Führungsriege: Ein Klinikdirektor oder gar der Geschäftsführer wird kaum einen Mitarbeiter aus dem technischen Dienst über seine neuesten Ideen mit der Bitte um Feedback in Kenntnis setzen, noch würde sich der Mitarbeiter trauen, öffentlich mitzuteilen, wie er diese bewertet. Darum ist die Antwort auf die eingangs gestellte Frage nach Nutzen und Effektivität des Social Intranets in vielen Unternehmen kritisch zu bewerten.

Wer glaubt, beim Verzicht auf Social Intranet im Zuge eines Intranet Relaunchs nicht im Trend zu liegen, sollte sich vor Augen führen: Schlimmer, als kein Social Web zu haben, ist es, eines zu haben, das brach liegt und auf den ersten Eintrag wartet. Ein kaum genutztes Social Intranet führt eher zum Imageschaden, als dass es einen Imagegewinn bewirkt.

> **Zusammenfassung: Corporate Intranet**
> - Pull-Medium
> - Monologisch (im Social Web Möglichkeit zum Dialog)
> - Reichweite abhängig von technischen Voraussetzungen
> - Vorrangige Ziele: Bekanntmachung, Imageförderung, Verhaltensbeeinflussung
> - Kriterien
>   - Zielgruppengerechte Navigationsstruktur
>   - Kommunikationsplattform
>   - Arbeitsmedium zur Unterstützung der operativen Tätigkeiten

2.5   Veranstaltungen

Sandra Grootz

Im digitalen Zeitalter kommt sie oftmals viel zu kurz: die persönliche Begegnung. Dabei ist sie nach

wie vor die wichtigste Komponente der internen Kommunikation, schließlich sind Rede und Gegenrede Ursprung und Keimzelle jeder Form der Kommunikation. Der Idealzustand wäre, dass jeder mit jedem jederzeit über alles reden kann. In größeren Unternehmen mit mehreren hundert oder tausend Mitarbeitern ist das schier unmöglich. Dort müssen Führungskräfte oder andere Zielgruppen als Multiplikatoren fungieren und die Informationskaskade in Gang bringen. Eines ist allen Veranstaltungsformaten gemein: Sie sind ein Medium der persönlichen Kommunikation, aber nicht zwingend dialogisch ausgerichtet. Ein Neujahrsempfang erfüllt aus Sicht des Vorstands oder der Geschäftsführung den Zweck, die Strategiebotschaft für das neue Jahr einer ausgewählten Zielgruppe persönlich zu verkünden. Rückfragen der Besucher sind hier – anders als beispielsweise bei einer Mitarbeiterversammlung – nicht zu erwarten, diese Veranstaltung ist also ein Medium der Einwegkommunikation. Anders ist dies bei einem Gremientreffen, das vom Dialog lebt und damit ein Medium der Zweiwegkommunikation ist. Doch selbst wenn die Teilnehmer sich nicht verbal äußern: Sie können nicht nicht kommunizieren (Watzlawick et al. 1969, S. 53). Veranstaltungen bieten folglich einen geeigneten Rahmen, um nonverbale Signale zu beobachten und Stimmungen einzufangen – ein wertvoller Benefit für den Geschäftsführer und den Vorstand, den ihnen Printerzeugnisse oder digitale Medien nicht bringen können.

Im Allgemeinen sind Veranstaltungen als Push-Medium zu klassifizieren, weil der Absender mit dem Versand der Einladungen oder dem Aufhängen der Veranstaltungsplakate im Haus über den Zeitpunkt entscheidet, an dem der Mitarbeiter informiert wird.

Es gibt insgesamt fünf Charakteristika, mithilfe derer man Veranstaltungen definieren kann:

1. Sie sind geplant.
2. Sie werden angekündigt.
3. Sie verfolgen ein Ziel.
4. Sie haben ein Programm.
5. Sie sind zeitlich begrenzt.

Die in Punkt 3 erwähnten Ziele bieten den Orientierungsrahmen bei der Suche nach dem geeigneten Format. Wer eine Veranstaltung plant, sollte

---

13 Was unter dem Begriff Unternehmenskultur zu verstehen ist und wie er von Social Media tangiert wird, haben Dörfel und Ross in ihrem Artikel »Was bedeuten Social Media für die Unternehmenskultur« zusammengefasst.

sich also vergegenwärtigen, welches Ziel er konkret erreichen möchte; erst dann folgt die Frage nach der Umsetzung (Heitmann und Jonas 2013, S. 152).

Die sechs zentralen Ziele von Veranstaltungen sind:
1. Informieren
2. Integrieren
3. Motivieren
4. Planen
5. Entscheiden
6. Schulen

Die Ziele betreffend ist es wichtig zu betonen, dass eine Veranstaltung keineswegs alle, aber mindestens ein Ziel verfolgen muss. Für die Wahl des für das jeweilige Ziel am besten geeigneten Formats empfiehlt es sich, eine Liste aller internen Veranstaltungen, die im Unternehmen angeboten und durchgeführt werden, zu generieren. Anhand dieser Liste lassen sich die verschiedenen Möglichkeiten zum strategisch sinnvollen Einsatz von Veranstaltungen ausloten, um die Ziele der internen Kommunikation zu erreichen.

Die Liste der in einem Krankenhaus stattfindenden Veranstaltungen ist mitunter lang: Pflegeforum, Mitarbeiterversammlung, Mitarbeiterfest, Jubiläumsfeiern und Betriebsversammlungen sind einige der größeren Veranstaltungen, die in einem Krankenhaus stattfinden. Aber auch Teamsitzungen, Vorstandssitzungen und Mitarbeitergespräche gehören dazu, wobei jede der genannten Veranstaltungen ihren eigenen Stil hat. Im Folgenden werden die Veranstaltungen in vier Kernformate geclustert: Events, Versammlungen, Gremien sowie Schulungs- und Bildungsveranstaltungen.

2.5.1 Events

Events zeichnen sich in erster Linie durch ihren repräsentativen Charakter aus. Ihr primäres Ziel ist es, Mitarbeiter zu integrieren und zu motivieren. Der Termin und das Programm stehen lange Zeit im Voraus fest und werden über die unterschiedlichsten Kanäle angekündigt. Die Zielgruppe ist insofern klar definiert, als zu Events eingeladen wird. Bei einer Einladung über ein Plakat oder eine News im Intranet darf sich jeder Rezipient angesprochen

fühlen. Anders gestaltet es sich bei einer ausgewählten Zielgruppe: Hier werden die Einladungen mithilfe einer Gästeliste per Mail oder auf postalischem Wege verschickt.

Das wohl bekannteste interne Unternehmensevent ist das Mitarbeiterfest, das üblicherweise aus einem formellen und einem informellen Teil besteht. Zu Beginn hält der Vorstand oder die Geschäftsführung eine Begrüßungsansprache, meist mit einem Rückblick auf das zurückliegende Jahr und einem Dank an die Mitarbeiter für die gute Zusammenarbeit. Diese Form der Wertschätzung durch den Vorstand soll eine motivierende Wirkung auf die Mitarbeiter haben. Im informellen Teil haben die Mitarbeiter die Gelegenheit, gemeinsam zu feiern und sich auch einmal außerhalb der Arbeitszeiten auszutauschen – teilweise treffen sie sich dort nach mehrmaligem E-Mail- oder Telefonkontakt zum ersten Mal persönlich.

Auch Gesundheitstage sind mittlerweile fester Bestandteil vieler Unternehmen und werden in regelmäßigen Abständen angeboten. Hier stehen ebenfalls die Ziele Motivation und Integration im Vordergrund. Sowohl im Vorfeld als auch im Nachgang lassen sich die Mitarbeiter einbeziehen, indem sie vorab beispielsweise einen Fragebogen zu möglichen Themenschwerpunkten und im Anschluss einen Feedbackbogen zur Veranstaltung ausfüllen. In einem Krankenhaus ist der Integrationseffekt insofern doppelt gegeben, als viele Angebote direkt von Mitarbeitern (ärztlicher oder pflegerischer Dienst) des Hauses offeriert werden können, beispielsweise eine Blutdruckmessung oder ein Sehtest, die die übrigen Mitarbeiter wiederum aktiv nutzen können.

Weitere Beispiele für interne Events sind Jubiläumsfeiern, Neujahrsempfänge und Spatenstiche sowie Begrüßungen und Verabschiedungen von Führungskräften.

Alle Events eint, dass sie kommunikativ begleitet werden – angefangen von der Einladung über die Veranstaltung selbst bis hin zur Nachberichterstattung, etwa durch Clips oder eine Bildergalerie im Intranet sowie gesammelte Zitate samt Foto in der Mitarbeiterzeitschrift. Der Grund: Events tragen maßgeblich zur Image- und Meinungsbildung der Mitarbeiter bei, denn Fragen wie: »Hat sich die Geschäftsführung dieses Mal ein besonderes Pro-

Abb. 2.13 YouTube-Clip zum Mitarbeiterfest von Vivantes. (Quelle: Vivantes 2011)

gramm für das Mitarbeiterfest ausgedacht? Wird beim Gesundheitstag auch etwas geboten? Werden wir eingeladen oder müssen wir wieder alles selber bezahlen?« sind unter der Belegschaft nicht selten. Im Grunde läuft alles auf die eine Frage hinaus: Was bin ich als Arbeitnehmer meinem Arbeitgeber wert? Je nachdem, wie der Einzelne die Fragen beantwortet, wird sich auch seine Einstellung dem Unternehmen gegenüber ändern. Events wie ein Gesundheitstag können im besten Fall noch mehr leisten: Wenn sie das Verhalten des Mitarbeiters dahingehend beeinflussen, dass er seine Lebensweise ändert und auf eine gesunde Ernährung, Bewegung und Stressvermeidung achtet, hat dies unter Umständen eine Leistungssteigerung und weniger Ausfälle wegen Krankheit zur Folge – ein Benefit nicht nur für den Mitarbeiter, sondern auch für das Unternehmen.

Erfolgreich verlaufene Events tragen auch zur Attraktivitätssteigerung bei – intern wie extern. Schließlich sind die Mitarbeiter Multiplikatoren, die sich in ihrem privaten Umfeld mit Freunden oder Familienangehörigen über ihren Arbeitgeber austauschen. Interne Events sind demnach für die Mitarbeiterbindung, aber auch für die Mitarbeitergewinnung nicht zu unterschätzen.

Welche Außenwirkung interne Events erzielen, zeigt das Mitarbeiterfest von Deutschlands größtem kommunalen Klinikkonzern Vivantes: Anlässlich des 10-jährigen Jubiläums feierten die Mitarbeiter gemeinsam unter dem Motto: »10-JahrMarkt«. Geboten wurde alles, was auf einem typischen Jahrmarkt zu finden ist: Autoscooter und Breakdance, Rodeoreiten, Jongleure, Live-Musik und ein abschließendes Feuerwerk. Das Ergebnis: Ein fünfminütiger Clip, der über den YouTube-Channel auch für Externe sichtbar ist (■ Abb. 2.13).[14]

---

14 Auch die Bayer AG überzeugt mit einem außergewöhnlichen Mitarbeiterfest: Anlässlich seines 150-jährigen Bestehens hat der Chemie- und Pharmakonzern 30.000 Mitarbeiter zum Fest in die BayArena eingeladen (Bayer AG 2014; bayer.de). Auch die Kliniken Essen-Mitte bieten ihren Mitarbeitern ein Fest der besonderen Art (Kliniken Essen-Mitte 2013; youtube.de).

Die genannten Beispiele zeigen: Für Kommunikationsverantwortliche sind Events ein spannendes und kommunikationswirksames Thema, bieten sie doch über einen längeren Zeitraum – von der Einladung bis hin zur Nachberichterstattung – immer wieder Stoff für die Berichterstattung.

2.5.2 Versammlungen

Im Gegensatz zu Events haben interne Versammlungen ein informatives Gepräge und dienen in erster Linie der Bekanntmachung. Sie zeichnen sich durch ihren formellen Charakter aus und sind dialogorientiert, bieten also Raum zur Beteiligung. Versammlungen werden mit einer längeren Vorlaufzeit angekündigt und haben eine feste Agenda, die meist aus einer Moderation und durch Power-Point gestützte Vorträge verschiedener Referenten besteht. Klassische Beispiele sind die Mitarbeiter- und die Betriebsratsversammlung, die sich durch den Gastgeber unterscheiden: Zur Mitarbeiterversammlung lädt der Arbeitgeber ein, zur Betriebsversammlung der Betriebsrat. Im Gegensatz zu den Events besteht für beide Versammlungsarten die Einberufungspflicht. Der Teilnehmerkreis umfasst im weitesten Sinne alle Mitarbeiter des Hauses, üblicherweise wird in Versammlungen Protokoll geführt. Tendenziell haben Versammlungen eher ein negatives Images: Lange Vorträge ermüden die Mitarbeiter, regen aber keineswegs zur Diskussion an. Heitmann und Jonas (2013, S. 154 f.) haben einen Vorschlag zur Optimierung des Formats entwickelt. Ihre Devise lautet: »Technisch abrüsten und gedanklich aufrüsten«. In der Praxis heißt das: Kernthesen sollten ohne lange Herleitungen direkt auf den Punkt gebracht werden, ohne dafür aufwendig gestaltete Präsentationen zu nutzen. Auch das Setting sollte sich ändern: Statt hintereinander angelegter Stuhlreihen bietet sich eine Mixtur aus Sitzhockern und Stehtischen an. Diese Form der »aktiven Möblierung« vermittelt optisch eine gewisse Dynamik und wirkt sich positiv auf den Austausch aus. Ob und inwiefern dieses Format Erfolg hat, ist individuell von der Unternehmenskultur abhängig und sollte vor der Einführung gut durchdacht werden.

2.5.3 Gremien

Gremien in der internen Kommunikation arbeiten vorrangig auf operativer Ebene. Sie stellen den Informationsfluss sicher, binden die Mitarbeiter eng ein und sind das am meisten dialogorientierte Medium in der internen Kommunikation. Im Gegensatz zu allen anderen Veranstaltungsformaten haben Gremien zum Ziel, dass Mitarbeiter gemeinsam planen und entscheiden. Mit dem Element der Entscheidung erreichen Gremien das Ziel der Verhaltensänderung: Wird in einer Teambesprechung entschieden, dass Mitarbeiter A bis Ende nächster Woche eine Projektskizze entwerfen soll, wird sich das auf sein Verhalten auswirken.

Anders als Events und Versammlungen werden Gremien intern nicht großflächig angekündigt. Stattdessen ist nur eine kleine Gruppe ausgewählter Personen eingeladen, die sich in regelmäßiger Taktung trifft. Die Zusammenkünfte werden zur Routine, die Situationsbedingungen ändern sich nicht: Der Personenkreis, der zeitliche Rahmen und der Veranstaltungsraum sind fest definiert. Gleiches gilt für den Ablauf, der bestimmten Ritualen folgt, beispielsweise eine Begrüßung durch den Moderator oder eine Zusammenfassung der Ereignisse seit dem letzten Meeting durch den Vorstandsvorsitzenden. Beispiele für Gremien in einem Krankenhaus sind Leitungsteamsitzungen, Jour fixes, Qualitätszirkel, Vorstandssitzungen und Teambesprechungen. Je nach Gremium variiert der Grad der Formalität. Während die Teambesprechung eher informell verläuft und sich jeder seine Notizen macht, zeichnet sich die Vorstandssitzung durch ihren formellen Charakter und ein nach festen Standards angefertigtes Protokoll aus.

2.5.4 Schulungs- und Bildungsveranstaltungen

Schulungs- und Bildungsveranstaltungen machen einen erheblichen Teil der internen Veranstaltungen aus. Ihre Ziele sind die Vermittlung und der Austausch von Wissen sowie die Vermittlung von Fähigkeiten und Fertigkeiten, die – sofern der Mitarbeiter das Erlernte auch anwenden kann – dessen Motivation und Leistungsbereitschaft fördern sollen. Derartige Veranstaltungen werden mit einer Programmbeilage lange Zeit im Voraus angekündigt und bedürfen in den meisten Fällen einer Anmeldung. Sie sind zeitlich auf mehrere Stunden oder Tage, bei einer Programmreihe auf mehrere Wochen oder Monate, begrenzt. Dass Veranstaltungen zur persönlichen Weiterentwicklung im Berufsalltag angeboten werden, beeinflusst das Image, während die Veranstaltungen selbst zum Ziel haben, Einfluss auf Einstellungen der Mitarbeiter zu nehmen und Verhalten auszulösen, indem das Erlernte im Arbeitsalltag auch angewendet wird. Typische Beispiele zum Austausch von Wissen sind Führungskräfte- und Pflegeforen, während medizinische Fortbildungen, Workshops, Programme zur Gesundheitsförderung, die im Umgang mit der eigenen Gesundheit schulen, sowie Seminare Wissen, Fähigkeiten und Fertigkeiten vermitteln.

> **Zusammenfassung: Veranstaltungen**
> - Persönliche Kommunikation
> - Push-Medium
> - Einweg- und Zweiwegkommunikation möglich (je nach Veranstaltungsart)
> - Informell und formell (je nach Veranstaltungsart)
> - Clusterung in Events, Versammlungen, Gremien sowie Schulungs- und Bildungsveranstaltungen
> - Vorrangige Ziele: Bekanntmachung, Imageförderung, Beeinflussung der Einstellungen, Verhaltensänderung der Mitarbeiter
> - Kriterien
>   - Veranstaltungen sind geplant.
>   - Sie sind angekündigt.
>   - Sie verfolgen ein Ziel.
>   - Sie haben ein Programm.
>   - Sie sind zeitlich begrenzt.

2.6 Mitarbeiterzeitschrift

Sandra Grootz

Die Mitarbeiterzeitschrift ist neben dem Intranet und dem Führungskräftenewsletter ein zentraler Pfeiler der internen Unternehmenskommunikation. Im Vergleich zur E-Mail und zum Intranet gilt die Mitarbeiterzeitschrift inzwischen als »Oldtimer« der internen Kommunikation. Würde sie allein nach den Kriterien Aktualität und Schnelligkeit beurteilt, hätte sie den Kampf gegen die digitalen Medien längst verloren (Vilsmeier 2013, S. 190). Dass ihr offenbar ein spezifischer Wert und ein besonderer Charme zugesprochen wird, der durch die digitale Kommunikation bislang nicht ersetzt werden konnte, zeigt die lange Tradition, auf die sie zurückblickt: Ihre Geburtsstunde geht mit der Erstauflage der deutschsprachigen Werkszeitung »Schlierbacher Fabrikbote« auf den 27.10.1888 zurück (Viedebantt 2005, S. 10).

Einer dieser Kernwerte, die die Mitarbeiterzeitschrift unersetzbar macht, liegt in ihrer Langlebigkeit. Sie ist über einen längeren Zeitraum aktuell und kann überall und jederzeit immer mal wieder zur Hand genommen werden. Darüber hinaus hat das gedruckte Wort eine andere Wertigkeit als eine News im Intranet. Das zeigen auch die Themenvorschläge der Mitarbeiter: Sofern ein Thema nicht ad hoc kommuniziert und deswegen auf das Intranet ausgewichen werden muss, ist es explizit zur Erscheinung in der Mitarbeiterzeitschrift gedacht. Die Tatsache, dass in dem Heft über den Mitarbeiter und/oder sein Team berichtet wird, hat für ihn/seine Kollegen einen enormen Stellenwert und erzeugt ein Gefühl von Identität, Zusammengehörigkeit, Orientierung, Anerkennung und Wertschätzung (Vilsmeier 2013, S. 190). Dass die Mitarbeiterzeitschrift seit mehr als 100 Jahren fester Bestandteil der internen Kommunikation in vielen Unternehmen ist, hat auch einen pragmatischen Grund: Viele Mitarbeitenden haben keinen PC-Zugang und damit weder die Möglichkeit, E-Mails zu empfangen noch News im Intranet zu lesen. Für sie ist die Mitarbeiterzeitschrift also das zentrale Medium, um sich über ihr Unternehmen zu informieren. Außerdem haben Mitarbeiterzeitschriften den Vorteil, dass Beiträge der Familie oder Freunden gezeigt werden können – damit erzielen sie auch immer eine externe Wirkung. In diesem Zusammenhang liegt der Gedanke nahe, eine Zeitschrift zu publizieren, die sich an Mitarbeitende sowie Patienten, Besucher und niedergelassene Ärzte zugleich richtet; das erspart einen Mehraufwand an

Arbeit und wird in einigen Krankenhäusern praktiziert.[15] Ein Blick auf die internen und externen Ziel- und Anspruchsgruppen zeigt jedoch, dass sie sich in ihren Bedürfnissen sehr stark unterscheiden. Mitarbeiter möchten arbeitsplatzrelevante Informationen oder Abteilungsporträts lesen, während sich Patienten für das Leistungsspektrum der Klinik interessieren. Kooperationspartner wie niedergelassene Ärzte möchten eher etwas über neue Behandlungsmöglichkeiten oder die Prozessoptimierung der Abläufe erfahren anstatt über die Auszeichnung eines Oberarztes. Aus diesem Grund ist eine strikte Trennung der Medien nach den jeweiligen Zielgruppen zu empfehlen.

Die Mitarbeiterzeitschrift ist kein reines Nachrichtenblatt, sondern ein Führungsinstrument, und dient folglich in erster Linie der Top-down-Kommunikation (Mänken 2009, S. 9). Anders als eine Tageszeitung, die in erster Linie über das berichtet, was geschehen ist, ist die Mitarbeiterzeitschrift das geeignete Medium, um darüber zu berichten, was passieren soll. Die frühzeitige Bekanntmachung von für die Mitarbeiter relevanten Themen ist für diese Zielgruppe ein Indiz für die Transparenz des eigenen Unternehmens, denn kaum etwas sorgt bei den Mitarbeitern für mehr Aufregung als die Tatsache, beispielsweise über einen geplanten Umbau aus der Presse zu erfahren. Das Echo lautet dann zumeist einhellig: »Von wegen Transparenz, wir wurden mal wieder als letzte informiert.« Es gilt also, diesen Aspekt in der internen Kommunikation stets zu bedenken und Medien wie die Mitarbeiterzeitschrift gezielt zur frühzeitigen Bekanntmachung zu nutzen, um keinen Spielraum für Spekulationen zu lassen.

Mit den nötigen Hintergrundinformationen, die einzelne Zusammenhänge näher beleuchten

und erklären, kann es einer Mitarbeiterzeitschrift zudem gelingen, die Einstellungen der Mitarbeiter zu einem bestimmten Thema zu ändern. Je mehr von ihnen die Mitarbeiterzeitschrift lesen, desto höher ist die Wahrscheinlichkeit, dass der Mechanismus der Mehrheitsansicht in Kraft tritt (▶ Kap. 1.7).

Ein redaktionell und gestalterisch hochwertiges Magazin hat darüber hinaus einen imagefördernden Effekt, weil es den Mitarbeitern – aber auch der Öffentlichkeit, vor der sich die Mitarbeiterzeitschrift nicht geheim halten lässt – verdeutlicht, dass das eigene Unternehmen keine Kosten und Mühen scheut, seinen Mitarbeitern gegenüber transparent zu sein.

2.6.1 Themenwahl

Nach Viedebantt (Viedebantt 2005, S. 12) verfolgt eine Mitarbeiterzeitschrift die vier Ziele Information, Motivation, Integration und Unterhaltung. In Anlehnung an Wailand und Pürer (Wailand und Pürer 1996, S. 17) ergeben sich daraus zwei Hauptkriterien, nach denen die Themen ausgewählt werden sollten:

1. der Nachrichtenfaktor »Bedeutung« aus der Sicht des Vorstands/der Geschäftsführung und
2. der Nachrichtenfaktor »Mitarbeiterinteresse«.

Die beiden Kriterien zeigen: Das Geheimnis eines bei den Mitarbeitern beliebten Magazins liegt in der Balance zwischen Top-down- und Bottom-up-Kommunikation, denn nur wenn die Mitarbeitenden sich hinsichtlich der Themenauswahl ernst genommen fühlen, nehmen sie auch die Zeitschrift ernst und setzen sich mit den Inhalten auseinander. Der erste Schritt, diesem Anspruch gerecht zu werden, besteht im Kern darin, ein authentisches Medium zu gestalten. Dass das Heft den Zweck erfüllt, aktuelle unternehmensstrategische Informationen zu verbreiten, die aus Sicht des Vorstands oder der Geschäftsführung für die Mitarbeiter von Bedeutung sind, hat seine Berechtigung. Dient die Mitarbeiterzeitschrift allerdings ausschließlich als Sprachrohr für positive Botschaften der Unternehmensführung, wird sie an Glaubwürdig-

---

15   Die Enzkreis-Kliniken bringen in Zusammenarbeit mit dem Mühlacker Tagblatt das Mitarbeiter- und Patientenmagazin »klinik.aktuell« heraus, das quartalsweise in einer Auflage von 21.000 Exemplaren erscheint und verschiedenen vor Ort ansässigen Zeitungen beigelegt wird (Mühlacker Tagblatt 2013; muehlacker-tagblatt. de). Auch die Marienhaus GmbH und das Klinikum Chemnitz gGmbH setzen auf eine hybride Form:
▶ http://www.marienhaus.de/mitarbeiterzeitung/;
▶ http://www.klinikumchemnitz.de/mp/click. system?menu=23&nav=128&parid=23&pid=128&sid=1.

keit verlieren. Die Folge: Die Mitarbeiter konsumieren das Medium nicht mehr, geschweige denn werden sie Produzenten, indem sie Themen vorschlagen oder eigene Beiträge liefern. Um diesem Worst Case vorzubeugen, gilt es, ein Gespür für die Mitarbeiterinteressen zu entwickeln, die durch Faktoren wie Relevanz, Bekanntheitsgrad der involvierten Personen, den Neuigkeitswert und die Aufgeschlossenheit für ein Thema sowie durch emotionale Ereignisse beeinflusst werden (Mast 2000, S. 220 f.). Bei den meisten Themen ist daher ein entscheidender Aspekt, sie in Wort und Bild zu personalisieren (Viedebantt 2005, S. 19), also die Menschen in den Mittelpunkt zu rücken. Die meisten präferieren Interviews und Reportagen, da sie die Inhalte nicht nur objektiv und sachlich vermitteln, sondern eine Möglichkeit zur Teilnahme am Geschehen bieten (Mast 2000, S. 227). Features hingegen sind sinnvoll, um abstrakte Sachverhalte zu veranschaulichen und Strukturen nachvollziehbar zu machen (Mast 2000, S. 244), während ein Editorial in jeder Ausgabe Raum für die Unternehmensbotschaften lässt. Je mehr sich die stilistischen Darstellungsformen abwechseln, desto höher sind der Attraktivitätsgrad und der Unterhaltungswert für die Mitarbeiter. Für alle Formen gilt die Prämisse Verständlichkeit. Artikel, in denen sich ein Fremdwort an das andere reiht, eignen sich für ein Fachpublikum, nicht aber für die breite Masse.

Unter Berücksichtigung des Mitarbeiterinteresses sollte die Unternehmenskommunikation gezielt darauf aufmerksam machen, dass Themenvorschläge und Feedback zu einzelnen Artikeln jederzeit erwünscht sind. Hier ist Geduld vonnöten: Insbesondere nach Ersteinführung der Mitarbeiterzeitschrift ist die Beteiligung schwach – das Medium muss sich erst etablieren. Hilfreich kann es sein, insbesondere in größeren Unternehmen, auf »Informanten« aus verschiedenen Berufsgruppen zurückzugreifen, die Neuigkeiten zuliefern. Zum einen zeigt das ein ehrliches Interesse an den Belangen der Mitarbeiter, zum anderen wird so eine zielgruppengerechte Themenwahl gesichert. Mit der Integration der Mitarbeiter bewegt sich die Mitarbeiterzeitschrift von der klassischen Einweghin zur Zweiwegkommunikation.

Da der pflegerische Bereich die größte Berufsgruppe eines Krankenhauses darstellt, sollte jede Ausgabe Neuigkeiten aus der Pflege beinhalten. Aber auch der medizinische Bereich, der Verwaltungsbereich oder die technischen Dienste (in einer Uniklinik auch die Bereiche Forschung und Lehre) sollten bedacht werden. Mögliche Themen, sind Personalien, Auszeichnungen, Reportagen über die Arbeit einer Person aus einer bestimmten Abteilung oder Interviews mit einer Pflegefachkraft über den bevorstehenden Umzug einer Station. Diese Themen informieren die Mitarbeiter darüber, wer neu hinzukommt oder das Haus verlässt und was die Kolleginnen und Kollegen aus den anderen Abteilungen tagtäglich leisten. Zudem integrieren sie Mitarbeiter und haben zugleich einen motivierenden Effekt, wenn es etwa um Ehrungen einzelner Personen oder um die Darstellung von Teamleistungen geht. Ein Beispiel für eine gelungene Reportage über die Arbeit der Pflegefachkräfte auf einer Intensivstation ist in der Mitarbeiterzeitschrift der Universitätsmedizin Greifswald zu finden (◘ Abb. 2.14). Die doppelseitige Reportage ist verständlich geschrieben und lässt die Leser mittels Text und Bildern erfahren, was es bedeutet, schwerstkranke Patienten zu versorgen.

Neben der Themenwahl nach Berufsgruppen sollte ein Ausgleich mit Blick auf die Alters-, Herkunfts- und Geschlechterstrukturen geschaffen werden. Gibt es mehrere Standorte, ist angeraten, diese als jeweils eigene Zielgruppe zu bewerten und in das Themenspektrum zu integrieren. Zur Steigerung des Unterhaltungswerts werden in vielen Zeitschriften Rätsel und Gewinnspiele angeboten. Diese bieten Möglichkeit zur Beteiligung, haben für die Redaktion aber auch den Vorteil, anhand der Antwortsendungen zu beurteilen, wie stark die Mitarbeiterzeitschrift frequentiert wird.

Bei der Themenwahl sollten sich Kommunikationsverantwortliche nicht nur an inhaltlichen, sondern auch an formalen Gesichtspunkten wie Umfang und Erscheinungsweise orientieren. Eine Mitarbeiterzeitschrift, die quartalsweise erscheint, behandelt weniger aktuelle Themen, ist aber unter Umständen umfangreicher und lässt damit mehr Raum für Hintergründe und verschiedene Darstellungsformen.

2

EIN TAG MIT...

ITS-Pflege: Eine ganz andere Welt

Insgesamt gibt es an der Universitätsmedizin vier Intensivstationen. 216 Pflegekräfte kümmern sich hier im Schichtdienst um die schwerkranken Patienten. Doch was sich hinter dem Begriff Intensivtherapie tatsächlich verbirgt, durfte eine Redakteurin bei einem Besuch auf der ITS-2 miterleben.

HIER WERDEN LEBEN GERETTET.

Außenstehende müssen zunächst vor der Tür warten, für sie ist die ganz eigene kleine Welt der Intensivstation (ITS) verschlossen. Ich klingle, wie jeder andere Besucher auch. Daniel Schack, Abteilungsleiter der Pflege auf der ITS-2, begrüßt mich. Hinter der großen Milchglastür mit den roten Lettern erwarten mich Patienten mit ernsten internistischen Krankheiten und ein aufgewecktes Pflegeteam, das sich hoch engagiert um das Überleben der Schwerkranken kümmert. Überall piept und rauscht es. Nicht jeder Mensch ist für diese Welt gemacht, das merke ich schnell.

Auf der ITS-2 befinden sich 18 gut ausgelastete Betten in sieben Doppel- und vier Einzelzimmern. Rund um die Uhr wachen 55 Pflegekräfte und 16 Ärzte in Schichten über das Wohl der Patienten. Pfleger Daniel erklärt mir, dass es gerade ruhig sei, doch bei ankommenden Akutpatienten müsse alles ganz schnell gehen. »Da muss Hand in Hand gearbeitet werden, meist hat die Zimmerschwester in diesen Momenten die Oberhand und der Rest des Teams eilt zur Hilfe«, beschreibt er die Situation, wenn es einem Patienten plötzlich besonders schlecht geht.

Ich habe das Gefühl, hier sind halbe Ärzte am Werk. In das Aufgabengebiet eines ITS-Pflegers fallen zahlreiche Tätigkeiten. Zu Schichtbeginn werden jeder Pflegekraft zwei Patienten fest zugeteilt, um die sie sich im Laufe des Tages kümmert. Hier wird niemand aus den Augen gelassen. Akribisch beobachten die Schwestern in blau die Werte an den zahlreichen Geräten, messen Konzentrationen im Blut und überwachen die Dosierung der Medikamente. Und das alles neben den ganz normalen Tätigkeiten einer Schwester, wie beispielsweise der Körperpflege. Für schnelle Ergebnisse stehen den Pflegekräften auf Station labortechnische Geräte zur Verfügung. Wie eine Landkarte kennen sie ihre Schützlinge. »Am Anfang denkt man erstmal nur: Oh, Gott. Die Freude an der Arbeit in der Intensivtherapie wächst erst mit den Jahren, das braucht Zeit«, erinnert sich Schwester Conni. Heute ist sie mit Leib und Seele bei der Arbeit. Auch Pfleger Dominik geht es so: »Ich wüsste gar nicht, wo ich noch hin soll, hier habe ich doch alles.« Die meisten Menschen wissen gar nicht genau, was Intensivtherapie eigentlich bedeutet. Klar, viel Technik und Menschen, die ums Überleben kämpfen. Doch die harte physische und psychische Belastung jeden Tag, die sehen nur die wenigsten.

Dennoch hört man neben dem Piepen auch viel Lachen. Alle gehen hier freundlich und hilfsbereit miteinander um, eine eingeschworene Gemeinschaft. »Unser Team ist vergleichsweise jung«, weiß Pfleger Daniel. Für die Arbeit auf der ITS braucht man keine spezielle Ausbildung, jeder Gesundheits- und Krankenpfleger hat die Chance hier zu arbeiten. An die speziellen Tätigkeitsfelder wird man nach und nach durch die erfahrenen Pflegekräfte herangeführt. »Die ersten ein bis zwei Monate arbeitet

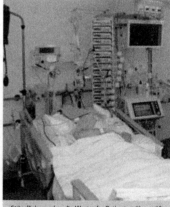

Stündlich werden die Werte der Patienten überprüft

▢ **Abb. 2.14**   Reportage (2-seitig) unter der Rubrik »Ein Tag mit …« über eine Intensivpflegekraft. (Quelle: Universitätsmedizin Greifswald 2014)

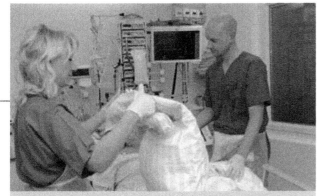

Pfleger Daniel Schack und Schwester Carola Gerth bei der Arbeit mit einem Patienten.

alle Dankesgrüße in Form von Karten, Bildern und Fotos aufgehoben. Ein ganzer Ordner, der zeigt, wie wertvoll die Arbeit der ITS-Pflege ist. »Besonders schön ist es, wenn Patienten uns nach ihrer Entlassung besuchen kommen. Manche Patienten kommen jedes Jahr wieder, weil sie sich so über ihre Gesundheit freuen«, sagt Pfleger Daniel mit einem Lächeln auf dem Gesicht.

man immer mit einem geübten Kollegen zusammen, dann bekommt man zunächst einfachere Patienten zugeteilt, bis man mit der Zeit auch schwere Fälle übernehmen kann«, beschreibt Pfleger Daniel die typische Einarbeitung auf der Station. Er selbst arbeitet schon seit zwölf Jahren als Intensivpfleger. Das Besondere an dem Tätigkeitsfeld seien die hohe Verantwortung, die Entscheidungsfreiheit und die Abwechslung. »Man wird täglich gefordert und das ist spannend«, beschreibt Schwester Conni den Arbeitsalltag.

Plötzlich wird Pfleger Daniel zur Unterstützung gerufen, ein Patient muss gewendet werden und seine Kolleginnen brauchen Hilfe. Der betroffene Patient hatte Probleme zu atmen, daher lag er für eine Weile auf dem Bauch. Nun kann er wieder bedenkenlos auf dem Rücken liegen. Als der Körper mit vereinten Kräften

geschickt verlagert wird, merke ich: Das ist ein Knochenjob. Der ganze Vorfall ist hier auf Station ein Routineereignis, doch für mich ein eindrucksvoller Moment. Ich fühle mich klein und machtlos zwischen den Beatmungsgeräten, Infusiomaten, Perfusoren, Monitoren, Dialysegeräten und Schläuchen. Die Pflege hingegen ist auf Zack, jeder Handgriff sitzt und im Notfall werden andere aus dem Team zu Rate gezogen. Auch die Ärzte wissen die Arbeit der ITS-Pflege zu schätzen. Sie erkundigen sich bei den Schwestern, wenn es um den Zustand der Patienten geht und bedanken sich regelmäßig für ihre Mithilfe.

Schwermütig wird es auf Station, wenn ein Patient verstirbt. Das passiert hier nicht selten. Das Team gibt in solchen Momenten Halt. »Gerade die jüngeren Kolleginnen und Kollegen verkraften das ganz gut. Jeder muss seinen eigenen Weg finden damit umzugehen«, weiß Pfleger Daniel aus Erfahrung. Die Menschen bewegen sich hier auf der Grenze zwischen Tod und Leben, dessen muss man sich bewusst sein, wenn man sich für diese Tätigkeit entscheidet. Zudem fordert der Arbeitsalltag viel Empathie und Einfühlungsvermögen. Oftmals brauchen nicht nur die Patienten, sondern auch die Angehörigen eine intensive Betreuung. Da ist Geduld und Mitgefühl gefragt. »Wir sind eine besucherfreundliche Intensivstation, bei uns kann man immer klingeln, auch wenn ab und an Wartezeiten durch Visiten oder den üblichen Stationstrubel entstehen«, antwortet mir Pfleger Daniel auf die Frage nach den Angehörigen.

Doch der Beruf bringt nicht nur traurige und anstrengende Momente mit sich, sondern kann auch viel Freude bereiten. Im Büro des Abteilungsleiters wird mir ein dicker Ordner gezeigt. Hier werden

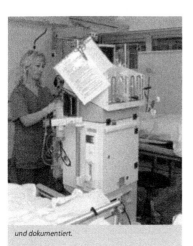

und dokumentiert.

*Oben: Deckenbilder für die Patienten
Mitte: Interne Schulungen vermitteln den Umgang mit den komplizierten Geräten.
Unten: Abteilungsleiter Daniel Schack bei der Dokumentation*

Ich verlasse die Welt der ITS-2 wieder durch die gleiche Milchglastür, durch die ich gekommen bin und nehme viele wertvolle Eindrücke mit.
Hut ab vor den Pflegekräften in blau!

Lisa Klauke-Kerstan

◘ **Abb. 2.14**   Fortsetzung

2.6.2 Formgebung

Bei einer Mitarbeiterzeitschrift sind die verbale und visuelle Kommunikation eng miteinander verzahnt. Nach Mänken (2009, S. 154) dient die »Formgebung

1. dem Leser als Lesehilfe (Orientierung, Führung durch das Blatt),
2. der Redaktion als Vehikel zum Transport von Informationen und Botschaften und
3. dem Unternehmen als Manifestation seines Selbstverständnisses«.

Zur Formgebung gehören das Format, das Papier, Satz und Layout sowie die Struktur.

- **Format**

Die Wahl des Formats ist davon abhängig, ob eine Mitarbeiterzeitung oder eine Mitarbeiterzeitschrift publiziert werden soll. Die Mitarbeiterzeitung ist – nach den Merkmalen einer Zeitung beurteilt – aktuell und universal die Themen betreffend und erscheint mindestens zwei Mal wöchentlich (Mast 2000, S. 18, 21) – eine Taktung, die in der Kommunikation eines Krankenhausbetriebes kaum zu erreichen ist. Der Vorteil der Mitarbeiterzeitung liegt bei den geringen Kosten trotz hoher Auflage (Vilsmeier 2013, S. 194). Die Mitarbeiterzeitung erscheint ebenso wie Tages- und Wochenzeitungen in DIN A3, im Rheinischen oder im Berliner Format (Mänken 2009, S. 162) (◨ Abb. 2.15).

Mitarbeiterzeitschriften erscheinen in geringerer Taktung (bestenfalls einmal monatlich) und setzen sich intensiver mit den Themen auseinander. Da eine Publikation für Mitarbeiter nicht ausschließlich der Information dient, sondern auch das Image fördern und Einstellungen ändern soll, ist die ausreichende Darstellung von Sachverhalten unverzichtbar. Mitarbeiterzeitschriften erscheinen üblicherweise im DIN A4-Format 210 mm × 297 mm (Mänken 2009, S. 162) und haben ungleich höhere Produktionskosten als eine Mitarbeiterzeitung (◨ Abb. 2.16).

- **Papier**

Bei der Wahl des Papiers empfiehlt es sich, sowohl bei Mitarbeiterzeitungen als auch bei Mitarbeiterzeitschriften auf mattes Papier à 120 g auszuweichen. Hochglanz-Magazine machen optisch zwar mehr her, sind aber teurer in den Produktionskosten und können darum bei der Belegschaft negative Reaktionen hervorrufen. Das Format und das Papier sind insofern entscheidend, als sie neben der visuellen Wahrnehmung auch den Tastsinn ansprechen. Ein handliches Format mit dickerem Papier fühlt sich wertiger an als ein sperriges Format, bei dem das dünne Papier gleich zu zerreißen droht.

Da dem Betrachter auf den ersten Blick weniger die Texte als der Satz und das Layout ins Auge fallen, ist die Gestaltung ein erfolgskritischer Faktor und gehört darum in fachkompetente Hände. Wer in der eigenen Abteilung keinen Grafiker beschäftigt, sollte auf externes Personal zurückgreifen (Viedebantt 2005, S. 135).

- **Layout**

Das Layout ist abhängig vom jeweiligen Corporate Design (CE). Sind im CD die Farben blau und weiß vorrangig, sollte im Layout nicht auf grün und gelb gesetzt werden. Dennoch ist es möglich, einen gestalterischen Spielraum zu lassen und weitere Farben einzusetzen, um die Zeitschrift ansprechend zu gestalten. Das Layout für Zeitschriften ist immer doppelseitig angelegt. Für die Praxis bedeutet das: Kommt kurz vor Redaktionsschluss noch eine wichtige Meldung, die aufgenommen werden sollte, ist dies nicht auf die Schnelle möglich – es lässt sich nicht einfach eine Seite mehr layouten. Ist die Zeitschrift ursprünglich auf acht Seiten angelegt, kämen automatisch vier dazu, die gefüllt werden müssten. Das sollte bei der Planung und der inhaltlichen Aufbereitung bedacht werden. Zur Sicherheit könnte die Redaktion eine halbe Seite Raum für Aktuelles lassen; das schafft Flexibilität für den Notfall. Teil des Layouts sind auch Typografie und Satzspiegel, die sich eng an das Corporate Design des Unternehmens anlehnen. Ein typografisches System aus variierenden Schriftgrößen und -farben lässt erkennen, ob es sich um eine Headline, eine Subheadline, eine Bildunterschrift oder eine Zwischenüberschrift handelt. Textkästen erfüllen den Zweck, Informationen zu bündeln. Zum einen ist das eine Lesehilfe für den Leser, zum anderen dient es der Redaktion dazu, die Themen entsprechend zu positionieren.

AGAPLESION
BETHESDA KRANKENHAUS
WUPPERTAL

Ausgabe 2 | MÄRZ/APRIL/MAI 2012

PRÄDIKAT SILBER

Bethesda hat in Sachen Hygiene die Nase vorn: ein Interview mit Dr. med. Wolfgang Pfeiffer, Leiter der Krankenhaushygiene

BETHESDA LÄUFT MIT ...

Jetzt bis 13. Juni noch anmelden zum 5. Bergischen Firmenlauf

ERFOLGREICH REZERTIFIZIERT

Die Krankenhausapotheke wurde im Feburar 2012 mit Erfolg rezertifiziert

PFLEGE UND HILFSMITTEL IM FOKUS

DIE ERSTE PFLEGEFACHMESSE IM AGAPLESION BETHESDA KRANKENHAUS WAR EIN VOLLER ERFOLG

Das Thema bewegte offenbar viele in Wuppertal: Weit mehr Besucher als erwartet kamen zur ersten Pflegefachmesse am Mittwoch, 9. Mai, ins Bethesda, um sich über Pflege, Pflegeprodukte und Pflegehilfsmittel zu informieren.

Schon vor Veranstaltungsbeginn drängten sich erste Besucherströme an den Infoständen: Neben Mitarbeitenden, interessierten Wuppertalern und pflegenden Angehörigen hatten sich auch zwei Gruppen einer Altenpflegeschule und eine Schulklasse mit ihren Lehrern eingefunden. Das Angebot konnte sich sehen lassen: 13 regionale und überregionale Aussteller wie Ecolab, Hipp, KCI Medizinprodukte, Nutricia, BBraun Melsungen, Spirig Pharma, Nutricia, Coloplast, GHD, Lohmann und Rauscher, Paul Hartmann AG, Sanitätshaus und Reha Team Werner präsentierten ihre Produktneuheiten in Sachen Pflege auf der Bethesda-Hausmesse. Besucher konnten sich beispielsweise einen Einblick in Sanitäts- und Rehatechnik, Inkontinenz-, Stoma- und Hygieneprodukte sowie in Antidekubitus- und Unterdruckwundtherapie verschaffen. Wie sich das Liegen auf einer Spezialmatratze für Schwerstübergewichtige anfühlt oder wie Spezialnahrung für Tumor-Patienten in Schoko-, Vanille- oder Erdbeergeschmacksrichtungen schmecken, testete Radio Wuppertal-Reporterin Lis Kannenberg für die Sendung „Visite" direkt vor Ort.
Riesenschritte hat in den letzten Jahren auch die Versorgung von schwerheilenden Wunden gemacht: „Salbe auf die Wunde, das gehört definitiv der Vergangenheit an. Heute behandeln wir im Krankenhaus mit speziellen Wundpflastern bis hin zu Produkten, die die Eigen-Kollagen-Produktion anregen", kommentierte die Bethesda-Wundexpertin Konstanze Warsen bei einem Interview das Angebot der Herstellerfirmen. Auch an den Infoständen des Bethesda Seniorenzentrums, des Sozialdienstes,

der Bethesda-Still-und Ernährungsberatung, der Krankenhaushygiene oder am Ausbildungsstand gab es alle Hände voll zu tun. Sascha Kuhn, Pflegebereichsleiter und Organisator der Pflegefachmesse, und Pflegedienstleiterin Stefani Strobel zeigten sich sehr zufrieden mit dem Ergebnis: „Da sind wir offenbar mit unserer Pflegefachmesse auf eine Informationslücke in Wuppertal gestoßen. Das spornt an, das Event zu wiederholen."

◘ **Abb. 2.15** Titelbild des Mitarbeiterrundbriefs des AGAPLESION BETHESDA KRANKENHAUS WUPPERTAL im DIN A3-Format (DIN A2-Kreuzbruchfalz). (Quelle: Agaplesion Bethesda Krankenhaus Wuppertal 2012)

Abb. 2.16 Mitarbeiterzeitschrift der Marienhaus Unternehmensgruppe im DIN A4-Format. (Quelle: Marienhaus Unternehmensgruppe 2015)

Je größer die Überschrift und je weiter oben platziert, desto wichtiger ist sie und desto eher fällt sie dem Leser ins Auge. Ein Best Practice für ein durchdachtes typografisches System liefert die Mitarbeiterzeitschrift der Sana Kliniken Berlin-Brandenburg (◯ Abb. 2.17). Um die Beibehaltung des Layouts zu gewährleisten und den Wiedererkennungswert zu sichern, ist es sinnvoll, ein Masterlayout anzulegen, in das hineingearbeitet werden kann. Wird die Zeitschrift von einem externen Dienstleister gelayoutet, ist es vonnöten, anzugeben, welcher Artikel an welcher Stelle platziert werden soll, welches Bild dazugehört und wie die Bildunterschrift lautet.

Bei Mitarbeiterzeitschriften ist das Titelbild ein zentrales Element des Layouts – es muss ein Blickfang sein, um die Neugier des Betrachters zu wecken und ihn zum Lesen zu animieren. Unabhängig davon, welche Zeitschrift man sich anschaut: In den meisten Fällen sind Menschen darauf abgebildet (◯ Abb. 2.18). Mitarbeiterzeitschriften sollten sich diese Gewohnheit zunutze machen und die Mitarbeiter zu »Titelhelden« machen (Viedebantt 2005, S. 149). Ebenfalls auf das Titelblatt gehören der Titel der Zeitschrift und das Titelthema. Damit der Leser weiß, wie aktuell die ihm vorliegende Ausgabe ist, ist eine Angabe zur Ausgabe sinnvoll. Um die Neugier des Lesers zu wecken, können zudem zwei bis drei kleine Teaser-Boxen unter das Titelbild gesetzt werden. Die Boxen bestehen idealerweise aus einem Foto samt Schlagwort oder Zitat und geben einen Vorgeschmack auf weitere Themen der aktuellen Ausgabe. Sie sind einer der sogenannten Multi Entry Points, die verschiedene Einstiegsmöglichkeiten zu den Themen schaffen. Je mehr dieser Einstiegspunkte gegeben sind, desto höher ist die Wahrscheinlichkeit, dass der Leser sich darauf einlässt (Burkhardt und Kircher 2008, S. 46).

Ein wichtiger Merksatz für die Mitarbeiterzeitschrift lautet: Die Zeitschrift steht und fällt mit den Fotos. Ihre Wirkung ist sowohl von formalen als auch von inhaltlichen Kriterien abhängig. Größe, Platzierung und Farbdominanz sind aus formaler Sicht entscheidend. Wichtige Fotos sind groß angelegt und im oberen Seitenabschnitt zu finden, während die kleineren Fotos im unteren Drittel

angesiedelt sind. Inhaltlich sind – wie auch beim Titelbild – Aufnahmen von Menschen am gefragtesten, wobei Bilder von Einzelpersonen wirkmächtiger sind als Gruppenbilder. Für Abwechslung sorgt eine geänderte Perspektive, beispielsweise die Vogel- oder Froschperspektive. (Viedenbantt 2005, S. 151 f.). Ein wichtiger Bestandteil – Mänken nennt es die wichtigsten Text-Elemente einer Mitarbeiterzeitschrift (Mänken 2009, S. 137) – ist die Bildunterschrift: Sie führt den Leser durch das Heft. Wer ist dort abgebildet? Zu welcher Abteilung gehört die Person? Was ist die Aussage des Bildes? Diese Informationen sollten in der Bildunterschrift zu finden sein. Die Leserführung erfolgt allerdings nicht allein durch Bildunterschriften, sondern durch den gesamten Aufbau und die Struktur.

■ **Aufbau und Struktur**

Aufbau und Struktur sollten einmal festgelegt werden und sich danach nicht mehr ändern. Nichts ist schlimmer als eine sich ständig ändere Rubrizierung oder andere Platzierung der Inhalte. Das verwirrt den Leser unnötig und lässt keine positiven Rückschlüsse auf die Redaktion zu. Die Einteilung in Rubriken gestaltet sich für die meisten Unternehmen und Krankenhäuser als schwierig: »Aktuell«, »Nachrichten«, »Dies und Das« und »Panorama« sind in vielen Mitarbeiterzeitschriften zu finden, ebenso die Rubriken »Wir« oder »Menschen«. In einer Mitarbeiterzeitschrift sollte es immer um das jeweilige Unternehmen und die Menschen gehen, die darin arbeiten, diese Rubrizierung ist daher wenig sinnvoll. Da sich die Redaktionsprogramme von Unternehmen zu Unternehmen unterscheiden und jedes Krankenhaus andere Schwerpunkte setzt, kann es keine allgemeingültige Regel geben (Mänken 2009, S. 35). Zur Struktur gehören weiterhin das Inhaltsverzeichnis und das Impressum. Das Inhaltsverzeichnis zeigt auf einen Blick, welche Themen in der Zeitschrift behandelt werden und wo welche Artikel zu finden ist. Bei einem Umfang von acht oder zwölf Seiten im DIN A4-Format kann auf das Inhaltsverzeichnis verzichtet werden, bei 16 oder 24 Seiten darf das Inhaltsverzeichnis eine Druckseite einnehmen (Mänken 2009, S. 101). Das Impressum sollte den Heraus-

SANA KLINIKUM LICHTENBERG

Unser Sprechstundenzentrum

Optimale Vorbereitung der elektiven Patienten für die stationäre geplante Aufnahme im Sprechstundenzentrum am Sana Klinikum Lichtenberg.

Seit 2006 wurde im Sana Klinikum Lichtenberg ein Sprechstundenzentrum aufgebaut. Erster Standort war das Medizinzentrum Lichtenberg, seit 2010 befindet sich das Sprechstundenzentrum auf dem Gelände des Klinikums im Haus H. Das Sana Klinikum Lichtenberg nimmt Patienten über das Sprechstundenzentrum elektiv, das heißt geplant, auf. Hier prüft ein Klinikfacharzt die Indikation zur stationären Behandlung oder legt alternativ eine ambulante Behandlung im Klinikum fest bzw. trifft Empfehlungen für die Weiterbehandlung beim niedergelassenen Arzt.

Mit dem Modell Sprechstundenzentrum konnte eine höhere Effizienz bei der Aufnahme unserer elektiven Patienten erzielt werden, zudem erhalten unsere Patienten damit kontinuierlich eine kompetente und reibungslose Behandlung. Ins Sprechstundenzentrum kommen täglich 30–70 einbestellte Patienten aufgrund von Empfehlungen ihres Hausarztes, ihrer Familie, von Freunden, Kollegen oder nach Informationsaustausch in den sozialen Netzwerken.

Für die elektive Behandlung benötigt der Patient eine Verordnung zur Krankenhausbehandlung vom niedergelassenen Haus- oder Facharzt. In unseren neun Behandlungsräumen finden ständig fünf bis sieben Fachsprechstunden statt. Von Montag bis Freitag bieten folgende Kliniken ihre Sprechstunden an: Gastroenterologie/Pneumologie, Allgemein- und Viszeralchirurgie, Abteilungen der Orthopädie, Unfall-, Hand- und Wiederherstellungschirurgie, Gynäkologie, Anästhesie sowie die Kinderchirurgie.

Angenehmer Ablauf für den Patienten am Sprechstundentag

Schon während der Terminvergabe unter Berücksichtigung der Patientenwünsche sowie der Klinik-Vorgaben erhält der Patient erste Informationen über den Ablauf des Sprechstundentages.

Am Sprechstundentag selbst ist der Empfangsbereich die erste Station: Hier nimmt man die mitgebrachten Befunde entgegen und leitet sie zum administrativen Aufnahmeplatz weiter. Dort erst wird eine Patientenakte angelegt und werden Behandlungsverträge abgeschlossen, in denen der Patient sich auch für Wahlleistungen entscheiden kann. In der darauf folgenden Sprechstunde erhebt der Klinikfacharzt die Anamnese und den körperlichen Status, legt die prästationäre und stationäre Diagnostik und/oder Operation fest und führt mit dem Patienten ein ausführliches Aufklärungsgespräch über den geplanten Eingriff. Ist eine Operation geplant, so erfolgt im Rahmen des Sprech-

Von links: Schwester Susanne, Arzthelferin Patricia, Schwester Jeannette, Arzthelferin Heike, Arzthelferin Stephanie, Leiterin Sprechstundenzentrum Manuela Braune (Arzthelferin Christiane nicht abgebildet)

stundentages auch das Anästhesiegespräch. Begleitet und gelenkt werden unsere Patienten von kompetenten Krankenschwestern und medizinischen Fachangestellten. Die prästationäre Behandlung eines Patienten dauert in der Regel ein bis drei Stunden.   ∎

▶ **UNSERE ERREICHBARKEIT**

Öffnungszeiten: Montag–Freitag von 7:30 Uhr–16:00 Uhr

Terminvergabe: Montag–Donnerstag von 8:00 Uhr–17:00 Uhr
Freitag von 8:00 Uhr–16:00 Uhr

Telefon: 5516-4342 oder 55184345
Manuela Braune
Leitende Schwester des Sprechstundenzentrums

SANA GESUNDHEITSZENTRUM AM TIERPARK

»Zuwachs« Am Tierpark

Neueröffnung der Diabetologischen Schwerpunktpraxis im Sana Gesundheitszentrum

Zum 1. April wurde die Diabetologische Schwerpunktpraxis im Sana Gesundheitszentrum »Am Tierpark« mit der langjährig erfahrenen Internistin und Diabetologin Dr. med. Almut Risch besetzt (im Bild 2. v.l.). Die Praxisvorgängerin, Susanne Geister, war zum Jahresende in den Ruhestand verabschiedet worden. In der Praxis wurden umfängliche Renovierungsarbeiten vorgenommen, sodass die Räume im frischen, farbenfrohen Look erstrahlen.

Zu der Eröffnungsfeier am 3. Juli gratulierten angestellte und niedergelassene Kolleginnen und Kollegen und auch zahlreiche Zuweiser und Mitarbeiter aus der Verwaltung. Allen Besuchern wurde voller Stolz die neue Praxis vorgestellt. Wir wünschen Frau Dr. Risch und dem gesamten Praxisteam eine erfolgreiche Zeit im Sana Gesundheitszentrum »Am Tierpark«.   ∎

Foto: Sana Kliniken Berlin-Brandenburg

03.2014 | 360° 3

⬛ **Abb. 2.17** Innenseite der Mitarbeiterzeitschrift der Sana Kliniken Berlin-Brandenburg. (Quelle: Sana Kliniken Berlin-Brandenburg 2014)

Abb. 2.18 Titelbild der Mitarbeiterzeitschrift »OKplus« des ORTENAU KLINIKUMS. (Quelle: Ortenau Klinikum 2014)

geber, den Verantwortlichen, die Redaktion, Grafik sowie Herstellung und Druck angeben. Darüber hinaus muss insbesondere bei der Verwendung von Fotos aus Bilddatenbanken, von Privatpersonen oder Fotografen darauf geachtet werden, dass der Bildnachweis im Impressum oder in der Bildunterschrift genannt wird. Damit sich die Leser mit Themenvorschlägen oder sonstigen Anmerkungen direkt an die Redaktion wenden können, sollten eine Anschrift, Telefonnummer und E-Mail-Adresse hinterlegt sein. Auch ein Hinweis zur Auflage und zur Erscheinungsweise ist möglich. Das Impressum sollte auf der zweiten Seite oder auf der letzten Seite unten platziert werden und 1/8 Druckseite beim DIN A4-Format nicht überschreiten. Außerdem sollte die Schriftgröße kleiner sein als im Haupttext (Mänken 2009, S. 111).

2.6.3 Umsetzung

▪ Die Konzepterstellung
Der Erfolg jeder Mitarbeiterzeitschrift nimmt seinen Anfang in einem gut durchdachten Konzept, das sich in die Unternehmensstrategie eingliedert. Um ein Konzept zu erstellen, sollten Sie zuvor die nachstehenden Fragen beantworten:

- Welches Ziel verfolgen Sie mit dem Einsatz einer Mitarbeiterzeitschrift?
- Welche Zielgruppen möchten Sie ansprechen?
- Steht Ihnen genug Budget zur Verfügung?
- Haben Sie personelle Unterstützung für Redaktion sowie Satz und Layout?
- Wie oft soll die Mitarbeiterzeitschrift erscheinen?
- Welches Format wählen Sie?
- Wie soll das Layout aussehen?
- Woher bekommen Sie die Themenvorschläge?
- Wer macht die Bilder?
- Wie vertreiben Sie die Mitarbeiterzeitschrift?

Nachdem das Konzept steht und die Entscheidung für die (Wieder-)Einführung einer Mitarbeiterzeitschrift oder den Relaunch einer Mitarbeiterzeitschrift gefallen ist, geht es in die konkrete Umsetzungsphase, die im Folgenden mit zehn Schritten beschrieben wird. Zuvor sei erwähnt,

dass jede Ausgabe eines detaillierten Zeitplans bedarf, der die einzelnen Maßnahmen berücksichtigt.

▪ In zehn Schritten zur gedruckten Mitarbeiterzeitschrift
In einem ersten Schritt sollte für jede Ausgabe eine Redaktionskonferenz einberufen werden, an der die Redaktion, der Vorstand sowie der Personalrat und bei Bedarf auch Mitarbeiter anderer Berufsgruppen zugegen sind. Die Redaktionskonferenz ist ein wichtiges Gremium für den Vorstand, damit dieser seine Themen über die Mitarbeiterzeitschrift distribuieren kann. Um die Erscheinungstermine einhalten zu können, sollte die Sitzung nach Möglichkeit immer im gleichen Rhythmus, beispielsweise am ersten Dienstag eines Monats, stattfinden. Auch der Redaktionsschluss sollte fest terminiert sein, um den Erscheinungstermin einhalten zu können. Zu Beginn einer jeden Sitzung empfiehlt es sich, eine Blattkritik der letzten Ausgabe durchzuführen: Welchen Themen waren ansprechend? Was ist weniger gut gelungen? Wie waren die Reaktionen der Mitarbeiter? Welche Fehler sollten im nächsten Heft vermieden werden? Im Anschluss besprechen die Anwesenden die Themen für die nächste Ausgabe, die die Redaktion im Vorfeld – auch unter Berücksichtigung der bis dato eingegangen Themenvorschläge der Mitarbeiter – vorbereitet hat. Jeder hat die Möglichkeit, sich gegen ein Thema auszusprechen oder weitere Vorschläge zu machen. Nach höchstens 30 min sollte ein Konsens über die Themen erzielt worden sein.

Im zweiten Schritt beginnt die Recherche, gegebenenfalls die Terminvereinbarung mit einzelnen Mitarbeitern oder Teams, die interviewt oder portraitiert werden sollen. Neben Block und Stift darf die Kamera nicht fehlen, denn: Sofern möglich, sollte jeder Artikel, insbesondere aber Reportagen, Interviews und Portraits, bebildert werden. Im dritten Schritt heißt es, das Gehörte interessant und verständlich zu Papier zu bringen, bevor viertens der Artikel mit der Bitte um Freigabe bis zu einem von der Redaktion vorgegebenen Datum versendet wird. Hilfreich ist es, den Text vorab noch einmal von einer Kollegin oder einem Kollegen redigieren zu lassen. Wichtig: Wird der Artikel bebildert und sind mehrere Personen zu sehen, sollten die Bildunterschriften ebenfalls freigegeben werden, damit die Schreibweise und die Anordnung der Namen korrekt sind. Diese Form der Absicherung ist insofern sinnvoll, als der Hinweis auf einen »Fehlerteufel« in der nächsten Mitarbeiterzeitschrift nicht nur peinlich ist, sondern auch weniger Platz für andere Themen lässt. Bis zum Redaktionsschluss sollten alle Themen freigegeben beziehungsweise gewünschte Änderungen eingearbeitet worden und die Artikel von den Mitarbeitern der Redaktion gegenseitig redigiert worden sein. Dieser fünfte Schritt erspart nachträgliches Arbeiten im bereits gelayouteten Dokument und mindert die Gefahr, Änderungswünsche der Mitarbeiter zu übersehen.

Bevor die Grafik mit dem Layout beginnt, bedarf es sechstens einer gründlichen Vorarbeit: Je besser die zu verwendenden Daten abgelegt sind und je detaillierter die Grafik über die Platzierung der einzelnen Artikel informiert ist (insbesondere dann entscheidend, wenn mit externen Grafikern gearbeitet wird und Änderungen nicht auf die Schnelle persönlich besprochen werden können), desto geringer ist die Fehlerquote beim Layout.

Sobald die Zeitschrift in einem siebten Schritt gelayoutet worden ist, sollte sie achtens noch einmal von der Redaktion redigiert werden. In den meisten Unternehmen wird sie in einem nächsten Schritt zur Freigabe an den Vorstand oder die Geschäftsführung geschickt, bevor die Druckdaten im zehnten und damit letzten Schritt an die Druckerei geschickt werden. Sofern das Unternehmen oder das Krankenhaus über keine Hausdruckerei verfügt und auf eine externe Druckerei ausweichen muss, sollten Terminabsprachen unbedingt eingehalten werden; andernfalls verschiebt sich die Erscheinung dieser Ausgabe und damit womöglich auch alle darauffolgenden. Sind die gedruckten Zeitschriften angeliefert, gilt es, die Mitarbeiterzeitschrift zu distribuieren.

- ■ **Der Vertrieb**

Die beste Mitarbeiterzeitschrift hilft nichts, wenn der Mitarbeiter im schlimmsten Fall nichts von ihrer Existenz weiß oder – wenn er denn weiß, dass es sie gibt – nicht darüber im Bilde ist, wo er sie finden kann. Es bedarf also sowohl einer Informa-tion über das Bestehen des Mediums selbst als auch einer durchdachten Logistik, die sichert, dass die Mitarbeiter möglichst zur gleichen Zeit die Zeitschrift erhalten. Nur so kann man sich dem Vorwurf entziehen, bestimmte Berufsgruppen würden eher bedacht als andere. Je nach Unternehmensgröße variieren die Möglichkeiten der Distribution. Im AGAPLESION BETHESDA KRANKENHAUS WUPPERTAL werden die rund 1000 Zeitschriften mit Namen etikettiert und direkt auf die Station oder in die Abteilungen gebracht – ein toller Service für die Mitarbeitenden, der das Medium in diesem Krankenhaus als klassisches Push-Medium klassifiziert. In größeren Krankenhäusern oder Unikliniken mit mehreren tausend Mitarbeitern lässt sich das kaum bewerkstelligen. Dort bietet es sich an, an zentralen Orten im Haus Verteilerkästen aufzustellen. Sie sind gute Indikatoren für das Interesse an der Mitarbeiterzeitschrift, da ersichtlich ist, wie viele mitgenommen werden und wie oft der Verteilerkasten neu befüllt werden muss (Viedebantt 2005, S. 169). Auch wenn sich keine paar tausend Mitarbeiter beschicken lassen: Ein Angebot wäre, die Mitarbeiterzeitschrift kostenlos zu abonnieren und nach Hause geschickt zu bekommen. Dieser Service ist insbesondere für Pensionäre, erkrankte Mitarbeiter oder Mütter und Väter in Elternzeit attraktiv, die sich gern über ihren (ehemaligen) Arbeitgeber auf dem Laufenden halten möchten.

Darüber hinaus sollte die Mitarbeiterzeitschrift im Intranet an zentraler Stelle hinterlegt sein, um einen schnellen und zeitlich unabhängigen Zugriff auf das Heft zu ermöglichen. Das Intranetarchiv ist insofern sinnvoll, als sich die Mitarbeiterzeitschrift und das Intranet ohnehin ergänzen und wechselseitig aufeinander verweisen, beispielsweise durch Bilderstrecken und Videoclips im Intranet oder Hintergrundinformationen in der Mitarbeiterzeitschrift. Ein Vertrieb über die Homepage ist weniger sinnvoll, da sich diese explizit an eine externe Zielgruppe richtet.

Zum Vertrieb gehört auch immer die Werbung: Eine News im Intranet oder ein Plakat in der Personalkantine sind geeignete Kommunikationsformen, um auf die neu erschienene Mitarbeiterzeitschrift aufmerksam zu machen.

2

> **Zusammenfassung: Mitarbeiterzeitschrift**
> ■ Neben dem Intranet und dem Führungs-
>   kräftenewsletter das wichtigste Medium
>   der internen Kommunikation
> ■ Je nach Vertrieb Push- oder Pull-Medium
> ■ Monologisch
> ■ Vorrangige Ziele: Bekanntmachung,
>   Imageförderung, Beeinflussung von Ein-
>   stellungen
> ■ Kriterien
>   – Mischung aus Top-down- und Bottom-
>   up-Kommunikation
>   – Format & Papier
>   – Satz & Layout
>   – Aufbau & Struktur
>   – Strategisch durchdachter Vertrieb

2.7   Letter CEO

Dr. Mathias Brandstädter

Im Rahmen der Darstellungen zur internen Kommunikation nimmt der Letter CEO, die briefliche
Mitteilung eines Vorstands oder des Vorstandsvorsitzenden, innerhalb des Kanons der Kanäle interner Kommunikation meist eine Randstellung ein,
häufig findet er gar keine Erwähnung (Lüthy und
Buchmann 2009, S. 180 f.) und tritt vollkommen
hinter die wirkungsmächtigen Instrumente der
Mitarbeiterzeitschrift, des Newsletters und des Intranets zurück – das allerdings vollkommen zu Un-
recht. Denn was auch immer über die Funktionalität und Effizienz digitaler Kommunikation gesagt
und geschrieben werden mag: Der gedruckte Brief
(abgeleitet aus dem Lateinischen brevis libellus) ist
seit seinem Aufkommen und seiner breiteren Nutzung im 16. Jahrhundert die Keimzelle der Nach-
richtenübermittlung und Geschäftskorrespondenz
im öffentlichen Leben und im gesellschaftlichen
Miteinander schlechthin. Auch wenn er mittlerweile nicht mittels berittenem Boten, sondern
wahlweise per Post, Hauspost oder Kurier (manchmal sogar als ein der Mail angehängter Scan) zu-
gestellt wird, schwingt in diesem Medium noch
seine Entstehungsgeschichte der persönlichen Mitteilung und zugleich offiziellen Information mit.

Was per Brief kommt, besitzt zweifellos Relevanz.
Das gilt gerade in Zeiten elektronischer Korrespon-
denz, denn wer auch immer diesen analogen Kanal
wählt, signalisiert sowohl den Status des Absenders
als auch die Relevanz der übermittelten Nachricht,
für die eigens in Papier, Umschlag, Porto und Zeit
investiert wurde.

Was kennzeichnet den Brief? Er ist, rein formal
betrachtet, eine (zumindest zunächst[16]) auf Papier
festgehaltene Nachricht, die meist von einem Boten überbracht wird und eine für einen oder mehrere Empfänger intendierte persönliche Botschaft
enthält. Ein Brief wird gefaltet (Faltbrief) oder in
einem Umschlag (Umschlagbrief) verschickt. Den
Konventionen entsprechend besteht er meist aus
der Angabe zu Ort und Tag des Verfassens, der persönlichen Anrede, dem Text und der Schlussformel.
Der Umschlag enthält in der Regel Angaben zum
Absender, die Empfängeranschrift und bei Versand
eine Freimachung. Die Frage des Briefaufbaus – vor
allem wenn es um geschäftliche Belange geht –, ist
keine reine Geschmacksfrage, denn es gelten Ver-
bindlichkeiten, die in einer speziellen Norm fixiert
sind: Die Norm DIN 5008 legt Schreib- und Ge-
staltungsregeln für die Textverarbeitung fest. Sie
gehört zu den grundlegenden Normen für Arbeiten im Büro- und Verwaltungsbereich. Sie wird
heute vom nationalen Gremium Normenausschuss
Informationstechnik und Anwendungen – Fachbe-
reich Bürotechnik, Bankwesen und elektronisches
Geschäftswesen (NA 043-03) erarbeitet und erlas-
sen. Einen Brief im Rahmen der internen Kommunikation zu nutzen, bedeutet also auch, sich innerhalb dieser speziellen Konventionen zu bewegen.
Neben diesen formalen Konventionen gibt es aber
auch kanalspezifische Üblichkeiten, die entscheidenden Einfluss auf die Effektivität und Resonanz
dieses Mediums haben.

Bei näherem Blick gibt es nämlich einen besonderen Aspekt, der dem Brief erst seinen speziellen
Modus der persönlichen Ansprache ermöglicht:
Er ist gedruckte, aber gleichwohl persönliche Ansprache, er redet an und beglaubigt die übermittelte

---

16 Damit soll nicht ausgeschlossen werden, dass ein Brief
    auch in eingescannter Form ins Intranet gestellt oder
    per Mail verschickt werden kann. Allerdings läuft dies
    der Funktionsweise des Kanals, nämlich individuelle
    und beglaubigte Ansprache zu sein, zuwider.

UNIKLINIK
RWTHAACHEN
Ärztliche Direktion

Uniklinik RWTH Aachen · Ärztliche Direktion
Pauwelsstraße 30 · 52074 Aachen

Anschrift eingeben

Aachen, 19.04.2013

Sehr geehrte/r Frau/Herr,

Wandel schafft Kontinuität und es ist dieser Wandel, der sich im neuen Logo und im neuen Leitbild unseres Hauses ausdrückt. Beides halten Sie nun in Ihren Händen und es ist ein willkommener Anlass, Sie zusammen mit meinen Vorstandskollegen Peter Asché, Heinz-Josef Pelzer und Prof. Dr. rer. nat. Stefan Uhlig heute persönlich anzusprechen: Nur wer bereit ist, sich und seine Organisation zu hinterfragen, kann sich kontinuierlich verbessern und die Zusammenarbeit im Team weiterentwickeln. Mit zahlreichen strukturellen und organisatorischen Neuerungen machen wir unsere Uniklinik in diesem Jahr weiter fit für den zunehmenden Wettbewerb im Gesundheitswesen.

Die eindrucksvolle Leistungssteigerung der vergangenen beiden Jahre zeigt, welch enormes Potenzial in unserer Uniklinik steckt. Das, was wir können und in Teamarbeit tagtäglich leisten, wollen wir auch selbstbewusst zeigen. Wer für Patienten, Mitarbeitende und niedergelassene Ärzte attraktiv sein will, muss sich vom Wettbewerb abheben und einheitlich als schlagkräftige Marke präsentieren. Daher habe ich mich zusammen mit meinen Vorstandskollegen vor etwa einem Jahr entschlossen, unserem Haus ein neues Gesicht zu geben. Unser Ziel war es aber nicht nur, ein neues Logo zu schaffen, sondern eine einheitliche Marke mit verbindlichen Standards in der Kommunikation nach innen und außen zu entwickeln sowie eine neue Homepage ans Netz zu bringen.

Drei Aspekte waren dabei zielführend: Erstens markiert unser Logo nicht die Unterschiede zur RWTH Aachen University, sondern betont das Verbindende beider Institutionen. Zweitens ist es eingängig. Wir haben bewusst auf ein Bildelement verzichtet, um einen möglichst hohen Wiedererkennungswert zu schaffen. Deshalb werden wir uns künftig als *Uniklinik RWTH Aachen* präsentieren. Und drittens benötigen wir ein für uns alle überzeugendes Leitbild: Ein Logo oder ein Corporate Design ohne weitergehende Profil-

Vorstandsvorsitzender
Prof. Dr. med. Thomas H. Ittel

Universitätsklinikum Aachen
Anstalt öffentlichen Rechts (AöR)
Pauwelsstraße 30
52074 Aachen

www.ukaachen.de

Sekretariat
Birgit Breuer
Tel.: 0241 80-88125
Fax: 0241 80-3388125
bbreuer@ukaachen.de

UNIKLINIK
RWTHAACHEN
Ärztliche Direktion

schärfung wäre nur ein Schriftzug. Damit Sie, unsere Mitarbeiterinnen und Mitarbeiter, genau wissen, wofür wir und unsere Marke zukünftig stehen und wie wir unsere Ziele erreichen, haben wir das Leitbild als Maßstab und Kodex entwickelt. *Empathie, Transparenz, persönliche Verantwortung, Faktenbasierung, Schnelligkeit, Effizienz durch gemeinsames Handeln* und *Qualität* sind unsere Standards. Wir werden diese im Umgang miteinander gezielt fördern. Bitte nehmen Sie sich ein paar Minuten Zeit, um sich mit dem Leitbild vertraut zu machen.

Wir bedanken uns bei allen Kolleginnen und Kollegen, die sich bislang auf so konstruktive und fruchtbare Weise in dieses Projekt eingebracht haben. Wir bitten auch weiterhin um Ihre Unterstützung.

Für den Vorstand sendet Ihnen beste Grüße

Prof. Dr. med. Thomas H. Ittel

Vorsitzender des Aufsichtsrates
Dr. Robert G. Gimbel

Vorstandsvorsitzender
Prof. Dr. med. Thomas H. Ittel

Kaufmännischer Direktor
Dipl.-Kfm. Peter Asché

Sparkasse Aachen · BIC: AACSDE33
BLZ 390500000 · Kto: 13004015
IBAN: DE27 3905 0000 0013 0040 15
Commerzbank AG · BIC: DRESDEFF390
BLZ 39080005 · Kto: 203309400
IBAN: DE79 3908 0005 0201 3094 00
USt-IdNr. DE813100560

▪ Abb. 2.19 Letter CEO der Uniklinik RWTH Aachen anlässlich der Einführung des neuen Leitbildes und der neuen Marke. (Quelle: Uniklinik RWTH Aachen)

direkte Rede des Verfassers durch dessen Unterschrift und den Modus der Informationsübermittlung. Das zeigt zweierlei: Erstens dass und welches Gewicht ein Brief in Relation zu einem vergleichsweise unpersönlichen Artikel über ein Thema hat. Zweitens dass es für jede Form der gelungenen Kommunikation entscheidend ist, den Modus der persönlichen Kommunikation in Szene zu setzen. Es sollten also keine allgemeinen Anreden der Form »Sehr geehrte Damen und Herren« oder »Liebe Mitarbeiterin, lieber Mitarbeiter« gewählt werden. Der Brief sollte seine Empfänger direkt adressieren

und die Kommunikation durch eine Unterschrift beglaubigen, auch wenn das ab einer bestimmten Unternehmensgröße zweifellos nur mittels einer eingescannten Unterschrift möglich ist (**▪** Abb. 2.19).

In der direkten Ansprache durch den Vorstand selbst liegt die große Stärke dieses Kanals. Damit stellt er eine Seltenheit innerhalb der internen Kommunikation dar: Die Botschaften des Vorstands werden in der Regel paraphrasiert, didaktisch aufbereitet, illustriert, zitiert oder in Interviewsequenzen dargeboten, aber eher selten im Rahmen der individuellen Mitteilung direkt und vermeintlich »medial ungefiltert« übermittelt. Der Letter CEO garantiert damit eine hohe Reichweite, denn ein Brief der eigenen Geschäftsführung und des Vorstands wird zweifellos von vielen, wenn nicht beinahe von allen Mitarbeitenden intensiv gelesen werden – allein der disziplinarischen Zuordnung wegen, der Vorstandsvorsitzende ist letztlich der Vorgesetzte aller Mitarbeiterinnen und Mitarbeiter. Er wird aber auch vor allem deshalb aufmerksam wahrgenommen werden, weil er kein alltäglicher Vorgang ist. Umgekehrt gilt: Ein solcher Kanal würde automatisch inflationär, wenn der Vorstand sich regelmäßig zu marginalen Themen äußern würde. Bislang gibt es noch keine belastbaren empirischen Untersuchungen über den Zusammenhang von Frequenz oder Themenwahl und dem Grad der individuellen Wahrnehmung der Inhalte solcher Briefe; es ist aber evident, dass ein Vorstand sich nicht alle paar Wochen mit einem Schreiben an alle Mitarbeiter wenden kann, wenn er auf Dauer Gehör finden möchte. Zudem entstünde der Eindruck der mangelnden Prioritätensetzung seitens der Geschäftsführung. Die Themen, die im Horizont eines Letter CEO abzuhandeln sind, müssen also eine gewisse Relevanz – und dies in thematischer Hinsicht, im Blick auf den persönlichen Bezug des Mitarbeiters (er muss den Sachverhalt kennen oder beeinflussen können) sowie in punkto zeitlicher Nähe und Aktualität zum Thema – haben. Zu diesen Themen sind in positiver und negativer Konnotation zweifellos nachfolgende zu zählen, wenngleich diese Liste keinen Anspruch auf Vollkommenheit erhebt (◻ Tab. 2.1).

Mit den Vorzügen sind zugleich auch die Grenzen des Kanals beschrieben; er gestattet zwar formal eine mehrdirektionale (man kann schließlich auch nur einzelne Gruppen anschreiben) und intensive Auseinandersetzung und Darstellung eines Themas, das aus Sicht des Vorstands eine hohe Relevanz und damit einhergehenden Kommunikationsbedarf besitzt. Er wird zudem intensiv wahrgenommen und rezipiert werden. Umgekehrt kann es sich hierbei nicht um ein hochfrequentes Medium handeln[17], da es sich um einen O-Ton des Vorstands handeln muss. Dieser kann sich mit persönlichem Augenmerk nicht um jedwedes Thema kümmern. Zudem ist nicht zu erwarten, dass die Mitarbeiter dem Vorstand direkt antworten; als dialogischer Kanal im engeren Sinne ist der Letter CEO nicht zu werten.

2.8   Menschen als Medium[18]

Dr. Mathias Brandstädter

Der Begriff Medium ist ein schillernder Ausdruck, dessen Explikation seit jeher notorisch Probleme bereitet. In systemtheoretischer Perspektive sind Medien funktionale »Einrichtungen«, die der »Umformung unwahrscheinlicher in wahrscheinliche Kommunikation« dienen. Neben Interaktionsmedien (wie etwa der Sprache) lässt sich in diesem Kontext auch von Verbreitungsmedien (wie etwa der Schrift und der Massenmedien) sowie von symbolisch generalisierten Kommunikationsmedien (wie etwa der Kunst) sprechen (Luhmann 1999, S. 58). Hinsichtlich der Produktions- und Rezeptionsbedingungen lassen sich Medien nach Pross und Faßler (Pross 1970, S. 129; Faßler 1997, S. 147) aber auch als primäre Medien (direkter zwischenmenschlicher Kontakt), sekundäre Medien (bedürfen zur Produktion technische Mittel, nicht jedoch zur Rezeption), als tertiäre Medien (Produktion und Konsumption bedürfen technischer Mittel) sowie als quartäre Medien (Produktion und Konsumption bedürfen technischer Mittel, Medium dient aber nicht ausschließlich der massenmedialen Kommunikation oder der Mitteilungsverbreitung) fassen.

Nach diesem gängigen mehrdimensionalen Kommunikationsverständnis ist es nicht hinreichend, im Rahmen einer Bestandserhebung die gängigen analogen und digitalen Kanäle der internen Kommunikation zu fokussieren. Denn: Auch

Info-Briefe »Offene Universität – Neues aus dem Präsidium«. ▶ https://www.tu-berlin.de/menue/einrichtungen/praesidium/praesident/interne_kommunikation/#602784.

---

17   Dennoch gibt es Newsletter, die als Vorstandsbriefe betitelt sind. Das Präsidium der Technischen Universität Berlin verschickt beispielsweise regelmäßig

18   »Der Mensch – das Medium der Gesellschaft?« lautet der Titel eines soziologischen Sammelbands zu diesem Thema von Fuchs und Göbel (1984).

◘ Tab. 2.1 Übersicht potenzieller Kommunikationsanlässe für einen Letter CEO im Krankenhaus

Negative Kommunikationsanlässe	Positive Kommunikationsanlässe
Plötzliche Schadensereignisse	*Wirtschaftliche Erfolge*
Katastrophen/Pandemien	Restrukturierung
Unfall/Störfall	Gute Geschäftsergebnisse
Explosion/Brand	Reduktion von Kosten
Verbindlichkeiten	Schaffung von Arbeitsplätzen
Sabotage	Fusionen, Übernahmen
Produktions- oder dienstleistungsbezogene Probleme	*Personalthemen*
Störungen im normalen Betriebsablauf	Wechsel im Management
Anlagenausfälle	Neue Leistungsträger
Produktfehler/größere Qualitätsprobleme	Qualifizierungsmaßnahmen
Öffentliche Streitfälle mit Patienten	Auszeichnung von Innovatoren
Schadensersatzforderungen oder Rückrufaktionen	
Innerbetriebliche Auseinandersetzungen	*Strategie*
Tarifauseinandersetzungen	Strategische Repositionierung/Werte
Mitarbeiterproteste	Neues Leitbild/Markenrelaunch
Lohndebatten	Mittelfristplanung
	Neue Produkte/Geschäftseinheiten
Wirtschaftliche Verluste	*Historie*
Restrukturierungen	Gedenktage/Jubiläen
Ausgliederungen	
Buy-outs	
Fusionen	
Unternehmenskrisen	
Arbeitsplatzabbau/-verlagerungen	
Juristische Auseinandersetzungen	
Straf- und kartellrechtliche Ermittlungen	
Durchsuchungen	
Problematische Auswirkungen von Gesetzen/Auflagen	
Gravierende Managementfehler	
Imagekrisen	

Menschen sind Medien, mehr noch: Der zwischenmenschliche Diskurs bezeichnet die grundlegendste Ebene der Kommunikation im Unternehmen. Dabei muss natürlich berücksichtigt werden, dass Mitarbeiter vollkommen unterschiedliche Voraussetzungen, Ziele, Perspektiven und Einflusssphären innerhalb des Betriebs haben. Zudem gibt es ein Kontinuum der Identifikation der Mitarbeiter mit

2

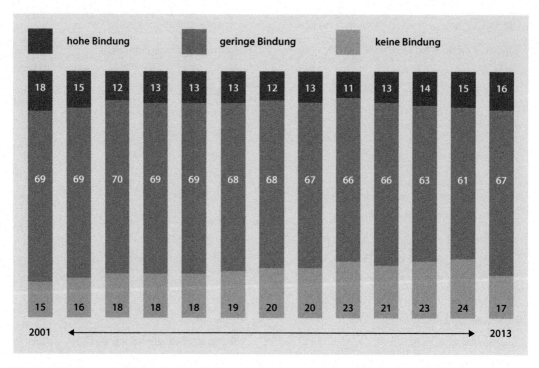

■ **Abb. 2.20**   Emotionale Bindung von Mitarbeitern an Unternehmen in Deutschland. (Quelle: Wisdorff 2014)

den Zielen des Unternehmens und der Bindung mit dem Betrieb.

Über alle Branchen hinweg hat die emotionale Bindung der Mitarbeiter von deutschen Unternehmen in den letzten Jahren stetig zugenommen (■ Abb. 2.20): Der Anteil der sogenannten inneren Kündigungen ist 2013 im Vergleich zum Vorjahr von 24 auf 17 % geschrumpft, wie beispielsweise der »Engagement Index 2013« illustriert. Die vielfältigen Initiativen in punkto Arbeitgebermarkenbildung und Investitionen in interne Kommunikation und Personalbindung der letzten Jahre zeigen offenbar einen Effekt. Gleichwohl verursachen Arbeitnehmer und Arbeitgeber, die in punkto Vision, Mission und Werte unzureichend oder gar nicht synchronisiert sind, volkswirtschaftlich nach wie vor einen enormen Verlust.

Dabei gilt, dass sich die Ziele (Bekanntheitssteigerung, Beeinflussung von Images, Einstellung und Verhaltung) und Hebel der internen Kommunikation (adäquate Information, personalisierte Unterhaltung, Bindung und Integration von bestehenden und neuen Mitarbeitenden) wiederum

wechselseitig bedingen. Wer sich als Mitarbeiter wohl und informativ eingebunden fühlt und sich mit seinem Unternehmen identifiziert, engagiert sich meist stärker als andere und prägt ein positives Betriebsklima. Auch die Bereitschaft, Veränderungsprozesse mitzutragen, ist höher als bei unmotivierten Mitarbeitern. Es ist zu erwarten, dass diese Zusammenhänge auch im Krankenhaus, in dem die einzelnen Berufsgruppen mit einem eigenen Berufsethos, getrennten Hierarchieebenen und Kollegien häufig weitgehend disparat voneinander arbeiten, analog zu anderen Branchen funktionieren und ähnliche Effekte zu beobachten sind. Tatsächlich hat Gramlich (2007, S. 9–127, hier: S. 92) in einer umfassenden empirischen Studie erstmals nachweisen können, dass die oben beschriebenen Kausalrelationen auch im Krankenhaussektor ihre volle Wirkung entfalten. Mitarbeiterbindung und Vertrauen von Krankenhausbeschäftigten in ihre Unternehmensleitung korrelieren in hohem Maße mit der Informationspolitik innerhalb des Hauses sowie der gefühlten Passgenauigkeit von eigenen Wertvorstellungen

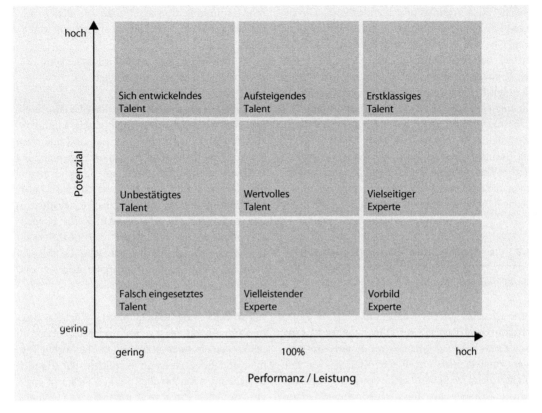

Abb. 2.21 Potenzial-Performance-Matrix.

mit dem der Einrichtung zugeschriebenen Image (Gramlich 2007, S. 107).

Allerdings ist zu beachten: Wenn Menschen als Medien der internen Kommunikation fungieren, dann wird dies nicht bei allen Personen in gleichem Maße der Fall sein. Mitarbeiter unterscheiden sich in vielen Faktoren, auch hinsichtlich ihres Potenzials und ihrer Performance, was nicht ohne Folgen für die Inhalte und Strategien der Mitarbeiterkommunikation bleiben kann: Sie muss sich daran orientieren, wie hoch der (geschätzte) Anteil talentierter und leistungsstarker Mitarbeiter und derjenigen ist, die aufgrund von mangelndem Potenzial und degressiver Motivation in ihrem Arbeitsbereich nur stagnierende oder abnehmende Leistungen zeigen (■ Abb. 2.21).

Funktionale Experten, High-Performer, Top-Talente oder talentierte Mitarbeiter mit Entwicklungsperspektiven sind die zentralen Katalysatoren organisationaler Entwicklung – auch im Kranken-

haus. Eine interne Kommunikation, die mittels Personalisierung diese »Taktgeber« und »Treiber« und deren gelungene Initiativen und Innovationen illustriert, sie selbst zu Wort kommen lässt und mit Berichterstattung belohnt, unterstreicht die im Unternehmen geltenden Wertvorstellungen und kreiert Zielmarken für die Karriereentwicklung der übrigen Mitarbeiter. Umgekehrt sollte die interne Berichterstattung auch gezielt Themen annoncieren, bei denen sich die individuelle Lebenswirklichkeit mit den Unternehmenszielen überlappt. An dieser Stelle ist im thematischen Kanon interner Kommunikation im Krankenhaus eine Sollbruchstelle eingeschrieben, denn oftmals sind die Treiber, High-Performer und Innovatoren auf den ersten Blick im ärztlichen Dienst zu verorten. Damit droht aber die zahlenmäßig größte Berufsgruppe, die Pflegenden, thematisch und personell schleichend marginalisiert zu werden, indem sie im Rahmen der hausinternen Kommunikation in vielen Fällen schlicht ausgeblendet wird. Gleichwohl hat gerade diese Berufsgruppe eine zentrale Funktion und prägt nicht zuletzt für die Patienten oftmals den letzten Eindruck, der nach dem Besuch des Krankenhauses bestehen bleibt, weil die Anzahl der täglichen Berührungspunkte des Patienten mit ihr ungleich höher ist als mit der Verwaltung oder dem Ärztlichen Dienst. Es erscheint also ratsam, die Potenzial-Performance-Matrix für alle relevanten Berufsgruppen im Krankenhaus zu verwenden und in jedem Segment nach den Leitfiguren zu suchen, die durch wort- und bildmächtiges In-Szene-Setzen eine beispielgebende Funktion erhalten.

2.9 Crossmediale Kommunikation

Dr. Mathias Brandstädter

Eine effiziente interne Kommunikation im Krankenhaus wird sich nie auf einen, sondern in der Regel stets auf einen Mix aus mindestens drei oder vier verschiedenen größeren Kanälen stützen, nicht zuletzt, weil ihre Zielgruppe aus verschiedenen Gruppen mit unterschiedlichen Mediennutzungsgewohnheiten besteht, die sie jeweils im Blick behalten muss. Sie muss also auf crossmediale Kommunikation setzen und wird zudem versuchen, die Themen der internen und externen Kommunikation weitgehend zu verschränken. Viele Themen lassen sich aus unterschiedlicher Perspektive betrachtet mit begrenztem Aufwand für mehrere Ziel- und Anspruchsgruppen parallel aufbereiten (Ingenhoff 2004, S. 48 f.). Das spart nicht nur Ressourcen im Rahmen der Themensuche und -aufbereitung, sondern synchronisiert zugleich die interne und externe Informationskaskade des Hauses.

Unterscheidet man monologische und dialogische Kanäle und Kanäle, die primär Bekanntheit, Image, Einstellung und Verhalten beeinflussen, sowie Push- und Pull-Medien, wird der Kommunikator je nach Anlass und Zielsetzung diejenigen Kanäle aus der entsprechenden Matrix wählen, die am besten auf die Mediennutzungsgewohnheiten seiner Zielgruppen abgestimmt sind und optimal mit seinen Zwecken harmonieren (◘ Abb. 2.22). Dabei entsteht für jedes Krankenhaus eine spezifische Kommunikationsarchitektur, die nicht bruchlos auf andere Einrichtungen übertragen werden sollte.

Für die Wahl der passenden Kanäle sind mindestens vier Faktoren ausschlaggebend:

Der Größe des Krankenhauses Eine Uniklinik, ein Haus der Maximalversorgung oder ein Klinikkonzern mit verschiedenen Standorten und mehreren tausend Mitarbeitern hat in punkto Wahrnehmung interner Standpunkte, Botschaftendurchdringung und Überwindung von Anonymität und Unverbindlichkeit andere kommunikative Hürden zu bewerkstelligen als eine Fachklinik für Lungenerkrankungen mit 140 Betten und 350 Mitarbeitern. Diese Häuser werden zunächst bei Medien ansetzen, die auf große Zielgruppen ausgelegt sind und Bekanntheit und Image fördern.

Die Strukturen des Krankenhauses Für die interne Kommunikation ist von zentraler Bedeutung, ob man an einem oder an mehreren Standorten Themen und Botschaften zu vermitteln hat. Handelt es sich um einen privaten Träger, vielleicht sogar mit speziellen Ertragsvorgaben, ein konfessionelles, ein freigemeinnütziges oder ein kommunales Krankenhaus?

Die unterschiedlichen Zielgruppen Zugleich gibt es für jedes Krankenhaus eine vielschichtig fragmentierte Zielgruppe: Gilt es, mit einer tarifverbundenen Mitarbeiterschaft oder zugleich mit Mitarbeitern in verschiedenen Unternehmensausgründungen zu kommunizieren? Die im Krankenhauswesen üblichen Ausgründungen von Service- und Dienstleistungsgesellschaften müssen berücksichtigt werden, denn daraus ergeben sich für die dortigen Mitarbeiter wiederum spezifische Interessenlagen und Interessenvertretungen. Zudem spielt die Diversität der Mitarbeiter eine große Rolle. Viele Kliniken beschäftigen aufgrund des Fachkräftemangels ausländisches Personal. Selbst wenn diese Mitarbeiter einschlägige Sprachkurse besucht haben, ist zu prüfen, ob und in welchem Umfang die gleichen Kanäle zur Erreichung dieser Gruppen dienlich sind. Zudem muss zwischen Mitarbeitern und leitenden Angestellten differenziert werden. Häufig ist es hilfreich, letztere informationsprivi-

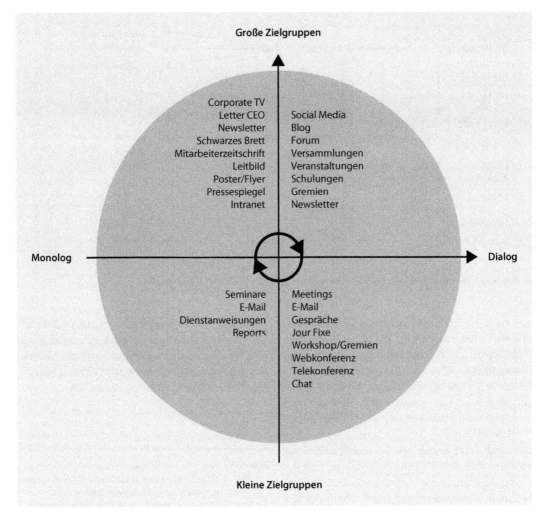

Abb. 2.22 Matrix der internen Kommunikationskanäle. (In Anlehnung an Tonnenmacher 1998)

legiert zu behandeln, was wiederum spezielle Informationskanäle voraussetzt.

Der Anlass und der Inhalt der Kommunikation Es sollten unterschiedliche Möglichkeiten für Regelkommunikation und besondere Kommunikationsanlässe geschaffen werden. Je nach Thema und Anlass müssen schnelle, bildmächtige, dialogische oder multimediale Kanäle zur Verfügung stehen. Sind neue strategische oder organisationale Ziele in den Blick genommen, steht das Haus in einzelnen Leistungsbereichen einem hohen kompetitiven Wettbewerb gegenüber oder muss sich gar mit der Frage des Fachkräftemangels auseinandersetzen

und gibt es Engpässe im operativen Bereich – hausspezifische Themen müssen speziellen Segmenten der Mitarbeiterschaft dargeboten werden.

Welche Kommunikationsarchitektur anhand dieser Kriterien auch gewählt wird, ihr Ziel ist nicht die quasi-journalistische Berichterstattung oder redaktionelle Begleitung von mehr oder weniger zufälligen Anlässen, sondern das gezielte Agenda-Setting im Sinne einer Meinungsbildnerschaft. Interne Kommunikation ist insofern eine Managementaufgabe, als ihre Ausrichtung nicht rein beschreibend, sondern immer normativ im Sinne der Vorstandsagenda ist: Interne Kommunikation berichtet also nicht, was passiert, sondern

2

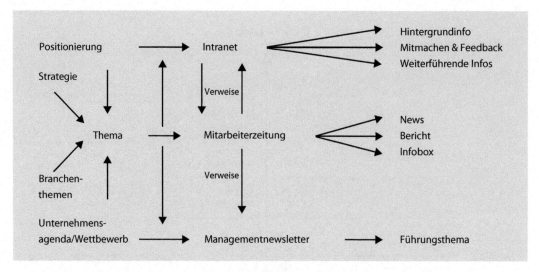

Abb. 2.23   Vernetzung der Kommunikationskanäle durch Rekurs, Verweis und Bezugnahme

was nach Maßgabe des Vorstands passieren soll, und wählt dementsprechend die passenden Kanäle und Themen aus. Ziel ist immer die Schaffung von Bekanntheit für Themen und Positionen, die nachhaltige Beeinflussung von Images, das Katalysieren entsprechender Einstellungen und die Initiierung eines entsprechenden Verhaltens bei Zielgruppen.

Referenzrahmen der internen Kommunikation sind daher immer die für das Krankenhaus gültigen strategischen Positionierungen: Leitbild, Vision, Mission, Werte. Sie beschreiben Ziele, Treiber und Arbeitsauftrag der krankenhausinternen Öffentlichkeitsarbeit. Sollten diese aber den Referenzrahmen nur unzureichend beschreiben, was in der Praxis eher die Regel als die Ausnahme bilden dürfte, müssen sie angepasst, modifiziert, erneuert oder ergänzt werden (◘ Abb. 2.23).

Aufgabe des Kommunikators ist es, durch Vernetzung der internen Medien im Laufe der Zeit einen Themenkanon aufzubauen, der sich gezielt und nachhaltig an den für das Krankenhaus wichtigen Interessenlagen und Zielsetzungen entlang arbeitet und dazu nachvollziehbare Positionen entwickelt. Durch Vernetzung der Kanäle und damit die mediengerechte Behandlung der einzelnen Themenpositionen durch wechselseitigen Verweis, Bezugnahme und Rekurs entsteht eine effektive Kommunikationsarchitektur. Auf diese Weise wird der Impact der ausgewählten Themen erhöht, wer-

den verschiedenen Rezipienten im Haus mit unterschiedlichem Vorwissen unterschiedliche Zugänge eröffnet und werden schließlich auch die Voraussetzungen geschaffen, ein einzelnes Thema herauszuheben und zum Leitthema zu machen.

Literatur

Agaplesion Bethesda Krankenhaus Wuppertal (2012) Bethesda aktuell. Mitarbeiterrundbrief Krankenhaus und Seniorenzentren. Ausgabe 2. März/April/Mai 2012

Amberg F (2013) Corporate TV: Mitarbeiter mit bewegten Bildern erreichen. In: Dörfel L (Hrsg) Instrumente und Techniken der Internen Kommunikation. Instrumente zielgereichtet einsetzen, Dialoge erfolgreich managen, Bd. 2. prismus communications GmbH, Berlin, S 315–334

Bayer AG (2014) Mitarbeiter-Fest »Wir sind Bayer«. ► http://www.bayer.de/de/mitarbeiter-fest.aspx. Zugegriffen: 12. Jan. 2015

Bergert D (2015) Bericht: Twitter stellt in Kürze native Video-Funktion vor. ► http://www.heise.de/newsticker/meldung/Bericht-Twitter-stellt-in-Kuerze-native-Video-Funktion-vor-2515325.html. Zugegriffen: 10. Jan. 2015

Buhse W (2011) Enterprise 2.0 im Management. Frischzellenkur für Unternehmen. In: Wolf F (Hrsg) Social Intranet. Kommunikation fördern. Wissen teilen. Effizient zusammenarbeiten. Carl Hanser, München, S. 89–105

Burkhardt R, Kircher L (2008) Das relevanteste Wirtschaftsmagazin der Welt. In: Dörfel L (Hrsg) Instrumente und Techniken der Internen Kommunikation. Trends, Nutzen und Wirklichkeit. prismus communications GmbH, Berlin, S 36–49

Clawien C (2008) Das Wissen zu Webressourcen im Unternehmen bündeln – Corporate Bookmarking als Bestandteil von Enterprise 2.0 in der Internen Kommunikation. In: Dörfel L (Hrsg) Instrumente und Techniken der Internen Kommunikation. Trends, Nutzen und Wirklichkeit. prismus communications GmbH. Berlin, S 141–159

Corporate Video and TV Association. Begriffsdefinition »Corporate TV«. ► http://www.ctva.de/de/corporate-tv/definition.html. Zugegriffen: 9. Jan. 2015

Daimler (2013) Mercedes-Benz Global Training. ► http://www.daimler.com/mb_gtraining/0-1046-1050476-49-1364518-1-0-0-0-0-0-0-1050476-0-0-0-0-0-0-0.html. Zugegriffen: 10. Jan. 2015

Daimler (2014) Abwesenheitsassistent »Mail on Holiday«. ► http://www.daimler.com/dccom/0-5-7153-49-1728889-1-0-0-0-0-1-8-7145-0-0-0-0-0-0-0.html. Zugegriffen: 30. Nov. 2014

Das Statistik-Portal (2014a) Schätzung zur Zahl der täglich verschickten E-Mails weltweit. ► http://de.statista.com/statistik/daten/studie/252278/umfrage/prognose-zur-zahl-der-taeglich-versendeter-e-mails-weltweit/. Zugegriffen: 30. Nov. 2014

Das Statistik-Portal (2014b) Schätzung zur Zahl der täglich verschickten E-Mails. ► http://de.statista.com/statistik/daten/studie/247225/umfrage/schaetzung-zur-zahl-der-taeglich-verschickten-e-mails/. Zugegriffen: 30. Nov. 2014

Das Statistik-Portal (2014c) Anteil der Berufstätigen, die über keine dienstliche E-Mail-Adresse verfügen in Deutschland in den Jahren 2011 und 2014. ► http://de.statista.com/statistik/daten/studie/328312/umfrage/anteil-berufstaetiger-ohne-dienstliches-e-mail-konto-in-deutschland/ Zugegriffen: 30. Nov. 2014

Das Statistik-Portal (2015) Durchschnittlicher Upload von Videomaterial bei YouTube pro Minute von 2007 bis 2013 (in Stunden). ► http://de.statista.com/statistik/daten/studie/207321/umfrage/upload-von-videomaterial-bei-youtube-pro-minute-zeitreihe/ Zugegriffen: 07. Jan. 2015

Dörfel L, Ross A (2012) Was bedeuten Social Media für die Unternehmenskultur? In: Dörfel L, Schulz T (Hrsg) Social Media in der internen Kommunikation. prismus communications GmbH, Berlin, S 113–127

Eck WA (2008) Corporate Audio: Jetzt gibt's was auf die Ohren. In: Dörfel L (Hrsg) Instrumente und Techniken der Internen Kommunikation. Trend, Nutzen und Wirklichkeit. prismus communications GmbH, Berlin, S 102–121

Escribano F (2012) Interne Kommunikation auf der Suche nach dem Unternehmenswissen. In: Dörfel L, Schulz T (Hrsg) Social Media in der internen Kommunikation. prismus communications GmbH, Berlin, S 67–111

Fachhochschule Düsseldorf (2013) Studie »Empirische Evaluation des Mitarbeiterfernsehens BAdirekt«. ► http://www.fh-duesseldorf.de/b_presse/archiv/a_2013/zeige-NewsLang?c_id=c20130201094509. Zugegriffen: 10. Jan. 2015

Faßler M (1997) Was ist Kommunikation? Eine Einführung. UTB, München, S 147

Fuchs P, Göbel A (1994) Der Mensch – das Medium der Gesellschaft. Suhrkamp, Frankfurt a. M.

Fuest B (2014) Die erste E-Mail irrte 24 Stunden durch die Server. ► http://www.welt.de/wirtschaft/article130803583/Die-erste-E-Mail-irrte-24-Stunden-durch-die-Server.html. Zugegriffen: 30. Nov. 2014

Georgsdorf B (2010) Der wirkungsvolle Einsatz von interner Kommunikation zur Verankerung von Unternehmenswerten: eine qualitative Fallstudie am Beispiel des Werteprozesses »Driving Values« der OMV Aktiengesellschaft. Facultas.wuv, Wien, S 52

Gramlich S (2007) Mitarbeiterbindung im Krankenhaus. Eine empirische Untersuchung potenzieller Determinanten. In: Eichhorn P (Hrsg) Betrifft Krankenhausmanagement: Mitarbeiterbindung, Qualitätssicherung, Prozessoptimierung und Risikosteuerung. BWV, Berlin, S 9–137

Heitmann G, Jonas J (2013) Es gilt das gesprochene Wort. Rezepturen für eine effektive persönliche Kommunikation in der Mitarbeiter- und Führungskommunikation. In: Dörfel L (Hrsg) Instrumente und Techniken der Internen Kommunikation. Instrumente zielgerichtet einsetzen, Dialoge erfolgreich managen, Bd. 2. prismus communications GmbH, Berlin, S 151–166

Ingenhoff D (2004) Corporate Issues Management in Multinationalen Unternehmen: Eine Empirische Studie zu Organisationalen Strukturen und Prozessen. VS Verlag für Sozialwissenschaften, Wiesbaden

Justus-Liebig Universität Gießen (2014) Rundmails. ► https://www.uni-giessen.de/cms/fbz/svc/hrz/svc/komm/email/rundm. Zugegriffen: 30. Nov. 2014

Jyskebank.tv (2014) Corporate TV der Jyske Bank. ► http://en.jyskebank.tv/014183790041999/outlook-2015-the-senior-strategist-looks-at-the-year-ahead. Zugegriffen: 09. Nov. 2015

Helios Kliniken. myHelios. ► https://myhelios.helios-kliniken.de/uploads/pics/myHELIOS_Kurzpraesentation.jpg. Zugegriffen: 14. Jan. 2015

Hinsen UE (2012) Corporate Radio – »Geht ins Ohr, bleibt im Kopf«. In: Dörfel L, Schulz T (Hrsg) Social Media in der internen Kommunikation. prismus communications GmbH, Berlin, S 253–281

Idstein W (2013) Mitarbeiter möchten mitmachen. Beteiligungsformate in der Internen Kommunikation. In: Dörfel L (Hrsg) Instrumente und Techniken der Internen Kommunikation. Instrumente zielgerichtet einsetzen, Dialoge erfolgreich managen, Bd. 2. prismus communications GmbH, Berlin, S 197–207

Kinter A, Ott U, Manolagas E (2009) Führungskräftekommunikation. Grundlagen, Instrumente, Erfolgsfaktoren. Das Umsetzungsbuch. F.A.Z. – Institut für Management-, Markt- und Medieninformationen GmbH, Frankfurt a. M.

Kliniken Essen-Mitte (2013) KEM »What a feeling«-Party (2013) ► https://www.youtube.com/watch?v=XOszow-2gcg. Zugegriffen: 12. Jan. 2015

Kranich D (1997) Desinvestition und interne Kommunikation. München: Diplomica Verlag GmbH, S 37. ► http://www.diplom.de/e-book/217269/desinvestition-und-interne-kommunikation. Zugegriffen: 30. Nov. 2014

Luhmann N (1999) Die Unwahrscheinlichkeit der Kommunikation (1981). In: Pias C (Hrsg) Kursbuch Medienkultur. München, DVA, S 58

Lüthy A, Buchmann U (2009) Marketing als Strategie im Krankenhaus. Patienten- und Kundenorientierung erfolgreich umsetzen. Kohlhammer, Stuttgart

Mänken EW (2009) Mitarbeiterzeitschriften noch besser machen. Kritik und Ratschläge aus der Praxis für die Praxis, 2., durchgesehene Aufl. VS GWV, Wiesbaden

Mast C (2000) ABC des Journalismus. Ein Leitfaden für die Redaktionsarbeit, 9., überarbeitete Aufl. UVK Medien Verlagsgesellschaft mbH, Konstanz

Mast C (2013) Unternehmenskommunikation, 5., überarbeitete Aufl. UVK Verlagsgesellschaft mbH, Konstanz

Marienhaus Unternehmensgruppe (2015) Marienhaus Echo 1/2015. ► http://www.marienhaus.de/uploads/tx_dgmarienhaus/Web_ECHO_1_15.pdf. Zugegriffen: 19. Jan. 2015

Mercedes-Benz (2013) About Akubis. ► http://www.akubis.de/?lang=de#. Zugegriffen: 10. Jan. 2015

Mühlacker Tagblatt (2013) klinik.aktuell – das Patienten- und Mitarbeitermagazin der Enzkreis-Kliniken. ► http://muehlacker-tagblatt.de/dossiers/in-eigener-sache/klinik-aktuell-das-patienten-und-mitarbeitermagazin-der-enzkreis-kliniken/. Zugegriffen: 17. Jan. 2015

Nitz O (2008) E-Mails in der Internen Kommunikation. In: Dörfel L (Hrsg) Instrumente und Techniken der Internen Kommunikation. Trend, Nutzen und Wirklichkeit. prismus GmbH, Berlin, S 50–62

Ortenau-Klinikum (2014) OK plus. Mitarbeiterzeitschrift Ortenau Klinikum. Nr. 40, Oktober 2014. ► http://www.ortenau-klinikum.de/fileadmin/ ► www.ortenau-klinikum.de/user_upload/1.7_Mitarbeit_und_Karriere/OK-Plus/Ortenau_OKPlus_40_web.pdf. Zugegriffen: 19. Jan. 2015

Präsidium Berlin. Info-Briefe »Offene Universität – Neues aus dem Präsidium«. ► https://www.tu-berlin.de/menue/einrichtungen/praesidium/praesident/interne_kommunikation/#602784. Zugegriffen: 19. Jan. 2015

Pross H (1970) Publizistik: Thesen zu einem Grundcolloquium. Luchterhand, Neuwied, S 129

Puschkin A (2013) Many-to-One. Ein zukunftsweisender Trend für die Interne Kommunikation. In: Dörfel L (Hrsg) Instrumente und Techniken der Internen Kommunikation. Instrumente zielgereichtet einsetzen, Dialoge erfolgreich managen, Bd. 2. prismus communications GmbH, Berlin, S 269–278

Sana Kliniken Berlin-Brandenburg (2014) 360° Die Mitarbeiterzeitung der Sana Kliniken Berlin-Brandenburg. Ausgabe 3/2014. ► http://www.sana-hu.de/uploads/tx_templavoila/360_SBB_2014_3.pdf. Zugegriffen: 19. Jan. 2015

Schönefeld F (2011) Social Intranet. Die neue Rolle des Intranets für den digitalen Arbeitsplatz. In: Wolf F (Hrsg) Social Intranet. Kommunikation fördern. Wissen teilen. Effizient zusammenarbeiten. Carl Hanser, München, S 15–39

Springer Gabler Verlag (Hrsg) Gabler Wirtschaftslexikon, Stichwort: Schwarzes Brett. ► http://wirtschaftslexikon.gabler.de/Archiv/75923/schwarzes-brett-v10.html Zugegriffen: 28. Nov. 2014

Technische Universität Kaiserslautern (2014) Verfassen von Rundmails ► https://www.rhrk.uni-kl.de/internetdienste/email/rundmail. Zugegriffen: 30. Nov. 2014

The Radicati Group (2014) E-Mail Statistik 2014 bis 2018. ► http://www.radicati.com/wp/wp-content/uploads/2014/01/Email-Statistics-Report-2014-2018-Executive-Summary.pdf. Zugegriffen: 30. Nov. 2014

Tonnenmacher J (1998) Mitarbeiterkommunikation. In: Merten K, Zimmermann R (Hrsg) Das Handbuch der Unternehmenskommunikation. Luchterhand, Darmstadt, S 99–105

Ullrich TW (2008) Paradigmenwechsel der Unternehmenskommunikation – Marketing, Public Relations, Web 2.0 oder Leistungsversprechen, Vertrauensbildung, Authentizität. ► http://www.webosoph.de/category/internet_social_media/page/3/ Zugegriffen: 14. Jan. 2015

Ullrich T, Brandstädter M (2015) Krisenkommunikation. Grundlagen und Praxis: eine Einführung mit ergänzender Fallstudie am Beispiel Krankenhaus. Kohlhammer, Stuttgart

Universität Hildesheim (2014) Richtlinien für den Versand von Rundmails im PWA. ► http://www.uni-hildesheim.de/ueber-uns/organisation/stabsstellen-im-praesidium/cio/richtlinien-fuer-den-versand-von-rundmails-im-pwa/ Zugegriffen: 30. Nov. 2014

Universität Koblenz Landau (2013) Rundmail. ► http://www.uni-koblenz-landau.de/de/landau/rz-landau/Infos-mitarb/e-mail/rundmail/rundmail2. Zugegriffen: 30. Nov. 2014

Universitätsmedizin Greifswald (2014) Mitarbeiterzeitung 1/2014 ITS-Pflege: Eine ganz andere Welt. ► http://www..medizin.uni-greifswald.de/fileadmin/user_upload/presse/mitarbeiterzeitung/FlippingBooks/Mitarbeiterzeitung_1_2014/#/16/. Zugegriffen: 19. Jan. 2015

Viedebantt K (2005) Mitarbeiterzeitschriften. Inhalt, Konzeption, Gestaltung. F.A.Z.-Institut für Management-, Markt- und Medieninformationen GmbH, Frankfurt a. M.

Vilsmeier G (2013) Das Medium ist die Nachricht. Passen Printmedien noch in unsere Zeit? In: Dörfel L (Hrsg) Instrumente und Techniken der Internen Kommunikation. Instrumente zielgereichtet einsetzen, Dialoge erfolgreich managen, Bd. 2. prismus communications GmbH, Berlin, S 185–196

Vivantes (2011) 10 Jahre Vivantes … Das große Mitarbeiterfest. ► https://www.youtube.com/watch?v=VqcVb5o2C4w. Zugegriffen: 10. Jan. 2015

Wagner K (2013) Want a Retweet? Include a Photo. ▶ http://
mashable.com/2013/10/07/retweet-photo/. Zugegriffen:
10. Jan. 2015

Wailand G, Pürer H (1996) Journalistische Tätigkeiten in der
Zeitung. In: Pürer H (Hrsg) Praktischer Journalismus in
Zeitung, Radio und Fernsehen, 2., überarbeitete und
erweiterte Auflage. UVK Medien Verlagsgesellschaft
mbH, Konstanz

Watzlawick P, Beavin JH, Jackson DD (1969) Menschliche
Kommunikation. Huber, Bern

Webosoph.de (2012) Kein Enterprise 2.0. Warum Social Media
in Unternehmen nicht funktioniert. ▶ http://www.
webosoph.de/2012/10/03/kein-enterprise-2-0-warum-
social-media-in-unternehmen-nicht-funktioniert/.
Zugegriffen: 8. Jan. 2014

West4Media (2015) Trendstudie Corporate TV 2014. Einsatz
von Bewegtbild in der Unternehmenskommunikation.
▶ http://www.west4media.com/corporate-tv. Zugegriffen: 10. Jan. 2015

Wisdorff F (2014) Innere Kündigung kostet Wirtschaft
118 Mrd. Die WELT vom 31.03.2014 ▶ http://www.welt.de/
wirtschaft/article126409764/Innere-Kuendigung-kostet-
Wirtschaft-118-Milliarden.html. Zugegriffen: 19. Jan. 2015

Instrumente

Mathias Brandstädter

M. Brandstädter et al., *Interne Kommunikation im Krankenhaus,* Erfolgskonzepte Praxis- &
Krankenhaus-Management, DOI 10.1007/978-3-662-45154-0_3, © Springer-Verlag Berlin Heidelberg 2016

3.1   Leitbild

Leitbilder zeichnet eine eigentümliche Unschärfe-relation aus. Sie sind meist omnipräsent, finden sich auf der Homepage des Krankenhauses, im Intranet, in den Papieren, die jeder Mitarbeiter zur Einstellung ausgehändigt bekommt, sowie bisweilen sogar in gerahmter Form an der Wand des Foyers. Doch damit ist nicht gesagt, dass sie wahrgenommen werden, überzeugungsbildend wirken oder sogar ein konformes Verhalten auslösen. Denn trotz ihrer hohen Präsenz wird ihnen von Seiten vieler Mitarbeiter mangelnde Verbindlichkeit und praktische Irrelevanz attestiert. Leitbilddiskussionen werden, so scheint es, bisweilen sogar ungern geführt; sie gelten als bigott, wenig authentisch oder schlicht enervierend. Sie bewegen sich, so der Standardeinwand (Steinmann und Schreyögg 2005), zu weit weg von der Realität des täglichen Arbeitslebens in den Höhen idealisierter Abstraktionen und gehen an den Kernproblemen des Unternehmens meilenweit vorbei. Dieser Einwand spricht indes nicht gegen das Instrument des Leitbilds als solches, sondern vor allem gegen den gegenwärtigen Standard und das Niveau vieler Unternehmensleitbilder in der Praxis. Häufig sind diese in der Tat nur tautologische Aneinanderreihungen von Präferenzen und Idealzuständen, meist in würdevollem Duktus vorgetragen, als ginge es darum, der Nachwelt zu demonstrieren, welch hehrem Anspruch das Krankenhaus gerecht zu werden vermochte. Aber was ließe sich auf diesen pragmatischen Vorwurf entgegnen?

Es gibt zwei Argumente, die als Replik zu diesem Vorwurf geeignet sind: Erstens sind Unternehmensleitbilder ihrem Selbstverständnis nach keine Sachstandsbeschreibungen (Bleicher 1994; Matje 1996; Knassmüller 2005; Pfriem 2011; Losch 2011), sondern eine mehr oder weniger explizit formulierte Zielbeschreibung für das Unternehmen, kurz: ein Identitätsentwurf. Wer einem Krankenhaus (oder einem Unternehmen überhaupt) vorwirft, ihr Leitbild sei noch nicht in allen Facetten verwirklicht, verkennt schlicht den normativen Status desselben – es beschreibt, was sein soll, nicht, was ist. So zu argumentieren, ist vergleichbar mit einem jungen Arbeitnehmer, der bereits mit Ende zwanzig auf die Ausschüttung seiner Rentenzahlungen besteht, weil sie im gesellschaftlichen Sozialvertrag avisiert sind. Ein Leitbild gibt Auskunft über das Selbstverständnis, die Grundprinzipien und Werte eines Hauses – nicht mehr, aber auch nicht weniger.

Zweitens wäre aber zu fragen, was von einem Krankenhaus zu halten wäre, das auf die Frage, welche Aufgaben und Ziele es verfolgt und wie es diese zu erreichen gedenkt, gar keine Antwort hätte. Was als Gedankenspiel und rhetorische Frage nur kurios oder unausgegoren anmutet, wird für jede interne Kommunikation schnell zum Problem. Ohne Leitbild, ohne Zielvorgaben und basalen Standard eines Corporate Behaviour droht die Unternehmenskommunikation, ihr Gesamtziel einer Corporate Identity komplett aus den Augen zu verlieren und der schieren Beliebigkeit Vorschub zu leisten. Aber auch die interne Kommunikation steht vor dem Problem, dass sie ohne konkrete Zielvorgabe und Positionierung gewissermaßen im Blindflug arbeiten muss und im Zweifelsfall nicht mehr als bloße quasi-journalistische Anlassberichterstattung über Neuigkeiten und Jubiläen forcieren kann (◯ Abb. 3.1).

Die Kritik von Steinmann und Schreyögg (2005) zielt auf einen richtigen Aspekt, trifft nur die falschen Schlussfolgerungen. In der Tat sind die Positionspapiere vieler Krankenhäuser nicht nur zum Zweck einer Referenzgebung für die Organisationsentwicklung und Binnenkommunikation entstanden, sondern gleichen in Form und Umfang – analog zu einer Verfassung oder Rechtsordnung – eher einer umfassenden Herleitung und Geschichtsschreibung, die oftmals auch einen weltanschaulichen oder religiösen Kontext bemühen, um die Institution lokal, zeitlich und gesellschaftlich wortreich zu fundieren. Derlei Herleitungen sind sicherlich informativ und im Einzelfall auch lesenswert oder lehrreich, verfehlen aber mit dieser Materialfülle ihren eigentlich Zweck als normierende Richtschnur.

Wie unterschiedlich diese Positionierungsversuche ausfallen, zeigt schon ein kurzer Streifzug durch die Homepages verschiedener Kliniken: Die St. Franziskus-Stiftung Münster hat beispielsweise ein achtzigseitiges Dokument eingestellt, das ein

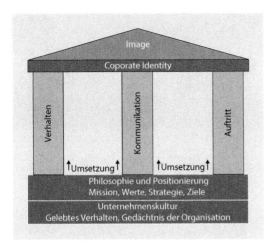

Abb. 3.1 Funktion des Leitbildes als strategische Positionierung des Unternehmens

weiten Bogen vom religiösen Selbstverständnis über die Dienstgemeinschaft bis zu den Facetten des Unternehmens und des Umfelds der Stiftung spannt.[1] Das Leitbild der Uniklinik Bonn umfasst auch nicht weniger als 36 PDF-Seiten[2], um Aufgaben und Zielsetzungen des Hauses zu beschreiben. Umgekehrt benötigt das Leitbild der AGAPLESION gAG, eines konfessionellen Klinikkonzerns mit rund 20.000 Mitarbeitern, hingegen nur ganze drei Seiten, kommt dabei mit rund 400 Wörtern aus, um das eigene Selbstverständnis zu beschreiben. Der Klinikkonzern HELIOS verwendet den Begriff des Leitbildes schließlich gar nicht mehr, sondern spricht konsequenterweise direkt von einer Zielmatrix, die in kompakter Explikation auf Patientennutzen, Wissen, Wirtschaftlichkeit und Wachstum abhebt.

Es ist zu betonen, dass die Länge und der Umfang nicht automatisch ein Synonym für begriffliche Unschärfe von Unternehmensleitbildern sein muss, auch wenn das in der Praxis tatsächlich häufig der Fall ist. Auch ein längeres Positionspapier kann seinen Zweck prinzipiell erfüllen, vor allem

wenn es unter Einbeziehung der Mitarbeiter entstanden und entsprechend partizipativ verankert wurde. Es wird aber nur dann ein Corporate Behaviour, also die tatsächlich im Sinne der Wertvorstellungen des Krankenhauses angeleiteten Verhaltensweisen, unterfüttern, wenn es seine Ziele und den Wertekanon den Mitarbeitern gegenüber wirklich zu konkretisieren versteht (☐ Abb. 3.2).

Gütekriterium für ein Unternehmensleitbild ist demzufolge die Operationalisierbarkeit der annoncierten Normen und Zielsetzungen. Lassen sich diese nicht in alltägliche Zusammenhänge und eingängige Formulierungen übersetzen, sind die Werte und Ziele nicht kontrollierbar und deren praktische Implementierung seitens der Mitarbeiter und Kunden im Alltag nicht erfahrbar, bleibt es stumpfe Absichtserklärung, deren Kontrast zu den realen Vorgängen beim Mitarbeiter eher unangenehm aufstößt, als nachhaltig zu motivieren.

Wenn das Leitbild oder die Positionspapiere diesem Zweck aufgrund der inhaltlichen Ausrichtung oder sprachlichen Fixierung nicht dienen können oder eine Positionierung schlicht nicht vorhanden ist, muss diese entwickelt werden. Kein Leitbild zu haben, bedeutet nämlich nicht, keine Unternehmenskultur oder Wertvorstellungen vorzufinden, sondern lediglich, dass diese individuellen Geschmacksvorlieben und situativen Einflüsse innerhalb des Unternehmens und damit der freien Entwicklung überlassen worden sind und nur unzureichend reguliert wurden. Jedes Vorhaben des Vorstands (etwa: Wachstum, neue strategische Ausrichtung, Umstrukturierungen, Ertragssteigerungen, Generationswechsel, Akquisitionen, Fusionen, zentrale Projekte) muss erst den Filter der Unternehmenskultur innerhalb des Krankenhauses durchlaufen. Dort wird es, je nach Passgenauigkeit und Harmonisierungsgrad mit den tatsächlichen vorhandenen Werten und Präferenzen der Mitarbeiter, ein spezielles Verhalten hervorrufen, das wahlweise zwischen Begeisterung, Unterstützung, Allianzbildung und Kooperation oder Desinteresse, Ablehnung, Intrigen und Widerstand schwingt. Die Betriebskultur innerhalb des Krankenhauses ist also Filter und Transmissionsriemen für alle Projekte und Entwicklungen; hier wird oftmals über Erfolg und Misserfolg eines Hauses oder einzelner Projekte entschieden.

1 ▶ http://www.sfh-muenster.de/fileadmin/daten/mandanten/sfm/QM/Leitbild_2010.pdf.
2 ▶ http://www.ukb.uni-bonn.de/42256BC8002B7FC1/vwLookupDownloads/UKB_Leitbild_2011.pdf/$FILE/UKB_Leitbild_2011.pdf.

3

UNSER AUFTRAG

Menschen sind im biblischen Sinne Ebenbild Gottes. Deshalb stehen für uns der unendliche Wert und die unantastbare Würde jedes Menschen im Mittelpunkt.

Wir achten jeden Menschen in seiner Einheit von Körper, Seele und Geist. Seine Hoffnungen und Ängste, seine Lebenshaltung und seine spirituellen Bedürfnisse nehmen wir ebenso ernst wie seine körperlichen Leiden.

Gottes Liebe befähigt uns zur Nächstenliebe. Der Satz »Liebe den Nächsten« fasst das Wirken und die Botschaft Jesu zusammen (Matthäus 5, 43 u. 22, 39, vgl. 3. Mose 19, 18). Dieser Auftrag ist in unserem Namen AGAPLESION enthalten.

In dieser Liebe hat Jesus Christus Kranke geheilt und dies auch denen aufgetragen, die zu ihm gehören. Medizin und Pflege in unseren Einrichtungen haben daher das Ziel, Leben zu erhalten, Krankheiten zu heilen, Gesundheit zu fördern, Leiden zu lindern und Menschen im Sterben zu begleiten. Selbstständigkeit und Selbstbestimmung zu bewahren und zu respektieren, ist uns dabei ein wichtiges Anliegen.

UNSERE VISION

AGAPLESION macht christliche Nächstenliebe erlebbar.

UNSERE MISSION

Als christlicher Gesundheitskonzern behandelt und betreut AGAPLESION Menschen in allen Lebensphasen. Unsere Werte sind im christlichen Glauben begründet. Sie sind die Basis unseres Handelns. Wir verbinden sie mit Exzellenz in Medizin und Pflege sowie einem verantwortungsvollen Management. Mit der Stärke und Verbindlichkeit eines Konzerns bieten wir unseren Einrichtungen eine sichere Zukunft.

UNSERE SECHS KERNWERTE

Unter NÄCHSTENLIEBE verstehen wir jedem Menschen hilfsbereit zu begegnen, unabhängig von seiner körperlichen und seelischen Verfassung, Weltanschauung, Religionszugehörigkeit, Herkunft, seinem Status und Geschlecht. Die Haltung der Nächstenliebe ist in unserem christlichen Glauben begründet.

Unter WERTSCHÄTZUNG verstehen wir eine positive Grundhaltung, Respekt und Vertrauen gegenüber jedem Menschen als Ebenbild Gottes.

Unter VERANTWORTUNG verstehen wir den bewussten und achtsamen Umgang mit den uns anvertrauten Menschen und Ressourcen.

Unter TRANSPARENZ verstehen wir die verständliche und zeitgerechte Weitergabe relevanter Informationen.

Unter PROFESSIONALITÄT verstehen wir den Einsatz hoher fachlicher, sozialer und diakonischer Kompetenz.

Unter WIRTSCHAFTLICHKEIT verstehen wir den zielgerichteten und wirksamen Einsatz der Ressourcen zum langfristigen Erhalt unserer Einrichtungen.

Vision, Mission und Kernwerte geben uns Orientierung. Wir kennen das übergeordnete Ziel, identifizieren uns mit unserem Auftrag als christlicher Gesundheitsdienstleister und mit den Wertmaßstäben, nach denen wir handeln.

Die verbindliche Umsetzung im Alltag wird durch die AGAPLESION Führungs- und Verhaltensgrundsätze unterstützt. Diese konkretisieren sowohl unser im Leitbild beschriebenes Selbstverständnis als auch die an uns gerichteten Erwartungen bezüglich unserer Einstellungen und Verhaltensweisen gegenüber Patienten, Bewohnern und Angehörigen sowie im Umgang miteinander.

□ Abb. 3.2   a, b, c Unternehmensleitbild der AGAPLESION gAG, der Uniklinik RWTH Aachen und der Helios Kliniken. (► http://www.agaplesion.de/fileadmin/agaplesion/Leitbild/Agaplesion_Leitbild_web.pdf, ► http://www.ukaachen. de/uniklinik-rwth-aachen/unser-leitbild.html, ► http://www.helios-kliniken.de/ueber-helios/strategie/ziele.html (Zugriff am 19.01.2015))

UNIKLINIK
RWTHAACHEN

Unser Leitbild

Wer wir sind

Wir heilen.
Als universitärer Maximalversorger bieten wir an der Uniklinik RWTH Aachen Spitzenmedizin mit menschlichem Gesicht. Die Bündelung von Krankenversorgung, Forschung und Lehre unter einem Dach ermöglicht uns einen intensiven interdisziplinären Austausch und eine enge klinische und wissenschaftliche Vernetzung.

Wir forschen.
Wir fördern das Verstehen von Krankheit, entwickeln daraus Fortschritte in Diagnostik und Therapie und schaffen damit Innovationen von überregionaler Bedeutung.

Wir lehren.
Wir sorgen für kompetenten Nachwuchs in Medizin und Pflege. Als größter Arbeitgeber der Region bilden wir aus und weiter und wollen die Fähigkeiten und den Wissensstand der Menschen, die bei uns arbeiten und uns somit anvertraut sind, stetig verbessern.

Was uns antreibt

Wir stehen kranken Menschen zur Seite.
Maßstab unseres Handelns sind menschliche Zuwendung, Wertschätzung und Verbindlichkeit. So tragen wir alle mit unseren Aufgaben als Teil des Ganzen zum Erfolg bei.

Wir entwickeln die Medizin von morgen.
Kooperation und interdisziplinäre Zusammenarbeit sind unser Motor für medizinischen und wissenschaftlichen Fortschritt. In allen Berufsgruppen bauen wir gemeinsam unsere fachlichen Kompetenzen aus.

Wir denken nachhaltig.
Wir handeln wirtschaftlich und investieren in unsere Mitarbeitenden und unsere Uniklinik, denn so können wir unseren Auftrag dauerhaft erfüllen. Weil wir gut und besser als unsere Wettbewerber sein wollen, unterstützen wir wissenschaftliche Spitzenleistungen und fördern konsequent den Nachwuchs sowie lebenslanges Lernen.

Wohin wir wollen

Wir wollen ein internationaler Schrittmacher für moderne, ganzheitliche Medizin sein – jetzt und in Zukunft.
Durch das Weitergeben von Innovation und Wissen bieten wir unseren Patienten eine Versorgung auf Basis modernster Diagnostik- und Therapieverfahren und nach höchsten Qualitätsstandards. Im Zentrum unseres Denkens und Handelns, im Umgang miteinander und mit unseren Patienten steht für uns immer der Dienst am Menschen.

Wie wir unsere Ziele erreichen

Um unsere Ziele zu erreichen, definieren wir feste Standards.
Wir fordern diese im Umgang untereinander und mit unseren Patienten ein und fördern diejenigen, die sie im Arbeitsalltag unter Beweis stellen.

Empathie
Wir stellen unser Denken und Handeln auf unser Gegenüber ein und erwägen, was unser Tun für andere bedeutet – für unsere Kolleginnen und Kollegen und unsere Patienten.

Transparenz
Unser Handeln ist nachvollziehbar. Durch Informationsaustausch auf allen Ebenen erfahren wir unsere Arbeit als Teil des Ganzen.

Faktenbasierung
Wir verständigen uns auf der Basis objektiver Sachverhalte.

Schnelligkeit
Wir treiben die Entwicklungen, statt von ihnen getrieben zu werden.

Persönliche Verantwortung
Wir delegieren unsere persönliche Verantwortung nicht und stehen zu unseren Entscheidungen. Jede Führungskraft entscheidet und handelt stets als Vorbild.

Effizienz durch gemeinsames Handeln
Wir erreichen unsere Ziele gemeinsam und unterstützen uns auf dem Weg dorthin.

Qualität
Wir wollen Qualität in Struktur, Prozess und Ergebnis und sind offen für Kritik.

◘ **Abb. 3.2** Fortsetzung

Patientennutzen	Wissen
Steigerung Parientennutzen und Qualitätsführung	Ausbau HELIOS zum Wissenskonzern
Nachhaltige Sicherung und Entwicklung der Kliniken	Selektives Wachstum und Stärkung der Marktposition
Wirtschaftlichkeit	Wachstum

◘ Abb. 3.2   Fortsetzung

Unternehmenskultur zu regulieren oder zu modifizieren, bedarf Zeit, sorgfältiger Analysen und einer speziellen Schrittfolge:

1. Zunächst sollte die vorhandene Kultur möglichst detailliert diagnostiziert werden. Welche Stärken, welche Schwächen zeichnen das Haus aus Sicht der Mitarbeiter aus. Welchen Auftrag verfolgt die Klinik, wo sieht man sie in fünf oder in zehn Jahren? Ist der Umgang der Kollegen untereinander und seitens der Führung professionell, wertschätzend, transparent und empathisch oder ist das Gegenteil der Fall? Diese Diagnostik geschieht wahlweise durch Mitarbeiterbefragungen (vgl. ferner Borg 2003, Deitering 2006, Geuenich (2008)), strukturierte Einzelgespräche oder Workshops mit Mitarbeitern, welche die statische Grundgesamtheit des Hauses (jung vs. alt, weiblich vs. männlich, leitende vs. einfache Mitarbeiter etc.) widerspiegeln.

2. Dann gilt es, die Zielkultur des Hauses zu definieren. Hier können prinzipiell Top-down- (Vorstand gibt den strategischen »Leitstern« und die Unternehmenswerte vor), Bottom-up- (Zielkultur orientiert sich primär an den kumulierten Aussagen oder Präferenzen der Mitarbeiter) oder Mischverfahren (»top-down-bottom-up« – Vorstand vermittelt einen Rahmen, der durch Mitarbeiter angereichert wird) unterschieden werden. Es ist aber in jedem Fall sinnvoll, einen partizipativen Effekt seitens der Mitarbeiterschaft einzukalkulieren, um die Akzeptanz des Leitbildes zu erhöhen und seine Einführung zu erleichtern. Um-gekehrt ist es aber auch schwierig, bei reinen quasi-demokratischen Bottom-up-Ansätzen die oftmals divergierenden Vorstellungen über Ziel, Vision, Mission und Werte des Krankenhauses in ein stimmungsvolles Ganzes zu übertragen – nicht zuletzt deshalb, weil manchen Mitarbeitern die wirtschaftlichen Kalkulationszwänge und Wachstumsdiktate oftmals nicht in vollem Umfang bewusst sind. Umgekehrt besteht beim Management bisweilen nicht das Bewusstsein über die alltäglichen Nöte und Herausforderungen der Mitarbeiter.

3. Drittens bedarf die Etablierung der Unternehmensphilosophie im Krankenhaus einer langfristigen Entwicklung und eines Dreiklangs aus Bekanntheit (Stärkung der regelmäßige Aufmerksamkeit durch kontinuierliche Kommunikation der Inhalte und der damit korrespondierenden Projekte und Initiativen), Unterstreichen der Vorbildfunktion (Vorbildfunktion der Führungskräfte stärken, Glaubwürdigkeit durch deren leitbildkonformes Verhalten erzeugen, passgenaue Führungsgrundsätze entwickeln) sowie der Integration ins Tagesgeschäft (Integration in Steuerungsinstrumente und Anpassung der alltäglichen Belohnungssysteme).

4. Um abzuschätzen, ob und inwieweit sich die neue Zielvorgabe kulturell hat implementieren lassen, ist es hilfreich, die Diagnostik der vorhandenen Kultur nach einem Zeitraum von ein bis drei Jahren noch einmal zu wiederholen, um auf diese Weise auch diachrone Veränderungen und Verläufe nachzuvollziehen und gegebenenfalls nachzusteuern (◘ Abb. 3.3).

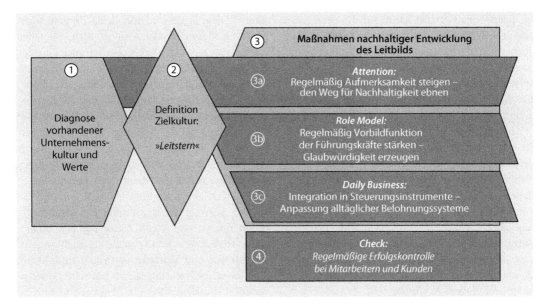

Innerhalb der Abbildung:

① Diagnose vorhandener Unternehmenskultur und Werte

② Definition Zielkultur: »Leitstern«

③ Maßnahmen nachhaltiger Entwicklung des Leitbilds

③a *Attention:* Regelmäßig Aufmerksamkeit steigen – den Weg für Nachhaltigkeit ebnen

③b *Role Model:* Regelmäßig Vorbildfunktion der Führungskräfte stärken – Glaubwürdigkeit erzeugen

③c *Daily Business:* Integration in Steuerungsinstrumente – Anpassung alltäglicher Belohnungssysteme

④ *Check:* Regelmäßige Erfolgskontrolle bei Mitarbeitern und Kunden

◘ **Abb. 3.3**   Schematische Implementierung einer strategischen Positionierung im Krankenhaus

3.2 Themen

Dass Themen für die externe Kommunikation als sogenannte strategische Issues eine zentrale Bedeutung haben, gehört mittlerweile zum Common Sense der Unternehmenskommunikation. Kaum ein PR-Fachmann wird in bloßer Beliebigkeit alle Presseanfragen unter Aufbietung des gleichen Aufwands beantworten oder mit der gleichen Verve alle Vorschläge, die an ihn intern zur Kommunikation nach außen herangetragen werden, aufgreifen und an die Medien weiterreichen oder im Produktmarketing paritätisch verwerten. Er wird sich in aller Regel an den Schwerpunktsetzungen orientieren (auch orientieren müssen, da seine Budgetvorgaben automatisch monetäre Grenzen setzen), die er mit seiner Abteilung oder dem Vorstand selbst vereinbart hat.

Wie sähe also die analoge Vorgehensweise in der internen Kommunikation aus? Schließt der Begriff des strategischen Issues auch die Dimension der krankenhausinternen Öffentlichkeitsarbeit ein? Gibt es also so etwas wie Issue Management für interne Ziel- und Anspruchsgruppen? Dazu ist zu klären, was unter einem strategischen Issue verstanden werden soll. Ein Thema selbst ist zu nächst nicht mehr als der abstrakte Gegenstand von Rede oder Denken. Die Menge der Themen ist per se unendlich.[3] Ein Unternehmen kann sich sowohl intern als auch extern nicht jedem Thema, das im Rahmen des Geschäftsfeldes oder der Wertschöpfungskette eine Rolle spielt, mit demselben Elan und entsprechendem Einsatz personeller und finanzieller Ressourcen widmen. Unabhängig vom Typus des Krankenhauses wird man sagen können, dass für jedes strategische Issue im Sinne einer notwendigen Bedingung die Kriterien des Organisationsbezugs, der Potenzial- oder Konfliktträchtigkeit für mindestens eine Teilöffentlichkeit der Organisation sowie ein wie auch immer geartetes hausinternes öffentliches Interesse erfüllt sein müssen. Diese Bemerkungen sind nicht trivial, da es eine Vielzahl von scheinbar relevanten Themen

---

3   Vgl. zum Folgenden Brandstädter (2015). Dort wird ein strategisches Issues im Rahmen der prophylaktischen Krisenkommunikation wie folgt definiert: »Ein strategisches Issue ist demnach ein Sachverhalt oder ein Ereignis, welches das bestehende Unternehmens- oder Produktimage bei den wirtschaftlich relevanten Teilöffentlichkeiten dergestalt verändern könnte, dass diese (merklich) Vertrauen zu dem Unternehmen bzw. dem Produkt verlieren oder gewinnen.«

3

im Krankenhaus geben kann, auf die eben nicht alle drei Bedingungen zutreffen und die insofern auch nicht Gegenstand der Kommunikation im engeren Sinne sein können. Ein Thema kann beispielsweise potenzialträchtig sein, sich aber nicht für die mediale oder öffentliche Auseinandersetzung eignen.

Ingenhoff (2004, S. 41 f.) hat vor rund einem Jahrzehnt bereits die kursierenden Explikationsversuche des Begriffs Issue geclustert und in zwei Gruppen geteilt: Kommunikationswissenschaftliche Ansätze fassen strategische Issues demnach vornehmlich als ein Phänomen, einen Anlass öffentlicher Chancen/Kontroversen auf, betriebswirtschaftliche Definitionsversuche explizieren den strategierelevanten Impact des Themas und dessen Potenzial, die Unternehmensleistung monetär beeinflussen zu können.

Strategische Issues beherbergen also wahlweise Potenzial für ein Krankenhaus oder können – in externer Sicht und mit negativen Vorzeichen – Imagekrisen verursachen und katalysieren, sie können also Vertrauensprozesse unterminieren oder eben initiieren. Die Zuschreibung von Verantwortung für den Sachverhalt ist dafür ebenso notwendig wie ein Interesse und die mediale Vermittlungsfähigkeit. Das bedeutet, dass die Disziplin des Issues Managements, als ein methodisch angeleitetes Verfahren kommunikativer Vorsorge, das auf Basis der systematischen Identifikation, Analyse und Beobachtung der Umwelt der Unternehmens, Bewertungen über Issues und die damit verbundene Meinungsbildung von (Teil-)Öffentlichkeiten liefert, natürlich auch in der internen Kommunikation seine volle Anwendung finden muss. Ziel ist es, potenzielle interne und externe Krisensituationen oder Sollbruchstellen rechtzeitig zu antizipieren, aber vor allem auch Chancen und Potenziale in der hausinternen Kommunikation im Sinne der Unternehmensphilosophie und -programmatik effektiv zu nutzen und Einstellungen und Verhalten zu beeinflussen. Die Issues sollten dabei aus den Strategiepapieren ableitbar und kohärent zu ihnen sein, dennoch ist die Menge der Issues für jedes Krankenhaus entsprechend groß. Wie lassen sich nun zu Beginn des Prozesses die relevanten Issues aus dem Strom der großen und kleinen Themen und Ereignisse

filtern? Diese Frage wird von vielen Untersuchungen ausgeklammert, dabei ist sie nicht nur alles andere als simpel, sondern sicherlich auch eine der Ursachen, warum die praktische Implementierung des Issues Managements in den Alltag der (internen) Unternehmenskommunikation nur lückenhaft geschieht. Die Crux liegt auf der Hand: Wer zu großzügig bei der Selektion der Issues agiert, produziert Datenhalden, die den Alltag lähmen und notorisch Vorstände langweilen; wer zu restriktiv ist, verpasst Wesentliches (Brandstädter und Ullrich 2013, S. 89 ff.).

Die Auswahl der Issues sollte auf deren Definition rekurrieren: Wenn Issues nämlich potenzielle Treiber – sowohl positiv als auch negativ – für Image und Vertrauen(-sverlust) sind, liefert eine Imageanalyse umgekehrt notwendigerweise wichtige Anhaltspunkte für neuralgische Punkte im Rahmen der Marktpositionierung, auf die besonderes Augenmerk gelegt werden sollte. Weitere Quellen für mögliche Issues sind das Studium der eigenen Wertschöpfungskette und das Nachvollziehen der Abfolge von Produktivprozessen im eigenen Unternehmen, die nicht selten mehrdimensional sind und eher in Form von Netzstrukturen auftreten. Engstellen und Probleme, Potenziale und Chancen sind meist innerhalb des Unternehmens oder bei Kooperationspartnern lange bekannt und lassen sich durch interne Recherche leicht aufdecken. Wichtige Indizien und Hinweise liefert auch die retrospektive Recherche und die Historie des Unternehmens. Damit ein Issue image(de)stabilisierend wirken kann, ist es auf ein gewisses Maß an Öffentlichkeit angewiesen; insofern sind Issues simpel zu recherchieren und gewissermaßen wohlsortiert im Netz archiviert. Trotz einzelner Überlappungen von Unternehmen und Märkten gilt: Issues können so vielfältig sein wie Unternehmen selbst, sie sind immer kontextbezogen. Eine erste grobe Analyse der typischen Issues in einer beliebigen Branche nach den oben eingeführten Kriterien bietet aber einen ersten Eindruck der thematischen Vielfalt. Die Clusterung der Issues ist aber nur der erste Schritt: Bei der Erstellung einer solchen Issue-Liste sollte zudem die Eintrittswahrscheinlichkeit mit der zu erwartenden Drastik/dem möglicherweise bestehenden Potenzial korreliert werden. Nicht jedes Thema hat den gleichen Gewichtungs-

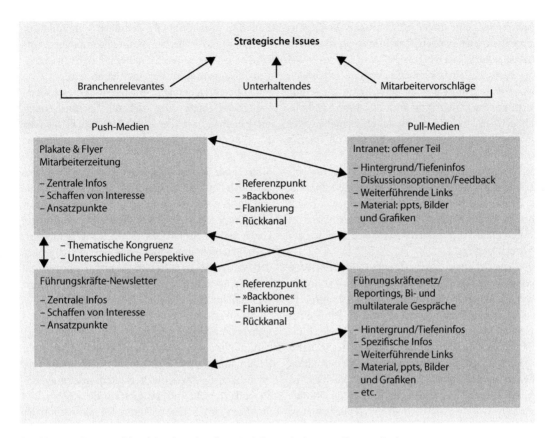

Abb. 3.4 Themenwahl und Kanalverschränkung im Rahmen der internen Kommunikation

faktor oder eine identische Frequenz: Ereignisse können selten, aber mit hohem Impact auftreten, oder hochfrequent, dafür aber nur mit moderaten Effekten einhergehen.

Welche Themen nimmt die interne Kommunikation im Krankenhaus also in den Fokus? Bislang wurde deutlich, dass die Themen, an denen sich die interne Kommunikation abzuarbeiten hat, durch die strategische Positionierung des Hauses bereits grob umrissen sind. Ziel ist es, Mission und Vision sowie den Hebel der Wertvorstellung bekannt zu machen. Eine Kommunikation, die sich aber ausschließlich auf die wörtliche Exegese der strategischen Unternehmenspapiere bezieht, wird nur schwerlich zum Erfolg führen. Sie muss zudem vielfältige Anlässe zur Kommunikation schaffen, die Themen aus der Unternehmensphilosophie ableiten, selbige personalisieren, über die verschiedenen Kanälen in unterschiedlichem

Abstraktionsgrad spreizen und zur Unterhaltung der Mitarbeiter auch immer bis zu einem gewissen Grad tagesaktuelle Informationen einstreuen. Umgekehrt werden sich die Mitarbeiter aus den Kliniken, Funktionsbereichen und der Verwaltung ihrerseits mit Themenvorschläge melden, die es zu berücksichtigen, mit der Agenda des Vorstands abzugleichen und zu verschmelzen gilt. Relevant aber ist, dass eine gezielte Abmischung aus angebotenen und bewussten gesetzten Themen, strategischen Issues, erzielt werden kann, die sich an den Vorgaben orientiert (◘ Abb. 3.4).

3.3   Routine/Rituale

Gewohnheiten und Rituale spielen von jeher eine große Rolle im menschlichen Zusammenleben (Brosius et al. 2013, S. 16 f.). Versteht man unter

3

Gewohnheit eine unter gleichartigen Bedingungen entwickelte analoge Reaktionsweise, die durch Wiederholung stereotypisiert wurde und bei gleichartigen Situationsbedingungen schließlich nach demselben Reiz-Reaktionsschema ausgeführt wird, zeichnen sich Rituale durch ihren symbolischen Charakter und das Bestehen formeller oder informeller Ablaufregeln aus. Auch für die interne Kommunikation im Krankenhaus sind diese beiden Phänomene von hohem Interesse – in doppelter Hinsicht: Haben Rituale ohnehin eine exponierte Bedeutung für die Kommunikation, dann gilt dies in einer ritualreichen Organisation wie dem Krankenhaus mit hohem Normierungsgrad der Prozesse erst recht.

Gesellschaften und Organisationseinheiten basieren grundsätzlich auf der Existenz konstitutiver Riten, sind daher auch niemals ritualfrei. In der Soziologie bezeichnet der Terminus Rituale besonders ausdrucksvolle und standardisierte, individuelle und kollektive Verhaltensweisen (Brosius et al., 2013, S.13f.). Durch ständige Wiederholung dienen sie dazu, eine gewünschte Wirklichkeit zu generieren und sukzessive zu verfestigen. Rituale zeichnen sich demnach primär durch performative Elemente, Dynamik und Formalisierung, den transzendentalen Aspekt und ihre kulturelle Spezifität aus.

Nach Michaels sind fünf Aspekte für ein Ritual konstitutiv: Es steht zunächst in Verbindung mit einer Veränderung, da es immer anlässlich einer Art Grenzüberschreitung etabliert wird (Michaels 1999, S. 30). Außerdem muss ein förmlicher Beschluss gegeben sein, der etwa durch einen Eid, einen Schwur oder eine Absichtserklärung gekennzeichnet wird. Rituale sind also bewusste, intentionale Akte. Hierzu kommt drittens die Erfüllung formaler Handlungskriterien: Ritualhandlungen sind stereotyp, förmlich, repetitiv, öffentlich, unwiderrufbar und oft auch liminal (Michaels 1999). Weiterhin zeichnen sie sich auch durch modale Handlungskriterien aus: Rituale sind immer auf die Gemeinschaft bezogen, sie repräsentieren diese oder einen Idealtypus derselben. Außerdem bezieht sich ein Ritual auf etwas Transzendentes und hat auf jeden Teilnehmer eine ganz subjektive Wirkung (Michaels 1999, S. 36). In ihrer sozialen

Funktion stiften Rituale demnach »Veränderung von Identität, Rolle, Status und Kompetenz« und können gerade dadurch Treiber neuer Entwicklungen und organisationaler Identitäten sein.

Die weitreichenden Verästelungen dieser soziologischen Debatte sollen an dieser Stelle ausgeklammert bleiben; fest aber steht, dass Rituale als feste Handlungsabläufe Sicherheit und Vertrauen vermitteln. Sie stiften Gewohnheiten, indem sie »die Sinn- und Bedeutungsfragen sozialen Handelns aktualisieren und dann weitgehend ausschalten«. Auf diese Weise werden »sie zu Habitus, Gewohnheit oder Struktur und formen damit ein kulturelles Gedächtnis, bei dem das richtige und gemessene Verhalten nicht unbedingt jedes Mal neu ausgehandelt werden muss. Das kann kognitiv entlasten und sozialen Systemen eine effektive Ordnungsstruktur verschaffen« (Brosius et al. 2013; S. 16 f).

Berücksichtigt man ferner, dass werbe- und wahrnehmungspsychologisch die enorme Bedeutung von Wiederholungsbeziehungen und Redundanzen für die Informationsaufnahme und -verarbeitung sowie die Verhaltensanleitung umfassend erforscht und erwiesen wurde (Koeber-Riel und Esch 2011, S. 158 f.)[4], bieten Rituale auch in der internen Kommunikation den strukturellen Rahmen für Bekanntheitssteigerung, Beeinflussung von Images sowie die Prägung von Dispositionen und Verhalten. Regelmäßigkeit und Stetigkeit müssen daher auch die interne Kommunikation begleiten; im Krankenhaus treffen sie dabei auf eine Zielgruppe, die aufgrund ihres Tätigkeitsfeldes und ihrer Aufgaben ohnehin hochgradig empfänglich für ritualisierte Handlungen sind (Weidmann 2011, S. 38 ff.).

Für den Kommunikator gilt es nun, bereits verankerte Rituale zu erkennen, in ihrer Funktionalität für die Zielsetzungen des Krankenhauses auf ihren konstruktiven Charakter hin zu bewerten und gegebenenfalls zu modifizieren oder zu ersetzen. Dabei können Rituale im Blick auf die ein-

---

4   Schon die klassische Konditionierung beruht auf dem Prinzip, dass die Verbindung zwischen neutralem und unkonditioniertem Stimulus mittels Reizgeneralisierung umso stärker wird, je öfter sie zusammen dargeboten werden – ein Zusammenhang, der auch werbepsychologisch nachgewiesen ist (Feinberg 1986, S. 348 ff.).

zelnen Kommunikationskanäle ganz unterschiedlich ausfallen, formaler oder inhaltlicher Natur sein. Im Bereich der analogen Kommunikation (Mitarbeiterzeitschrift, Gremien) sind es sowohl die Terminierungen, der Tagungsort und das gewohnte Erscheinungsbild als auch die inhaltliche Rubrizierung (ein Vorwort, ein Interview-Rubrik, ein Mitarbeiterrätsel, die Tagesordnung, Auftakt und Ende einer Veranstaltung), die ritualbildend wirken und in ihrer Bedeutung erkannt und eingehalten werden müssen. Dies ist vor allem mit Blick auf die digitale Kommunikation zu beachten, da diese durch ihre orts- und zeitunabhängige Informationsübermittlung dazu tendiert, Rituale tendenziell zu unterlaufen. Auch hier gilt es, einen Rahmen formeller Regeln der Kommunikation zu schaffen, die förderlich zur Entwicklung von Gewohnheiten bei den Mitarbeitern sind (Artikel der Woche im Intranet, Rubrizierung des Newsletters, vergleichbare Bildsprache und Wording). Hierzu zählt schließlich auch der Vertrieb der hauseigenen Medien. So ist es hilfreich, einen eigenen Verteiler für diejenigen Mitarbeiter anzulegen, die ihre Mitarbeiterzeitschrift an die private Adresse geschickt bekommen möchten. Nicht zuletzt lässt sich analog zum Jahreskalender eine wiederkehrende Serie von Unternehmensevents und Versammlungen initiieren (Neujahrsempfang, Mitarbeiterfest, Firmenlauf, Personalversammlung Advents- und Weihnachtszeit), die für alle Mitarbeiter als feste Struktur schnell verinnerlicht wird.

3.4   Reporting

Vielleicht mag es zunächst überraschen, in einem Buch über interne Kommunikation einen Abschnitt über Reporting und Berichtswesen im Krankenhaus zu finden. Dies sei, so mag der eine oder andere reflexhaft einwenden, doch eher eine Domäne der Bereiche Controlling, Medizincontrolling, Finanz-, Qualitäts- und Projektmanagement oder der Unternehmensentwicklung. Wer das behauptet, verkennt den Sinn und Zweck eines Reportings. Wenn hier von Berichtswesen gesprochen wird, meint dies natürlich nicht, dass es Aufgabe der Kommunikation ist, diese Berichte zu erstellen. Aber: Berichte sind kein Selbstzweck, sie sollen etwas bewirken. Aufgabe der Kommunikation ist es also sehr wohl, sich in Abstimmung mit dem Vorstand und den Abteilungen zu fragen, welche Kommunikationsabläufe zur Information und operativen Verhaltenssteuerung im Krankenhaus existieren und wie diese so tariert werden können, dass sie ihrem Zweck möglichst effizient dienen. Oftmals haben sich Berichtswege verselbständigt oder dienen keinem unmittelbaren Zweck, benötigen aber immense Ressourcen.

Jedes Management – vom Top-Management bis hin zur mittleren und unteren Führungsebene – von Krankenhäusern braucht eine zielgerichtete Entscheidungsgrundlage für eine erfolgreiche und effiziente Unternehmenssteuerung (Taschner 2012, S. 33 f.). Diese Maßgabe klingt einerseits simpel, formuliert andererseits aber einen hehren Anspruch, denn nicht selten ist das interne Berichtswesen der Krankenhäuser nur rudimentär vorhanden: Berichtspflichten sind nicht internalisiert. Projektplan und -status, Datenablage, Kennzahlen, periodische Informationen und Performance-Berichte sind oftmals nicht vollständig, nur einem kleinen Kreis bekannt (und werden sogar eitel gegen Einsichtnahme anderer Abteilungen verteidigt) oder variieren aufgrund unterschiedlicher Parameter und Erhebungsverfahren und sind folglich nahezu unbrauchbar.

Dass dies so ist, scheint auf den ersten Blick vollkommen unverständlich, denn im Krankenhausbetrieb werden kontinuierlich Daten und Informationen gesammelt, ausgewertet und interpretiert, nicht zuletzt weil es entsprechende Vorgaben seitens der Behörden und Kostenträger gibt. Wie können diese nicht vollständig vorliegen oder unbrauchbar sein?

Ein betriebliches Berichtswesen (auch Reporting) meint im fachlichen Sinne die Implementierung sowie die strategischen Hebel und Tools eines Unternehmens zur Erarbeitung, Weiterleitung, Verarbeitung und Speicherung von Informationen über den Betrieb und seine Ziel- und Anspruchsgruppen in Form von Berichten.

Ein Bericht ist wiederum fest definiert als zusammengefasste Informationen für eine vorgegebene Zielsetzung. Demnach muss für jeden Bericht

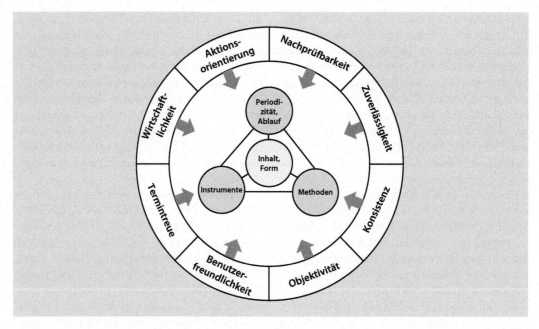

◘ Abb. 3.5   Grundsätze und Gestaltungsdimensionen der Berichterstattung nach Waniczek. (Nach Waniczek 2003, S. 124)

ein Zweck, eine konkrete Nachfrage bestehen und umgekehrt. Wenn das komplette Berichtswesen zielgerichtet arbeitet und einheitlichen Strukturen folgt, spricht man einem Berichtssystem. Ein System entsteht vor allem durch die Konsistenz und Kohärenz angewandter Messverfahren, eines gleichen Datenpools und einer analogen Darstellungsform. Eine konsistente Berichtssystematik ermöglicht nicht nur eine einheitliche Datenbasis und verbesserte Kommunikationsgrundlage, sondern zugleich schnellere Abschluss- und Analysezeiten sowie einen gewissen Schutz bei externen Prüfungen. Im Krankenhaus entspricht die Abbildungsgenauigkeit der Berichte der Genauigkeit der Klassifikations- und Abrechnungssysteme (ICD, OPS, G-DRG), der Kodierung sowie der Fähigkeit zur Datenauswertung. Kriterien eines Berichtswesens sind folglich Datenkorrektheit und -konsistenz, Komplexitätsreduktion, Objektivität und Benutzerfreundlichkeit (Taschner 2012, S. 139 ff.) (◘ Abb. 3.5).

Grundsätzlich lassen sich unabhängig vom Adressaten im Hinblick auf den Typus der Informationen auch strategische und operative Berichte unterscheiden:

Strategisches Berichtswesen	Operatives Berichtswesen
Portfolioanalyse	Leistungsberichte
Potenzialanalyse	Prozessberichte
Unternehmensentwicklung	Kostenberichte
Zielentwicklung	Interne/externe Benchmarks

Die Portfolioanalyse ist kein neues Tool und wurde bereits 1959 von Markowitz als Instrument der strategischen Steuerung von Finanzinvestments beschrieben. Sie hat sich dann in der Betriebswirtschaft zu einem »universell einsetzbaren Analyse-, Planungs- und Steuerungsinstrument« entwickelt (Kirchner 2009, S. 76 f.). Bei der Anwendung auf den Krankenhaussektor beinhaltet sie die Analyse der Positionierung der einzelnen Kliniken innerhalb des Betriebs und des Wettbewerbs in synchroner und diachroner Hinsicht. Auf diese Weise soll Transparenz über die Entwicklungsmöglichkeiten der Leistungsbereiche geschaffen werden. Je nach Detailliertheit umfassen diese Analysen auch die Aspekte Kosteneffizienz, Produktivität und Innovationsfähigkeit sowie die personellen, räumlichen und technischen Gegebenheiten der Einheit.[5] Dieses Tool der strategischen Berichterstattung erfordert zeitlichen Vorlauf und Durchdringungstiefe; es setzt ein Krankenhaus voraus, das aus mehreren strategischen Geschäftseinheiten besteht, die in einen synergetischen Zusammenhang gebracht werden sollen. Dann kann es dazu dienen, Vorgaben zur Entwicklungsrichtung der einzelnen Einheiten und eine entsprechende Ressourcenzuteilung zu steuern.

Zur Analyse des Potenzials hat sich die Geokodierung von Einweisern, Patienten und Konkurrenz bewährt.[6] Dabei sollten auch die Bevölkerungsdichte, das Durchschnittsalter und die Krankheitsinzidenz der Region berücksichtig werden. Auf diese Weise lassen sich Marktpotenziale und -risiken erkennen und Marketingmaßnahmen gezielt einsetzen (Wokittel 2010).[7] Sind die Ziele des Gesamtunternehmens definiert, lassen sich daraus die Ziele der jeweiligen Fachabteilung herleiten, mit den Fachabteilungsleitern vereinbaren und in eine Mittelfristplanung übertragen (Zapp 2010, S. 54). Dazu gilt es, geeignete Rück- und Hochrechnungsmethoden zu schaffen.

Im Bereich des operativen Controllings gelten als klassische Parameter der Casemix (Summe der Bewertungsrelationen aller innerhalb einer Zeiteinheit erbrachten DRGs), der Fallschweregrad (der sogenannte Casemix-Index, berechnet aus dem Casemix geteilt durch die Zahl der Fälle), die Fallzahlen, die Verweildauer sowie die Prüfquote

des MDK. Grundsätzlich lassen sich auch diese Parameter noch feiner fassen, in dem man besonderes Augenmerk auf die Casemix-Punkte je Belegungstag, Casemix-Punkte je Bett, die Beatmungsstunden je Casemix-Punkt oder die OP-Minuten je Casemix-Punkt legt (Zapp 2010, S. 54).Leider wird auch das Ranking der einweisenden Ärzte viel zu selten berücksichtigt (Brandstädter 2010), sind sie es doch, die im Rahmen der Wertschöpfungskette den ersten Anstoß geben. Schwankungen oder Verschiebungen im Einweisungsverhalten oder bei der Frequenz der Rettungsdienste zeitigen zwangsläufig Konsequenzen in Output und Ertrag des Hauses und sollten im Berichtswesen für den Vorstand und die Klinikleiter erfasst werden.

In punkto Prozesscontrolling sind es schließlich die präoperative Verweildauer, die Schnitt-Naht-Zeit, die Anästhesie-Wechselzeiten, das Verhältnis Anästhesiezeit/Schnitt-Naht-Zeit, die Bettenwechselzeit, die Wartezeit OP-Schleuse sowie beispielsweise die Verwaltungslaufzeiten, die zu berücksichtigen sind (Wokittel 2010). Auch der Personaleinsatz sollte im Berichtswesen Berücksichtigung finden. Wie viele Casemix-Punkte kommen auf eine Vollzeitkraft im ärztlichen oder pflegerischen Dienst, wie hoch sind die Personalkosten je Casemix-Punkt, die mittleren Personalkosten je Vollzeitkraft oder das Verhältnis von Vollzeitkraft und Bett (Hesse 2014, S. 36 ff.)? Diese Angaben lassen sich auch mit anderen Häusern gleicher Größe und gleicher Ausrichtung benchmarken.

Nur anhand dieser Beispiele mag man ermessen, welch eine komplexe Aufgabe es ist, die Datenfülle in eine konsistente und kohärente Struktur zu bringen (vgl. ferner Pook/Tebbe 2002, Eichholz 2008, Neuhäuser-Metternich 2009). Im Kern ist dies nicht ohne die Bereitschaft der beteiligten Gewerke zur Kooperation und Transparenz möglich. Darüber hinaus produziert auch die Kommunikation selbst eine Reihe von Berichten, die sowohl dem strategischen als auch dem operativen Controlling zuzuordnen sind: Pressespiegel und Wettbewerbsbeobachtungen, Dashboards mit der Erfassung der regelmäßigen Medienarbeit oder die im Rahmen der Krisenkommunikation und des Issues Managements beobachteten Themen, die Medienresonanzanalyse oder Berichte aus dem Kontakt zu einweisenden Ärzten und Beschwerdeführern.

---

5   Ein gängiges Tool ist in diesem Rahmen auch das sogenannte Marktattraktivitäts-Wettbewerbsstärken-Portfolio (auch McKinsey-Portfolio genannt). Es ist eine Weiterentwicklung der klassischen BCG-Matrix, die den Zusammenhang zwischen dem Produktlebenszyklus und der Kostenerfahrungskurve verdeutlicht (Hofmann 2014, S. 25 f.). Insgesamt gibt es eine Reihe unterschiedlicher Varianten der Portfolioanalyse; sie unterscheiden sich durch das zugrundeliegende Konzept des strategischen Managements (marktorientierter, ressourcenorientierter oder wertorientierter Ansatz).

6   Ein Beispiel hierfür ist der »PowerAnalyzer« der Firma trinovis; er bietet eine vollständig in Microsoft Excel integrierte Marktanalytik inklusive Kartenkomponente. Vgl ▸ http://www.trinovis.com/wp-content/uploads/2014/06/trinovis_PA_Info.pdf.

7   An dieser Stelle sei auf den hervorragenden Vortrag von Matthias Wokittel verwiesen, dem dieses Kapitel viel zu verdanken hat (Wokittel 2010).

3

Literatur

Bleicher K (1994) Leitbilder. Orientierungsrahmen für eine integrative Managementphilosophie. Verlag Neue Zürcher Zeitung, Zürich

Brandstädter M, Ullrich T (2013) Klinikmarketing mit Web 2.0. Ein Handbuch für die Gesundheitswirtschaft. Kohlhammer, Stuttgart

Brandstädter M, Mengering S, Dropmann S (2010) Strategisches Einweisermarketing. Die Niedergelassenen im Fokus: Ziele, Tools und Erfolgsmessung. Arzt Krankenh 11:86–90

Borg I (2003) Führungsinstrument Mitarbeiterbefragung. Hogrefe, Göttingen

Brosius C, Michaelis A, Schroder P (Hrsg) (2013) Ritual und Ritualdynamik: Schlüsselbegriffe, Theorien, Diskussionen. UTB, Göttingen

Deitering F (2006) Folgeprozesse bei Mitarbeiterbefragungen. Rainer Hampp, München

Eichholz R (2008) Berichtswesen und Informationsmanagement. Beck Juristischer Verlag, München

Geuenich B (2008) Mitarbeiterbefragungen sinnvoll einsetzen: Im Gespräch mit dem Experten Rüdiger Hossiep. Personalmanager 2:50–51

Hesse S (2014) Benchmarking im Krankenhaus: Controlling auf der Basis von InEK-Kostendaten. Springer/Gabler, Heidelberg

Hofmann A (2014) Portfolio Management: Eine Untersuchung von Möglichkeiten und Grenzen der verschiedenen Methoden Taschenbuch. Bachelor + Master Publishing, Kassel

Ingenhoff D (2004) Corporate Issues Management in Multinationalen Unternehmen: Eine Empirische Studie zu Organisationalen Strukturen und Prozessen. VS Verlag für Sozialwissenschaften, Wiesbaden

Kirchner H, Kirchner W (2009) Professionelles Management im Krankenhaus. Georg Thieme Verlag KG, Stuttgart

Knassmüller M (2005) Unternehmensleitbilder im Vergleich. Sinn- und Bedeutungsrahmen deutschsprachiger Unternehmensleitbilder – Versuch einer empirischen (Re)Konstruktion. Peter Lang Europäischer Verlag der Wissenschaften, Frankfurt

Kroeber-Riel W, Esch F-R (2011) Strategie und Technik der Werbung: Verhaltenswissenschaftliche und neurowissenschaftliche Erkenntnisse. Kohlhammer, Stuttgart

Losch A (2011) Leitbilder der Spitzenverbände der freien Wohlfahrtspflege und diakonischer und caritativer Träger im Vergleich. Verlag Hartmut Spenner, Kamen

Matje A (1996) Unternehmensleitbilder als Führungsinstrument. Komponenten einer erfolgreichen Unternehmensidentität. Gabler, Wiesbaden

Michaels A (1998) Le rituel pour le rituel? Oder wie sinnlos sind Rituale? In: Caduff C, Pfaff-Czarnecka J (Hrsg) Rituale heute. Dietrich Reimers, Berlin, S 23–47

Neuhäuser-Metternich S (2009) Kommunikation und Berichtswesen. Beck Juristischer Verlag, München

Pfriem R (2011) Unternehmensstrategien. Ein kulturalistischer Zugang zum Strategischen Management. Metropolis, Marburg

Pook M, Tebbe G (2002) Berichtswesen und Controlling. Jehle, Heidelberg

Rädeker J, Dietz K (2011) Reporting – Unternehmenskommunikation als Imageträger. Hermann Schmidt Verlag, Mainz

Steinmann H, Schreyögg (2005) Management. Grundlagen der Unternehmensführung Konzepte – Funktionen – Fallstudien. Gabler, Wiesbaden

St. Franziskus-Stiftung Münster: Leitbild ► http://www.sfh-muenster.de/fileadmin/daten/mandanten/sfm/QM/Leitbild_2010.pdf. Zugegriffen: 19. Jan. 2015

Taschner A (2012) Management Reporting: Erfolgsfaktor Internes Berichtswesen. Springer/Gabler, Heidelberg

Trinovis GmbH Faktenblatt PowerAnalyzer. ► http://www.trinovis.com/wp-content/uploads/2014/06/trinovis_PA_Info.pdf. Zugegriffen: 19. Jan. 2015

Universitätsklinikum Bonn Leitbild ► http://www.ukb.uni-bonn.de/42256BC8002B7FC1/vwLookupDownloads/UKB_Leitbild_2011.pdf/$FILE/UKB_Leitbild_2011.pdf. Zugegriffen: 19. Jan. 2015

Waniczek M (2002) Berichtswesen optimieren. redline Wirtschaftsverlag, München

Waniczek M (2003) Berichtswesen optimieren: So steigern Sie die Effizienz in Reporting und Controlling. Contrast, Frankfurt a. M.

Weidmann R (1990) Rituale im Krankenhaus. Eine ethno-psychoanalytische. Studie zum Leben in einer Institution. Deutscher Universitätsverlag, Wiesbaden

Wokittel M (2010) Entwicklungen des Controlling in der Gesundheitswirtschaft. Entwicklungen in Akut- und Schwerpunktkliniken. Vortrag auf dem 33. Deutschen Krankenhaustag. ► http://www.deutscher-krankenhaustag.de/de/vortraege/pdf/10_Wokittel_.pdf. Zugegriffen: 17. Nov. 2010

Zapp W et al (2010) Kennzahlen im Krankenhaus. Josef Eul Verlag, Lohmar

Sondersituationen für die interne Unternehmenskommunikation

Thomas W. Ullrich

M. Brandstädter et al., *Interne Kommunikation im Krankenhaus*, Erfolgskonzepte Praxis- &
Krankenhaus-Management, DOI 10.1007/978-3-662-45154-0_4, © Springer-Verlag Berlin Heidelberg 2016

4.1   Einführung

Besondere Herausforderungen für die interne Unternehmenskommunikation entstehen immer dann, wenn im Unternehmen mögliche oder tatsächliche Veränderungen in größerem Ausmaß bevorstehen. Veränderungen bedrohen die limbische Instruktion Sicherheit, d. h. jenen Teil der Triebkraft, die in unseren Gehirnen angelegt ist, die versucht, unseren erreichten Status quo zu erhalten und, sehen wir uns mit einer möglichen oder tatsächlichen merklichen Veränderung in unserem Leben konfrontiert, in uns Sorgen, Ängste und eben ein Gefühl der Unsicherheit hervorruft (Häusel 2002).

Entsprechend entstehen auch dort, wo sich für Arbeitnehmer für die nähere Zukunft Veränderungen abzeichnen, Unsicherheit, Sorgen und Ängste. Ist das Bild der Zukunft dabei noch nicht klar gezeichnet, wird es von den Mitarbeitern selbst mit vordringlich pessimistischen Gerüchten gefüllt. Die daraus folgende Ablenkung und Blockade senkt die Produktivität der Mitarbeiter in solchen Situationen merklich.

Dieser Unsicherheit und ihren Folgen kann durch geeignete Maßnahmen der internen Unternehmenskommunikation positiv begegnet werden, wodurch sich Unsicherheiten reduzieren sowie Sorgen, Ängste und Gerüchte antizipieren lassen (◘ Abb. 4.1). Das übergeordnete Ziel für die interne Unternehmenskommunikation in solchen Situationen ist also die Unterstützung des Erhalts bzw. der zügigen Wiederherstellung der Arbeitnehmerproduktivität.

Veränderungen und Veränderungsprozesse sind sehr unterschiedlicher Natur, woran auch die Art der kommunikativen Begleitung angepasst werden muss. Wie ◘ Abb. 4.2 illustriert, lassen sich Veränderungsprozesse im Wesentlichen danach unterscheiden, ob diese extern oder intern induziert sind und ob sie disruptiv oder evolutionär verlaufen (Ullrich und Hacker 2014).

Disruptive, extern induzierte Veränderungsprozesse bzw. drohende Veränderungen stellen Krisen dar, also Phasen, in denen sich entscheidet, ob sich aktuelle Umstände zum Besseren oder zum Schlechteren entwickeln. Dies können einerseits Imagekrisen sein, bei denen außergewöhnliche Vorfälle das Ansehen und das Vertrauen in das Kli-

nikum bedrohen, oder auch Unternehmenskrisen, bei denen der Fortbestand des Klinikums infrage gestellt ist. Die Situation ist dynamisch und liefert einen entsprechend hohen Gesprächsstoff unternehmensintern sowie Nachrichtenwert für die externe mediale Berichterstattung. Hier ist sowohl unternehmensextern, wie auch unternehmensintern eine kommunikative Intervention in der Regel zwingend erforderlich. Mitarbeiter und Führungskaskade zeigen sich in solchen Situationen gleichermaßen überfordert und es braucht intern wie extern klarer, konsistenter Botschaften sowie eindeutig geregelter Kommunikationsverantwortlichkeiten und Informationsflüsse.

Extern induzierte, evolutionäre Veränderungsprozesse sind in der Regel **reaktive Anpassungsprogramme**, bei denen eine Anpassung einer Klinik an veränderte Marktgegebenheiten oder Gesetze vorgenommen wird. Sie erfordern eine starke Kommunikationssteuerung in der Kaskade und eine darüber hinaus ergänzende Kommunikationsunterstützung. In der Regel sind hier flankierend auch Maßnahmen der externen Unternehmenskommunikation zu ergreifen. Diese scheint insbesondere dann erforderlich, wenn aus Sicht des Betriebsrats oder des Personalrats im Rahmen des Wandels Arbeitsplatzverluste zu erwarten sind, die der betreffende Betriebsrat bzw. Personalrat durch öffentlichen Diskurs verhindern möchte.

Intern induzierte, disruptive Veränderungsprozesse, also **radikaler Wandel**, erfordern eine der Krise vergleichbar starke interne Kommunikation in der Kaskade und über diese hinaus ebenfalls eine starke ergänzende Kommunikationsunterstützung. Während reaktive Anpassungsprogramme durch externe Zwänge verursacht sind, erscheint der radikale Wandel als ein »hausgemachtes Problem«, was die Akzeptanz seiner Notwendigkeit bei den betroffenen Arbeitnehmern erschwert. Hier liegt eine Herausforderung für die interne Unternehmenskommunikation also darin, eine hinreichende Akzeptanz für die Notwendigkeit der Veränderungen herzustellen. Auch beim radikalen Wandel ist aus den oben genannten Gründen mit dem Erfordernis einer flankierenden externen Kommunikation zu rechnen.

Intern induzierte, evolutionäre Veränderungsprozesse lassen sich als **Kaizen** beschreiben, frei

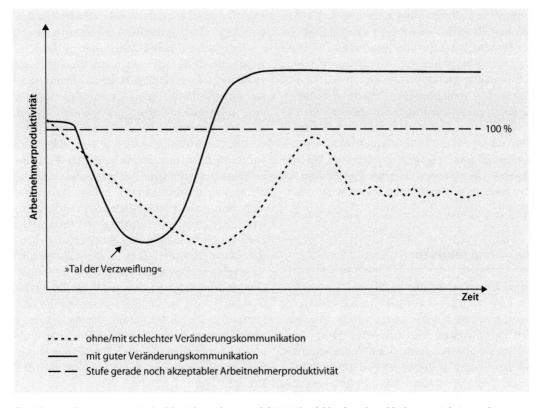

»Tal der Verzweiflung«

- - - - ohne/mit schlechter Veränderungskommunikation
——— mit guter Veränderungskommunikation
— — Stufe gerade noch akzeptabler Arbeitnehmerproduktivität

◘ Abb. 4.1   Illustration zum Verlauf der Arbeitnehmerproduktivität bei fehlender oder schlechter sowie bei guter kommunikativer Begleitung von Veränderungen. (Nach Ullrich 2014, S. 169)

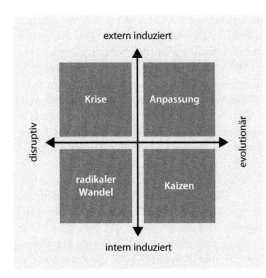

◘ Abb. 4.2   Illustration zu den verschiedenen Arten von Veränderungsprozessen. (Nach Ullrich und Hacker 2014, S. 21)

übersetzt als »schrittweise, kontinuierliche Verbesserung«. Sie erfordern in der Regel keine besonderen, übergreifenden Maßnahmen der internen Unternehmenskommunikation oder gar Kampagnen. Solche kontinuierlichen Verbesserungsprozesse (KVP) können im Wesentlichen durch die Führungskaskade getragen werden und bedürfen lediglich vereinzelt unterstützender Kommunikationstools.

Für die Wahl der geeigneten Kommunikationsstrategie ist also die richtige Beurteilung des vorliegenden Veränderungsprozesses entscheidend. So kann eine Fusion sowohl eine notwendige Anpassung als auch einen radikalen Wandel darstellen, was jeweils kommunikativ unter vollständig anderen Vorzeichen steht. Dies richtig einzuschätzen, kann ein wesentlicher Erfolgsfaktor für das Gelingen des Wandels sein.

Im Folgenden werden die relevanten Aspekte für die interne Unternehmenskommunikation in

Imagekrisen, Change-Programmen und Fusionen skizziert. Zweifelsohne würde es den Rahmen dieser Handreichung sprengen, jedes dieser Themen vollständig erörtern zu wollen. Daher werden, auch um Redundanzen zu vermeiden, ausgehend von den in den vorangegangen Kapiteln vermittelten Grundlagen, jeweils lediglich einführend die Besonderheiten der Situation herausgearbeitet sowie die Ansatzpunkte für eine konstruktive interne Kommunikationsunterstützung dargelegt. Für umfassende Darstellungen der Einzelthemen wird auf die jeweilige weiterführende Spezialliteratur verwiesen.[1]

4.2   Imagekrisen

Imagekrisen sind Zeitphasen, in denen ein Vorfall/Ereignis das Image einer Marke, zum Beispiel eines Krankenhauses, bei den wirtschaftlich relevanten Teilöffentlichkeiten dergestalt verändert bzw. verändern kann, dass diese merklich Vertrauen zu der Marke verlieren (Ullrich und Brandstädter 2015). In der Folge verursachen Imagekrisen einen teils erheblichen wirtschaftlichen Schaden, der im Einzelfall bis zur Insolvenz des betroffenen Unternehmens reichen kann. Auslöser für Imagekrisen können zum Beispiel öffentlich gewordene Kunstfehler, Therapieversagen, drastische Mängel der Klinikhygiene, die zu Todesfällen geführt haben etc. sein.

Imagekrisen sind nicht nur für externe Teilöffentlichkeiten von Interesse, sondern betreffen Mitarbeiter in mindestens gleichem Ausmaß. Aus Sicht der Mitarbeiter sind sie eine mehr oder weniger dramatische Infragestellung des Status quo und Vorboten einer möglichen Veränderung. Psychologisch betrachtet, stellt eine Imagekrise für den einzelnen Mitarbeiter eine außergewöhnliche Situation dar, für die er über keine vorhandene Verhaltensroutine verfügt. Unterdessen ist ihm ganz klar, dass in dieser Situation einerseits viel auf dem Spiel

steht und daher andererseits eine schnelle Reaktion erforderlich ist, was negativen Stress erzeugt.

Entsprechend haben Mitarbeiter in der Situation einer Imagekrise ein mindestens genauso, wenn nicht sogar deutlich höher ausgeprägtes Informationsbedürfnis bezüglich des Krisenvorfalls und stellen gleichzeitig ein gefährliches Leck für eine strukturierte kommunikative Krisenintervention dar. Schließlich hat es die Entwicklung der wirtschaftlichen und gesellschaftlichen Rahmenbedingungen erforderlich gemacht, dass Unternehmen ihren Arbeitnehmern in ihrem jeweiligen Verantwortungsbereich einen teils erheblichen Entscheidungsspielraum einräumen (▶ Abschn. 1.1). Eine Imagekrise jedoch erfordert das volle Gegenteil: »Kadergehorsam«. Denn andernfalls entsteht ein erhebliches kommunikatives Risiko, wenn Mitarbeiter ihren gegebenenfalls unvollständigen Wissensstand sowie ihre subjektive Interpretation zum Sachverhalt öffentlich kundtun. Und so kommt es nicht selten vor, dass, während der Krisenstab noch die Kernbotschaften abstimmt, der Pförtner bereits freimütig im Fernsehinterview Auskunft über den Krisenfall gibt.

Vor diesem Hintergrund ist es bemerkenswert, dass sowohl die Fachliteratur als auch die Ratgeberliteratur zum Thema Krisenkommunikation vorwiegend auf die externe Kommunikation, v. a. auf die Pressearbeit, fokussiert und dem Aspekt der internen Krisenkommunikation praktisch keine Aufmerksamkeit widmet, wenngleich Heide (2013, S. 202) hier in jüngerer Zeit erste Tendenzen zu einer positiven Entwicklung ausmacht.

Es kann also durchaus vorkommen, dass beim Krisenstab aus Sicht der internen Unternehmenskommunikation im Ernstfall erst einmal dafür geworben werden muss, auch die interne Krisenkommunikation auf die Agenda zu setzen.

Dafür kann man sich Folgendes vergegenwärtigen: Während man in der beruflichen Situation einem Mitarbeiter durchaus auferlegen kann, sich gegenüber Externen – allen voran der Presse – nicht direkt zu äußern, sondern für Fragen gegebenenfalls an einen Krisenstab oder die Pressestelle zu verweisen, ist dies für seine Rolle als Privatperson praktisch unmöglich. Hier wird er aktiv oder passiv gegenüber seiner Familie sowie gegenüber seinen Freunden und Bekannten »Rede und Antwort

---

1   Empfehlenswert sind aus Sicht des Autors für das Thema der Imagekrisen Ullrich und Brandstädter 2015, für das Thema der Veränderungskommunikation u. a. Rigall et al. 2005 und Zowislo und Schwab 2003 sowie für das Thema der kommunikativen Begleitung der Post Merger Integration u. a. Studt 2008, Hackmann 2011 und Palm 2012.

stehen«. Geht man davon aus, dass ein Mitarbeiter im Durchschnitt in einem Haushalt mit drei Personen lebt und jeder von diesen zehn Freunde und Bekannte hat, so werden über einen Mitarbeiter gleichzeitig etwa 30 Menschen informiert und von dessen Meinung und seinem Verhalten beeinflusst (Weißbeck 2003, S. 7–28). Durch die Möglichkeiten des Web 2.0 kann die Reichweite des Einzelnen darüber hinaus deutlich erweitert sein.

Insbesondere in Kliniken sind interne Teilöffentlichkeiten und externe Teilöffentlichkeiten praktisch aufeinander verdichtet: Die »Externen« sind in Form von Patienten bereits im Unternehmen und haben dort direkten Kontakt mit weiten Teilen der Mitarbeiterschaft und erleben einen Teil der Unternehmensrealität sowie die Reaktion der Mitarbeiter auf das Krisenereignis live mit.

Dabei ist die interne Unternehmenskommunikation also in zweifacher Weise gefordert: Sie muss einerseits dem berechtigten Informationsinteresse der Mitarbeiter nachkommen und soll dabei deren Unsicherheit und Spekulationen möglichst eindämmen und muss andererseits auf ein intern wie gegenüber Externen angemessenes Kommunikationsverhalten der Mitarbeiter konstruktiv hinwirken und diese gegebenenfalls mit geeigneten Botschaften und Sprachregelungen »munitionieren«.

Hier kann es im Einzelfall sehr sinnvoll sein, Patienten als eine »interne Zielgruppe« zu betrachten.

Unmittelbar nach Eintritt eines Krisenereignisses, wenn noch keine weitergehenden, gesicherten Informationen verfügbar und klare Botschaften noch nicht abgeleitet sind, soll ausgehend von dem Stab Krisenkommunikation eine kurze Anweisung an alle Mitarbeiter erfolgen, dass diese sich gegenüber Externen – insbesondere gegenüber Vertretern redaktioneller Massenmedien – zum Krisenfall selbst grundsätzlich nicht bzw. nicht abweichend von den ihnen zur Verfügung gestellten Sprachregelungen zu äußern haben. In der Regel wird dies zunächst der Verweis auf zentrale Anlaufstellen, etwa die Pressestelle, die Krisenhotline oder die eingerichtete Info-Website sein. Hierfür müssen die Mitarbeiter entsprechend sowohl die Kontaktdaten dieser Anlaufstellen erhalten und sollten andererseits zudem mit dem Muster einer Sprachregelung versorgt werden, um nicht ver-

sehentlich zu kolportieren, sie dürften sich nicht zum Vorfall äußern. Vielmehr sollte ihre Aussage in etwa lauten: »*Da kann ich Ihnen nichts zu sagen. Bitte wenden Sie sich an…*«.

In der Folge soll die interne Unternehmenskommunikation sicherstellen, dass auch die Mitarbeiter kontinuierlich über neue Erkenntnisse zum Krisenereignis sowie über ergriffene Maßnahmen in Kenntnis gesetzt werden und ihnen andererseits Anlaufstellen für eigene Fragen zur Verfügung stehen.

Für die kontinuierliche Information der Mitarbeiter ist vordringlich an einen News-Ticker sowie eine ergänzende Seite im Intranet sowie an regelmäßig versendete interne E-Mail-Newsletter zu denken. Je nach Infrastruktur des Hauses sind auch interne Aushänge etwa am Schwarzen Brett sowie ein ausgedrucktes Klinik-Statement inklusive eines kurzen FAQ-Dokuments (Frequently-asked-questions), über das typische Fragen und ihre Muster-Antworten vermittelt werden, die unter anderem auch bei Schicht-Übergaben durchzusprechen sind, gängige Instrumente.

Darüber hinaus ist es wichtig, auch den Mitarbeitern einen Kanal für Rückfragen zu eröffnen. Zu denken ist hier etwa an ein internes Info-Telefon sowie eine E-Mail-Adresse oder ein Intranet-Formular, über die Fragen an den Krisenstab gerichtet werden können.

Im Rahmen der externen und internen Unternehmenskommunikation bei Imagekrisen ist dabei durchgehend sicherzustellen, dass die extern und intern verbreiteten Botschaften konsistent sind, sich also nicht widersprechen, und andererseits zeitlich weder intern noch extern besondere Wissensgefälle auftreten. Daher wird auch die interne Unternehmenskommunikation im Wesentlichen auf die vom Krisenstab für die externe Unternehmenskommunikation entwickelten Materialien und Inhalte zurückgreifen.

Ein Unterschied entsteht in der Regel nach Bewältigung der Krise. Hier ist das Informationsbedürfnis bei der Mitarbeiterschaft meist weiterhin stark ausgeprägt, während das externe Interesse deutlich abflaut. Insofern wird die interne Unternehmenskommunikation auch nach der Krise sicherstellen, dass die Mitarbeiter über den Ausgang, die ergriffenen Maßnahmen und deren Wirkung

$$\text{Veränderung} = \left\{ \begin{pmatrix} \text{Leidensdruck} \\ \text{der Ausgangslage} \end{pmatrix} \times \begin{pmatrix} \text{Attraktivität} \\ \text{des Zielzustands} \end{pmatrix} \times \begin{pmatrix} \text{Prozess zum} \\ \text{Zielzustand} \end{pmatrix} \right\} > \begin{pmatrix} \text{Verlustgefühle durch} \\ \text{die Veränderung} \end{pmatrix}$$

▢ Abb. 4.3   Illustration der Stellschrauben für erfolgreiches Veränderungsmanagement. (Nach Güttler und Ullrich 2008, S. 159)

sowie dem, was das Unternehmen aus der Krise subjektiv gelernt hat, informiert werden.

4.3   Veränderungsprogramme

Die einzige Konstante ist die Veränderung. Dieser Satz trifft heute mehr denn je auf die Realität der Unternehmen zu: Einführungen neuer Software, Fusionen, Reorganisationen und Anpassungen der Organisation und der Prozesse machen tiefgreifende nachhaltige Veränderung zum wirtschaftlich allgegenwärtigen und überlebensbestimmenden Bestandteil des Berufsalltages. Dennoch erreichen Umfragen zufolge fast zwei Drittel der Veränderungsprojekte die gesetzten Ziele nicht, 16 % solcher Projekte werden sogar gestoppt oder scheitern gänzlich (Jøergensen 2007, S. 6, 12).

Die Vielzahl der in den letzten Jahrzehnten veröffentlichten Ansätze und Managementmodelle für den »erfolgreichen Unternehmenswandel« haben hier wenig geändert. Führungskräfte nennen neben unrealistischer Planung und mangelnder Unterstützung durch das Top-Management zu 80 % mangelhaftes Change Management als Ursache für das Scheitern (Jøergensen 2007; Claßen und Kyaw 2008).

Zunächst muss man sich vergegenwärtigen, dass im Rahmen von Veränderungsprogrammen ein Ist-Zustand in einen neuen Soll-Zustand überführt werden soll. Aller Erfahrung nach ist jedoch der Ist-Zustand im Detail nicht immer bekannt und der Soll-Zustand in der Regel zu Beginn des Veränderungsprogrammes noch nicht bis ins letzte Detail ausgearbeitet. Die grundsätzlich mit Veränderungen verbundene Unsicherheit wird also in der Regel durch die Unschärfe von Ausgangs- und Zielsituation weiter erhöht.

Wie die Formel in ▢ Abb. 4.3 illustriert, sind vier Variablen zu betrachten, wenn es darum geht, zu beurteilen, ob ein Mitarbeiter eine Veränderung akzeptieren wird oder nicht. Damit Veränderung gelingt, muss das Produkt aus dem empfundenen Leidensdruck im Ist-Zustand, der empfundenen Attraktivität des Soll-Zustands und der Attraktivität des Prozesses vom Ist- zum Soll-Zustand größer sein als die subjektiv empfundenen Verlustgefühle infolge der Veränderung, die etwa durch den gefühlten Verlust an Einkommens- und Arbeitsplatzsicherheit, persönlichem Status etc. entstehen (Güttler und Ullrich 2008, S. 159).

Um den Veränderungsprozess konstruktiv zu unterstützen, wird die interne Unternehmenskommunikation also im gegenwärtigen Zustand sowohl nach Aspekten suchen, die für die betreffenden internen Zielgruppen weniger attraktiv erscheinen, und bezogen auf den Zielzustand vordringlich solche Aspekte betonen, die für die betreffenden internen Zielgruppen attraktiv erscheinen, als auch danach streben, den Übergangsprozess positiv erscheinen zu lassen. Darüber hinaus wird sie sich ein klareres Bild über die bei den betreffenden internen Zielgruppen vorhandenen Verlustgefühle verschaffen und versuchen, diese zu relativieren bzw. zu marginalisieren.

Wird die zu Beginn gesetzte Vision in der Umsetzungsphase abgeschwächt oder geht die eigentliche Idee während des Prozesses verloren, besteht die Folge nicht nur in höheren Kosten durch die verzögerte Umsetzung und durch interne politische Zugeständnisse, sondern vor allem in einer verringerten Motivation der Mitarbeiter, in gesteigertem Ausscheiden von Leistungsträgern sowie in der Zerstörung immaterieller Werte etwa in den Bereichen des Beziehungskapitals zu den internen und externen Stakeholdern sowie des Ansehens des Unternehmens und der Unternehmensführung.

Entsprechend ist zu Beginn des Veränderungsprozesses zu prüfen, ob der Projektsponsor, sei es ein Individuum oder ein Gremium, über gleichsam hinreichendes Interesse wie hinreichende Macht verfügt, die für den Change-Erfolg nötigen Entscheidungen zu treffen und vor allem auch durchzusetzen.

In der internen Unternehmenskommunikation erfolgreicher Veränderungsprogramme gelingt es, für ihre internen Zielgruppen klare Antworten auf jede der folgenden fünf Fragen zu finden und überzeugend zu vermitteln (Güttler und Ullrich 2008, S. 159):

1. Warum muss sich etwas ändern?
2. Was genau ändert sich?
3. Was ändert sich für mich?
4. Wie kann ich die Veränderung unterstützen und was geschieht, wenn ich nicht mitmache?
5. Wann und wie erfahre ich etwas Neues?

Zur Beantwortung der ersten Frage, warum es überhaupt einer Änderung bedarf, gilt es zwingende Gründe zu finden, die argumentativ nicht leicht entkräftet werden können und mit denen ein hinreichendes Gefühl der Dringlichkeit der geplanten Veränderungen erreicht werden kann. Bewährt haben sich gut greifbare und eindeutige externe Einflussfaktoren, Szenarien, mit denen die negativen Auswirkungen aufgezeigt werden können, die eintreten, wenn die geplanten Veränderungen nicht vorgenommen werden, sowie Szenarien, die anschaulich machen können, warum und wie die Umsetzung der Veränderungen zu einem besseren Zustand in der Zukunft führen werden. Darüber hinaus haben sich auch Beispiele anderer Unternehmen, die solche Veränderungen bereits vollzogen haben, sowie Benchmarks, d. h. der Vergleich mit anderen Unternehmen, in der Überzeugungsarbeit als hilfreich erwiesen.

Für die Beantwortung der Frage, was verändert werden soll, ist der folgende, Antoine De Saint-Exupéry zugeschriebene, Gedanke handlungsleitend: »Wenn Sie ein Boot bauen wollen, weisen Sie Ihre Männer nicht an, Holz zu sägen, Segel zu nähen, Werkzeug zu bereiten und Arbeit zu organisieren. Wecken Sie die Sehnsucht in ihnen, die Segel zu setzen und ferne Länder zu erkunden.« Hier geht es also zunächst nicht um die Vermittlung technischer Details, sondern um die Formulierung einer klaren Vision und die Übersetzung der Vision in für die jeweilige interne Zielgruppe relevante Botschaften. Dabei ist es wesentlich, vor allem auf den Nutzen, der sich aus der jeweiligen Veränderung für die einzelne interne Zielgruppe konkret ergibt, einzugehen.

Die Beantwortung der dritten Frage, was vom Einzelnen erwartet wird, erfordert ein systematisches Herunterbrechen der sich aus der Vision ableitenden Ziele für jeden einzelnen Mitarbeiter – mindestens für die verschiedenen Mitarbeitergruppen. Es geht also um eine Kaskadierung und Präzisierung der Organisationsziele, bis unterstellt werden kann, dass jeder Einzelne weiß, was er nun zu unternehmen hat und wie sein Handeln zum Erreichen der gesetzten Ziele beiträgt.

Um dies leisten zu können, ist ein genaues Verständnis von der Ausgangssituation und dem Zielzustand erforderlich. Hierfür dient die sogenannte Change-Impact-Analyse, die bezogen auf jeden von dem Veränderungsgramm betroffenen Prozess untersucht, wie dieser bisher im Detail abläuft und wie er künftig ablaufen soll. Dazu wird jeweils betrachtet, welche Vorteile und Nachteile mit dem jeweiligen Prozessablauf für die am Prozess beteiligten Mitarbeiter verbunden sind und welche Unterschiede sich jeweils durch das Veränderungsprogramm ergeben.

Für die Planung des Kommunikationsprozesses ist zu berücksichtigen, dass eine Veränderung einen Lernprozess darstellt, bei dem das bisherige Verhalten verlernt und neues Verhalten erlernt werden muss. Gerade wenn es also um den Beitrag des Einzelnen geht, ist die individuelle Lernkurve zu beachten:

1. Gesagt ist nicht gehört.
2. Gehört ist nicht verstanden.
3. Verstanden ist nicht einverstanden.
4. Einverstanden ist nicht umgesetzt.
5. Umgesetzt ist nicht beibehalten.

Je nachdem, in welcher Stufe sich eine Mitarbeitergruppe befindet, erweisen sich unterschiedliche Maßnahmen als zielführend (◖ Abb. 4.4).

In den Stufen »gesagt und gehört« steht die Information der internen Zielgruppen im Vordergrund. In den Stufen »verstanden und einverstanden« geht es letztlich um Interpretation und Einstellung, wofür Medien der einfachen Informationsübermittlung nicht mehr hinreichend sind, sondern es zudem auch vermehrt interaktiver Überzeugungsformate bedarf. In den Stufen

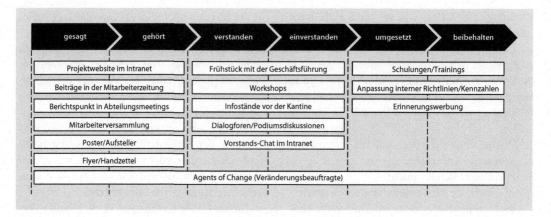

☐ Abb. 4.4   Exemplarische Zuordnung ausgewählter Maßnahmen zu den Stufen in der Change-Lernkurve. (Nach Ullrich 2014, S. 176)

»umgesetzt und beibehalten« ist die Festschreibung des gewollten Verhaltens in den internen Prozessen erfolgsentscheidend: Verhalten, das nicht auch karriereentscheidend ist, wird sich auf Dauer nicht durchsetzen. Hier wird offenkundig, dass die interne Unternehmenskommunikation in Veränderungsprogrammen schnell an die Grenzen ihrer eigenen Möglichkeiten herankommt. Daher muss sie Hand in Hand mit anderen Unternehmensfunktionen, etwa der Personalabteilung, zusammenarbeiten. Neben den gängigen Instrumenten der internen Unternehmenskommunikation hat sich insbesondere für Veränderungen der Unternehmenskultur ein Leitbild, d. h. ein niedergelegter Werte- und Verhaltenskodex, bewährt.

Die Frage nach den Möglichkeiten, den Wandel zu unterstützen, und dem, was geschieht, wenn jemand diesen Wandel nicht unterstützt, stellt auf eine Erkenntnis der Unternehmenssoziologie ab: Wie auch in der Gesellschaft, gibt es in Unternehmen Mitarbeiter, die selbst versuchen, Neuerungen zu initiieren (Innovators), solche, die gegenüber Neuerungen sehr stark aufgeschlossen (Early Adopters) oder eher aufgeschlossen (Early Majority) sind, aber auch solche Mitarbeiter, die Neuerungen erst zögerlich und langsam akzeptieren (Late Majority), und solche, die sich gegenüber Neuerungen nahezu verweigern (Laggards). Für jede dieser Gruppen sind unterschiedliche Ansätze erforderlich, um eine beabsichtigte Veränderung erfolgreich umzusetzen (☐ Abb. 4.5). Während Innovators und die Early Adopters als aktive Gestalter an

dem Prozess beteiligt werden können, bedarf es für die Early Majority eher Anreize und Unterstützung auf dem Wege, die Neuerungen für sich zu akzeptieren. Während für die Late Majority individuelle und nachhaltige Überzeugungsarbeit mit Betonung auf die Negativszenarien in der Regel hinreichend ist, bedarf es bei den Laggards einer deutlichen Klarstellung, dass Arbeitnehmer, die nicht bereit sind, die Veränderungen mitzutragen, im Unternehmen keine Perspektive mehr haben, und im Einzelfall gegebenenfalls auch (symbolischer) harter Schnitte. Da es im Rahmen von tiefgreifenden Veränderungsprogrammen selten möglich ist, alle Mitarbeiter eines Unternehmens zugleich mit aufwendigen Maßnahmen der Veränderungskommunikation und des Veränderungsmanagements zu erreichen, erfolgt auch hier eine klare Segmentierung anhand der Einfluss-Interesse-Matrix (▶ Abschn. 1.4 und ☐ Abb. 4.5).

Für die Befriedigung des Bedürfnisses, etwas über den weiteren Verlauf des Veränderungsprozesses zu erfahren, bedarf es einer regelmäßigen Kommunikation, deren ungefährer Zeitpunkt jeweils im Vorfeld bekannt gegeben wird. Es hat sich bewährt, ein Veränderungsprogramm so zu planen, dass früh erste Erfolge berichtet werden können. Zudem sollte die interne Unternehmenskommunikation nicht nur allgemein darüber berichten, was geschieht, sondern vielmehr einen klaren Fahrplan, etwa einen Phasenindikator, sowie harte Indikatoren des Programmfortschritts, etwa Meilensteine oder Kennzahlen, als kommunikativen Rahmen zu

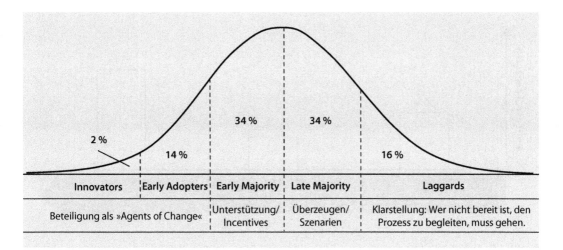

Abb. 4.5 Schematische Darstellung zur soziologischen Verteilung der Akzeptanz des Unternehmenswandels und geeigneter Unterstützungsstrategien je Akzeptanzsegment. (Nach Ullrich 2014, S. 177)

Grunde legen, der allen Beteiligten aufzeigt, dass es vorwärts geht und wo im Prozess sie sich aktuell befinden.

4.4 Fusionen

Neben zahlreichen Formen von Unternehmenskooperationen gehören auch Konzentrationen zur Gruppe der Unternehmensverbindungen (zum Folgenden auch Schierenbeck 2003, S. 48 ff.; Thommen und Achleitner 2004, S. 80 ff.). Konzentrationen können entweder eine Akquisition oder eine Fusion sein.

Bei der Akquisition (»verbundene Unternehmen«) beteiligt sich ein Unternehmen an einem anderen, wobei je nach Anteil eine Minderheitsbeteiligung (gekaufter Unternehmensanteil kleiner/gleich 25 %) oder eine Mehrheitsbeteiligungen (gekaufter Unternehmensanteil größer/gleich 50,1 %) vorliegt und man bei einem Anteil von mehr als 20 % von einem Konzernunternehmen spricht.

Bei Fusionen hingegen findet eine rechtliche Verschmelzung von beispielsweise zwei Unternehmen statt (»Merger«). Hier kann entweder – nach vorheriger Liquidation – eine Vermögensübertragung erfolgen oder eine Gesamtrechtsnachfolge, bei der entweder eine Unternehmensaufnahme oder eine Unternehmensneubildung vorgenommen wird. Bei der Unternehmensaufnahme wird aus den beiden Unternehmen A und B ein neues Unternehmen A' – das Unternehmen B geht also vollständig in Unternehmen A auf; seine Marke verschwindet. Bei der Unternehmensneubildung entsteht aus Unternehmen A und Unternehmen B ein neues Unternehmen AB; beide Marken verschmelzen also sichtbar miteinander oder werden zugunsten einer ganz neuen Marke aufgegeben.

Mit Fusionen wird eine Reihe von Zielen verbunden, wie etwa

- die Umgehung von Markteintrittsbarrieren,
- der Erwerb von extern bestehendem Knowhow oder Fertigkeiten, statt diese kosten- und zeitintensiv selbst zu entwickeln,
- die Steigerung der Marktmacht, etwa um Konkurrenz »auszuschalten« und die eigene Position gegenüber Zulieferern zu verbessern,
- die Minimierung von Risiken etwa durch Diversifikation und Ausnutzung von Skalen- und Synergieeffekten.

Im Kern stehen hinter diesen Zielen also immer die Erhaltung des Unternehmens, der Ausbau der Tätigkeit und die Wertsteigerung bzw. Gewinnerzielung.

Gelten in freien Märkten Konsolidierungen als unausweichlich (Kröger 2004), erscheinen sie im Kliniksektor politisch gewollt. Dennoch zeigt sich,

4

▣ Abb. 4.6   Antwortverteilung zu der Frage, in welcher Phase eine Fusion am wahrscheinlichsten scheitert. (In enger Anlehnung an Träm 2004, S. 209)

dass Fusionen in der Regel keine Werte schaffen: Eine Analyse von 270 Firmenzusammenschlüssen mit einem Vergleich wirtschaftlicher Kennzahlen von drei Jahren vor der Fusion mit denen von drei Jahren nach der Fusion offenbarte, dass die Durchschnittswerte der operativen Gewinnmarge gerade einmal um 0,3 % gestiegen, hingegen das Umsatzwachstum um 6 % gesunken und das EBIT-Wachstum um 9,4 % zurückgegangen sind und auch das Wachstum des Börsenwertes um 2,5 % abgenommen hat (Rotenbücher und Schrottke 2008).

Um herauszuarbeiten, an welcher Stelle eines Fusionsprozesses das größte Risiko für ein Scheitern besteht, muss man diesen genauer betrachten. Zwar gibt es eine Vielzahl differenzierter Phasenmodelle, die Fusionen beschreiben, doch ist für die hiesige Betrachtung zunächst ein pragmatischer drei Phasen-Ansatz hinreichend (Träm 2004):

━ In der **Pre-Merger-Phase** bilden die Entwicklung der eigenen Wachstums- und Marktstrategie, die Auswahl möglicher Partner für eine Fusion sowie eine umfassende Due Diligence den Mittelpunkt der Aktivitäten. Dabei bezeichnet Due Diligence eine detaillierte und systematische Analyse des für eine Fusion infrage kommenden Unternehmens hinsichtlich der wirtschaftlichen Lage, der Zukunftsaussichten und Risiken (Wilfert 2004, S. 184).

━ In der **Merger-Phase** bilden die Verhandlungen und der Vertragsabschluss der Übernahme den Mittelpunkt der Aktivitäten.

━ In der **Post-Merger-Phase** erfolgt schließlich die operative Integration, d. h. die ganz praktische Zusammenführung von Prozessen, Strukturen und Technologien.

Wie in ▣ Abb. 4.6 illustriert, liegt nach Einschätzung von 53 % der 230 von der Unternehmensberatung A.T. Kearney befragten Unternehmen das Hauptrisiko für das Scheitern einer Fusion in der Post-Merger-Phase (Träm 2004, S. 209).

Hierfür lassen sich vor allem zwei Gründe nennen: Zunächst verlassen vor allem Leistungsträger kurzfristig das Unternehmen, weil sie mit der Arbeitssituation unzufrieden sind, wofür die subjektive Einkommensunsicherheit, eine als schlecht erlebte Integrationsqualität sowie die allgemeine Unsicherheit in einer Post-Merger-Phase verantwortlich gemacht werden (Grimpe 2005).

Mittel- und langfristig sorgen jedoch vor allem Defizite in der Akkulturation beider Unternehmen für das Scheitern einer Fusion. Statt aus beiden Unternehmenskulturen aktiv und konsequent eine neue gemeinsame »Hochleistungskultur« zu schaffen, werden beide Kulturen passiv dekonstruiert, d. h. zerreiben sich in Konflikten, die sich aus ihrer ungeklärten Unterschiedlichkeit in der täglichen Zusammenarbeit ergeben (Träm 2004).

Sowohl für die interne wie auch für die externe Kommunikation gilt in dem gesamten Zeitraum vor Vertragsschluss einer Fusion strengstes Stillschweigen. Gleichwohl bereiten die Teams der

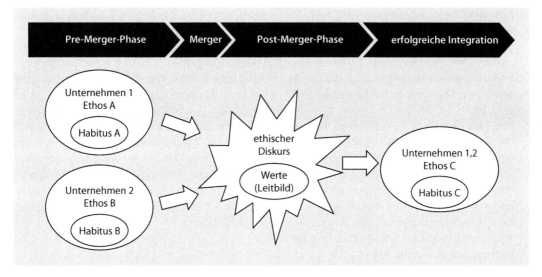

Abb. 4.7 Illustration zum ethischen Diskurs in der Post-Merger-Integration. (Nach Ullrich 2009, S. 20)

internen und externen Kommunikation eine Reihe von Sprachregelungen sowohl für den Fall vor, dass von dem Vorhaben oder den geheimen Verhandlungen im Vorfeld intern oder extern etwas öffentlich wird, als auch für jeden nur erdenklichen Ausgang der Verhandlungen (erfolgreicher Abschluss der Übernahmeverhandlungen; Abbruch der Übernahmeverhandlungen; Verlieren des Übernahmewettstreits gegenüber einem anderen Bieter etc.).

Für die interne Unternehmenskommunikation beginnt die eigentliche Arbeit also erst nach offiziellem Vertragsschluss. Diesen gilt es intern adäquat zu vermitteln: Was ist das Gute daran? Welche Perspektiven eröffnen sich nun daraus? Welche Vorteile sind damit für den einzelnen Mitarbeiter verbunden? Wie geht der Prozess nun im Einzelnen weiter?

Die tatsächliche Herausforderung jedoch stellt sich in der Begleitung der Post-Merger-Phase, also der eigentlichen Integration der beiden Unternehmen. Diese stellt aus der Perspektive der internen Unternehmenskommunikation einen Extremfall eines Change-Programms dar: Zwei mehr oder weniger verschiedene Kulturen treffen aufeinander und sollen sinnvoll miteinander in Einklang gebracht werden.

Um die Herausforderung klarer darzulegen, muss man sich der Situation und dem Phänomen der Unternehmenskultur aus soziologischer Perspektive nähern. Eine Unternehmenskultur oder das Ethos (gr. ἔθος – gewohnheitsmäßiges Verhalten) eines Unternehmens beschreibt das unreflektierte Verhalten der im Unternehmen tätigen Menschen auf der Basis von unbewusst gewachsenen sowie unwillkürlich gelernten Vorstellungen von dem, was üblich, gut und richtig ist. Die Unternehmenskultur ist demnach keine bewusste Entscheidung, sondern eine gewachsene und unreflektierte, automatisierte Verhaltensroutine, die durch das alltägliche Gebaren (Habitus) der Mitglieder des Unternehmens offenbar wird. Dies lässt sich am ehesten durch den Satz: »Das haben wir schon immer so gemacht« plakatieren.

Wird nun den Mitarbeitern zweier Unternehmen, das heißt auch zweier mehr oder minder unterschiedlicher Arbeitskulturen, durch eine Fusion die Zusammenarbeit auferlegt, führt dies zwangsweise zu Friktionen, die sich teilweise zu verhärteten Konflikten auswachsen und die Produktivität der Mitarbeiter drastisch verringern können.

Um hier eine Akkulturation, d. h. eine Vereinigung der Kulturen zu einer gemeinsamen, leistungsorientierten Arbeitskultur zu erreichen, hat sich ein Vorgehen in drei Schritten bewährt (Ullrich 2009; ▣ Abb. 4.7):

1. **Krise des Ethos:** In dieser Stufe wird das jeweils eigene, unbewusste Verhalten bewusst gemacht und es werden die Gemeinsamkeiten und die Unterschiede in den Verhaltensweisen beider Kulturen sichtbar herausgearbeitet. Dadurch wird eine Öffnung für die nächste Stufe erreicht.
2. **Ethischer Diskurs:** Mittels ethischer Diskurse (Ethik, von gr. εθτικοζ – Moralphilosophie) wird durch Diskussionen nach gemeinsamen, übergeordneten Prinzipien gesucht, anhand derer sich bestimmen lässt, welches Verhalten im Konsens als richtig angesehen werden kann. Es werden also gemeinsam akzeptierte Werte und generell für richtig befundene Verhaltensgrundsätze erarbeitet.
3. **Transfer und Habitualisierung des neuen gemeinsamen Leitbilds:** In dieser Phase erfolgt die schrittweise Übertragung der gemeinsam gefundenen Werte und Verhaltensweisen in übergreifend zueinander passendes, neues, eigenes Verhalten in jeden Arbeitsbereich des Unternehmens.

Ähnlich wie bei tiefgreifenden unternehmerischen Neuausrichtungen bildet auch für diese Art der kulturellen Unternehmensentwicklung ein Leitbild das geeignete Instrument.

Bei diesem Vorgehen kommen in den ersten beiden Phasen neben den üblichen Formaten der internen Unternehmenskommunikation vor allem übergreifende Formate der persönlichen Begegnung, etwa Job-Tausch, Workshops, Podiumsdiskussionen, gemeinsame Mahlzeiten etc., aber auch gemeinsame freizeitnahe Angebote außerhalb des Betriebs zum Einsatz. In der dritten Phase werden dann verstärkt Workshops und ähnliche Maßnahmen innerhalb der jeweiligen Organisationseinheiten (Bereiche, Abteilungen) initiiert, um den Transfer in die alltägliche Praxis zu realisieren.

Diesem Prozess vorausgehend oder diesen überlagernd, muss auch der operativ in den Abteilungen erfolgende Integrationsprozess kommunikativ begleitet werden. Die Grundlage für die Gestaltung der entsprechenden internen Kommunikationsaktivitäten bildet der von dem Strategieteam erarbeitete Fusions-Fahrplan. Typischerweise werden in den ersten drei Monaten neben einer Detailplanung der Zusammenführung, d. h. dem Detailentwurf des neu vereinigten Unternehmens, auch die relevanten Top-Management-positionen bestätigt oder neu vergeben und erste Arbeitsprozesse angepasst. In den folgenden sechs bis zwölf Monaten beginnt die Etablierung neuer Strukturen, d. h. die Zusammenlegung bzw. Neuschaffung von Abteilungen und Zuordnung von Verantwortlichkeiten sowie die Zusammenführung der IT-Systeme. Zahlreiche Veränderungen also, über die durch die interne Unternehmenskommunikation zu informieren ist und die es gilt, in ihrer internen Akzeptanz und im reibungsarmen Ablauf zu unterstützen.

Literatur

Claßen M, Kyaw F von (2008) Change Management-Studie 2008. Business Transformation – Veränderungen erfolgreich gestalten. Capgemini Deutschland, 2008

Grimpe C (2005) Arbeitszufriedenheit und Fluktuation im Post Merger Integrationsprozess – Discussion Paper No. 05–76, Zentrum für Europäische Wirtschaftsforschung GmbH. ftp://ftp.zew.de/pub/zew-docs/dp/dp0576.pdf. Zugegriffen: 5. Jan. 2009

Güttler A, Ullrich TW (2008) We manage your damage – How companies effortlessly master international transformation processes. In: Sievert H, Bell D (Hrsg) Communication AND Leadership in the 21st century. Verlag Bertelsmann Stiftung, Gütersloh, S157–169

Hackmann S (2011) Organisatorische Gestaltung in der Post Merger Integration. Gabler/GWV, Wiesbaden

Häusel H-G (2002) Think Limbic. Haufe, München

Heide M (2013) Internal crisis communication – the future of crisis management. In: Thiessen A (Hrsg) Handbuch Krisenmanagement. Springer VS, Wiesbaden, S195–209

Jørgensen H-H (2007) Making change work. Erfolgsfaktoren für die Einführung von Innovationen. IBM Deutschland, Stuttgart

Kröger F (2004) Merger Endgames. Strategien für die Konsolidierungswelle – ein Ansatz von A.T. Kearney. In: Fink D (Hrsg) Management Consulting Fieldbook. München Franz Vahlen, München, S 169–182

Palm A (2012) Post Merger Integration von Unternehmenskulturen. Interkulturelles Integrationskonzept unter besonderer Berücksichtigung einer ganzheitlichen Kommunikationsstrategie. Josef Eul, Lohmar

Rigall J, Wolters G, Goertz H, Schulte K, Tarlatt A (2005) Change Management für Konzerne. Campus, Frankfurt a. M.

Rothenbücher J, Schrottke J (2008) Überschätzte Synergien. Harvard Business Manager 06/2008. Hamburg, S 10–11

Studt JF (2008) Nachhaltigkeit in der Post Merger Integration. Gabler/GWV, Wiesbaden

Träm M (2004) Post Merger Integration. Sieben Regeln für erfolgreiche Fusionen – ein Ansatz von A.T. Kearney. In: Fink D (Hrsg) Management Consulting Fieldbook. München Franz Vahlen, München, S 207–227

Ullrich TW (2009) Kommunikation in der Post-Merger-Integration. Vortragspräsentation. Forum Personalkommunikation, Wiesbaden

Ullrich TW (2014) PR Grundausbildung. Vorlesungsskript Deutschen Akademie für Public Relations Düsseldorf. Frankfurt a. M.

Ullrich TW, Brandstädter M (2015) Krisenkommunikation. Grundlagen und Praxis. Kohlhammer, Stuttgart

Ullrich TW, Hacker P (2014) Kommunikation in Transformationsprozessen – eine überschätzte Größe? In: Jahrbuch Restrukturierung 2015. Frankfurt Business Media GmbH, Friedberg, S. 20–22. http://www.finance-magazin.de/fileadmin/PDF/JB_Restrukturierung_2015_Buch_72dpi.pdf

Weißbeck D (2003) Strategien der Krisenkommunikation zur Vermeidung von Image- und Umsatzverlusten bei Produktschäden. Diplomica, Hamburg

Wilfert A (2004) Due Diligence: Beurteilung wirtschaftlicher Risiken bei Investition und Finanzierungsentscheidungen – ein Ansatz Arthur D. Little. In: Fink D (Hrsg) Management Consulting Fieldbook. München Franz Vahlen, München, S. 183–205

Zowislo N, Schwab H (2003) Interne Kommunikation im Veränderungsprozess. Gabler, Wiesbaden

Transfer und Praxischeck

Mathias Brandstädter

M. Brandstädter et al., *Interne Kommunikation im Krankenhaus*, Erfolgskonzepte Praxis- &
Krankenhaus-Management, DOI 10.1007/978-3-662-45154-0_5, © Springer-Verlag Berlin Heidelberg 2016

In diesem Buch wurden bislang umfänglich die theoretische Herleitung sowie die Kanäle und Instrumente der internen Kommunikation beschrieben und deren jeweilige Anwendungsgebiete, Eigenheiten und Wirkungsweisen dargelegt. Sie skizzieren in ihrer Gesamtheit einen idealtypischen Zustand interner Kommunikation im Krankenhaus, den man in der Praxis sicherlich nur näherungsweise erreichen mag. Dabei wurde einerseits deutlich, welch enorme Bedeutung diesem Aufgabengebiet für die Steuerung des Unternehmens zukommt, nicht zuletzt durch die erfolgskritischen Faktoren eines modernen Krankenhausmanagements. Diese lassen sich mit den eingängigen und bekannten Schlagworten fassen: eine ausgeprägte Hierarchisierung, die Trennung der Berufsgruppen, ein der Branche seit Jahren anhaftender Fachkräftemangel, die Akademisierung einzelner Berufsgruppen sowie der zunehmende Wettbewerbsdruck, der auch viele Krankenhäuser oder Krankenhauskonzerne vor die Aufgabe stellt, miteinander zu fusionieren, neue Häuser bei anhaltender Wettbewerbsfähigkeit zu integrieren oder eben auch Häuser zu schließen.

Andererseits zeigt sich, dass der Krankenhaussektor mit seinen Spezifika (zweigleisige Finanzierung aus budgetorientierten Mitteln der Kassen und Investitionsmitteln der Länder, Arzt-Patienten-Verhältnis, Daten- und Persönlichkeitsschutz, Trennung der Berufsgruppen mit jeweils eigenem Ethos und Selbstverständnis, Schichtarbeit, Verdrängungswettbewerb privater, kommunaler und freigemeinnütziger Träger, volatiler Markt und vielfältige Markenbildungsprozesse etc.) noch einmal besondere Rahmenbedingungen für jeden Kommunikator diktiert.

Unabhängig davon wäre jedes Fachbuch, das seinen Gegenstand nur rein abstrakt zu streifen vermag, die Investition nicht wert. Was folgt nun daraus für den Praktiker, welchen Fragen werden er oder sie sich im Alltag der Klinikkommunikation zu stellen haben? Jede effektive interne Kommunikation wird mit einer Reihe von Fragen, Irritationen oder Unausgegorenheiten beginnen, die im Folgenden schematisch umrissen werden. Die Fragen lassen sich grob zehn Komplexen zuordnen. Im Fokus stehen vor allem das Niveau und der Standard der bisherigen Kommunikation (Grad der Steuerung, Themenwahl, Kanäle, Frequenz und Ausmaß der Vernetzung der bestehenden Kanäle). Kein Krankenhaus, keine Institution vermag es, nicht zu kommunizieren; fraglich ist jedoch, ob es sich um formelle und angeleitete Kommunikation oder um informellen und unstrukturierten Austausch handelt. Innerhalb dieser Fragenleiter sollte erst dann die nächste Stufe erklommen werden, wenn die vorangehende Frage zufriedenstellend beantwortet wurde.

Der Kommunikator sollte aber zunächst bei sich selbst und seinem Berufsverständnis beginnen: Unabhängig von den folgenden Fragen bleibt nämlich die Verinnerlichung der Zielsetzung interner Kommunikation bei den Kommunikatoren und dem Management des Krankenhauses entscheidend und in der Praxis eine der größten Hürden. Der PR-Beauftragte praktiziert in der internen Kommunikation nicht die Fortsetzung eines anlassgetriebenen Journalismus mit anderen Mitteln, er berichtet nicht, was passiert, sondern steuert, was passieren soll. Diese Unterscheidung markiert den Unterschied zwischen bloßer Information und strategischem Vorgehen in der Mitarbeiterkommunikation im Krankenhaus. Der interne Kommunikator ist damit Meinungsbildner in Sachen Vorstandsagenda, kein Berichterstatter. Das ist für viele Kommunikatoren, die ihr Handwerk im Rahmen eines Redaktionsvolontariats gelernt haben, eine bisweilen als markant empfundene Kursänderung ihrer Arbeit und sorgt nicht immer für eine tiefgreifende intrinsische Motivation. Damit ist aber auch nicht gesagt, dass journalistische Techniken gar nicht zum Einsatz kommen – auch in der internen Kommunikation wird recherchiert, werden Fakten abgewogen und kommen Stilmittel und -formen zum Einsatz. Eine gute Schreibe, kritisches Reflexionsvermögen und ein offenes Ohr für Themen gehören zum Rüstzeug, sind jedoch kein Selbstzweck (sie sind es übrigens auch im Rahmen der medialen Berichterstattung nicht, aber das ist ein anderes Thema). Hinzu kommt aber, dass es immer ein klares Mandat gibt: Der Kommunikator soll helfen, das Unternehmen im Sinne der Positionspapiere zu verändern; es gilt, Bekanntheit, Image, Einstellung und Verhalten der Zielgruppen in diese Richtung zu prägen und zu beeinflussen. Dazu sind neben der Präferenz der Steuerung auch Kritikfähigkeit, Authentizität, Personalisierung, nachrichtliche Aktualität, didaktische Aufbereitung der notwendigen Hintergründe zur Aufbereitung der Unternehmensstrategie und -botschaften sowie ein gewisses Maß an redaktioneller Unterhaltung auf Seiten der Kommunikationsabteilung nötig.

5.1 Fragenleiter zur Implementierung interner Kommunikation

Kommunikation geschieht in jeder Organisation oder Gesellschaft zentral gesteuert oder mehr oder weniger autark. Interne Kommunikation hat die Aufgabe, die autarke, dezentral laufende Organisation des Kommunikationsflusses so weit zu prägen, wie es den Zielsetzungen und der Botschaftsdurchdringung optimal entspricht. Dazu empfiehlt es sich, die folgenden Fragenkomplexe durchzugehen. Anhand derer lässt sich erkennen, wie hoch der Grad methodischer Anleitung bislang faktisch ist.

1. **Der Kommunikator:** Was wissen Sie über die Strategie des Krankenhauses und die Unternehmensphilosophie? Sind Sie eingebunden in diese Prozesse und Themen? Wohin und wie soll sich das Haus entwickeln? Wie können Sie zeitnah an diese Informationen gelangen? Wie bekommen Sie diese Informationen in ein kohärentes Ganzes.

2. **Position und Strategie:** Gibt es ein Leitbild? Wenn ja, können Sie es in formaler und inhaltlicher Hinsicht als Referenzrahmen für Ihre Kommunikationsarbeit nutzen? Lässt sich der Inhalt mit klaren Worten beschreiben und ist diese Explikation mit der aktuellen strategischen Ausrichtung des Krankenhauses deckungsgleich? Wenn nein, können Sie es zeitnah überarbeiten oder in kurzen Worten zusammenfassen und damit für Ihre Arbeit operationalisieren?

3. **Kenntnisstand und Struktur der Mitarbeiterschaft:** Was denken die Mitarbeiter über das Krankenhaus, seine Ausrichtung, seine Entwicklungsperspektiven, die Umgangsformen und Wertvorstellungen im Unternehmen? Gibt es eine oder mehrere Mitarbeiterschaften, ein oder mehrere Standorte? Gab oder gibt es eine oder mehrere krisenhafte Episoden im Unternehmen?

4. **Mediennutzungsgewohnheiten der Mitarbeiter:** Fühlen sich die Mitarbeiter ausreichend informiert? Welche Kanäle nutzen die Mitarbeiter, welche Kanäle würden sie stattdessen präferieren? Haben Sie Zahlen zur soziografischen Zusammensetzung der Mitarbeiterschaft (Alter, Geschlecht, Nationalität, Dauer der Betriebszugehörigkeit)?

5. **Medienmix:** Welche Kanäle sind/sind noch nicht im internen Medienmix des Hauses vorhanden? Sind Verschränkungen der bestehenden Kanäle möglich?

6. **Steuerungsaspekte:** Findet ein regelmäßiger Abgleich mit der Nutzung der Kanäle seitens der Unternehmenskommunikation im Hinblick auf die Vorgaben des Vorstands statt? Wie viel Budget, personelle und zeitliche Ressourcen werden für die Schaffung und Vernetzung der internen Kommunikationskanäle benötigt, wie viel steht seitens des Vorstands zur Verfügung, wo lassen sich im Blick auf die momentane Kommunikationsarchitektur Einsparungen erzielen?

7. **Strategische Issues:** Welche Themen beinhalten für das Krankenhaus erfolgskritische oder erfolgversprechende Aspekte, in welcher Form wird in der Mitarbeiterschaft über diese Themen diskutiert? Welche Themen sind für die Mitarbeiterschaft noch relevant?

8. **Rituale:** Welche Rituale prägen den Kommunikationsablauf im Haus? Gibt es spezielle Zusammenkünfte, haben diese einen mehr oder weniger formellen und rituellen Charakter?

9. **Reporting:** Wie ist das Berichtswesen beschaffen? Herrscht ein reger Informationsfluss oder bemängeln Abteilungen die Transparenz und benötigen weitere Informationen für die jeweiligen operativen Tätigkeiten? Gibt es einen Überblick darüber, wer welche Reports bekommt? Welche Reports bekommen Sie, welche benötigen Sie?

10. Welche **Themen** sind also mit welchen Botschaften über welche Kanäle wem zu kommunizieren, um welchen Effekt zu erzielen?

5.2   Implementierung in drei Schritten

Mit der letzten Frage sind die zentralen Faktoren effizienter Kommunikation auf den Punkt gebracht. Mit den Antworten auf die oben genannten Fragen ist im Rahmen der Implementierung einer Kanalvielfalt interner Kommunikation eine konkrete Schrittfolge verbindlich, die drei Stufen umfasst:

1. Aufbau des strategischen Rahmens,
2. die Schaffung von Kanälen und Instrumenten sowie
3. das Kommunikationscontrolling.

Als erstes geht es um den Referenzrahmen. Im Effekt soll Kommunikation über den Nexus von Bekanntheit, Image und Einstellung Verhalten ändern. Dazu braucht es zwingend Kriterien. Jedes Unternehmen hat hier einen gewissen Definitionsspielraum. Natürlich sind Zwielichtigkeiten hier ausgeschlossen, da unmoralische Zielsetzungen für jede Unternehmung auch juristische Konsequenzen haben und nicht nachhaltig wirken. Davon abgesehen hat jedes Krankenhaus die Wahl, wie es sich weltanschaulich fundiert und ausrichtet, relevant ist nur, dass es dies auch ausdrücklich und für interne und externe Zielgruppen nachvollziehbar tut. Interne Kommunikation richtet sich also immer an den Zielen des Unternehmens aus, diese müssen sowohl als Zielvorgabe der Kommunikation als auch als Leitstern für die Mitarbeiter sprachlich eingängig auf den Punkt gebracht werden.

Die erste Frage an jeden Praktiker lautet daher: Hat das Krankenhaus seine Unternehmensphilosophie formuliert, gibt es Leitbild (Vision, Mission und Werte) sowie Führungs- und Verhaltensgrundsätze? Wenn ja, lassen sich diese für die alltägliche Arbeit operationalisieren oder sind sie zu vage? Wie viele Kernwerte werden genannt? Gibt es keine Grundlage, beginnt jede interne Kommunikation zunächst immer mit einem Leitbildprozess. Hierbei sind, je nach Sachlage und Unternehmen, verschiedene Modelle denkbar; ausklammern lässt sich dieser Schritt jedoch nicht, denn nur er stiftet die normative Ausrichtung der internen Kommunikation und definiert, was im Sinne des Unternehmens gutes und schlechtes Verhalten ist.

In diesem Zusammenhang sollte vor allem in Erfahrung gebracht werden, was die Mitarbeiter über ihr Unternehmen denken, wie sie es einschätzen. Denn nur mit diesem Wissen lassen sich später in zeitlicher Reihung Veränderungen im Stimmungsbild der Belegschaft messen und nachvollziehen. Die Befragung sollte mittels standardisierter Fragebögen oder strukturierter Interviews anonym und auf freiwilliger Basis, direkt bei allen Mitarbeitern oder durch repräsentative Stichproben durchgeführt werden. Inhaltlich streift die Befragung in der Regel die Themenbereiche Führung, Kommunikation, Perspektive, Kundenprozesse, Qualität sowie Unternehmensengagement und -ertrag. Es ist sinnvoll, den Fokus (noch) nicht nur auf die Themen der Unternehmenskommunikation zu legen, sondern zugleich die für den Mitarbeiter relevanten Themen der individuellen Perspektive, der gefühlten Wertschätzung, der Arbeitsumstände und der Zukunftsfähigkeit des Unternehmens abzuarbeiten. Dies erhöht die Beteiligung.

Wer eine Mitarbeiterbefragung initiieren will, sollte allerdings bedenken, dass die Einbindung des Betriebs- oder Personalrats hilfreich und in Teilen durch das Betriebsverfassungsgesetz sogar notwendig ist. Von dieser Seite wird man eine solche Befragung in der Regel dann befürworten, wenn die Erhebung anonymisiert und Ergebnisse unternehmensintern veröffentlicht werden.[1] Das stellt grundsätzlich kein Problem dar (denn nur so lässt sich später auch belegen, welchen Nutzen interne Kommunikation hat), sollte aber eng mit der Geschäftsführung abgestimmt sein – nicht zuletzt, weil die Ergebnisse solcher Befragungen wiederum vielfältig als politisches Kampfinstrument genutzt werden können. Umgekehrt gilt, dass auch einer Mitarbeitervertretung daran gelegen sein sollte, Mitarbeiter informativ ins Unternehmen einzubinden. Es bleibt festzuhalten, dass Mitarbeiterbefragungen sensibel gehandhabt werden müssen, da auch kleinere Verfahrensfehler verwaltungsrecht-

---

1   Der Konzern Helios nutzt die Ergebnisse seiner Mitarbeiterbefragungen wiederum konsequent für die externe Kommunikation und das Personalmarketing, indem es diese veröffentlicht: ▶ http://www.helios-kliniken.de/fileadmin/user_upload/Helios-Klinken.de/Ueber_HELIOS/Mitarbeiterbefragung_2011/HELIOS_2011_Gesamtergebnisse.pdf.

liche Konsequenzen haben oder zu einem erheblichen Akzeptanz- und Vertrauensverlust auf Seiten der Befragten führen können, was jede weitere Befragung deutlich erschwert.

Zweitens müssen die bis dato genutzten Kanäle der Informationsübermittlung recherchiert werden. Welche sind vorhanden, wie rege werden sie genutzt, welche werden gewünscht? Spielt formelle oder informelle Kommunikation eine Rolle? Sind die bestehenden Kanäle eher dazu geeignet, Bekanntheit, Image, Einstellung oder Verhalten zu prägen? In diesem Zusammenhang ist auch das Handling der Themen zu prüfen und zu eruieren, in welchem Rahmen die Kommunikationsprozesse bereits fest ritualisiert worden sind. Im Zweifel wird jeder Fachmann oder jede Fachfrau eine Reihe von Kanälen identifizieren können. Nun gilt es herauszufinden, ob der Mix der Kanäle den Gegebenheiten im Krankenhaus oder im Konzern Rechnung trägt, ob diese neu tariert oder durch weitere Kanäle ergänzt werden müssen. Dies wird nicht ohne Blick auf das jeweilige Zielgruppenschema gelingen (verschiedene Standorte, unterschiedliche Gruppen innerhalb der Belegschaft, Geschlecht und Alterspyramide). Wenn unterschiedliche Kanäle bestehen, müssen die jeweils gewählten Themen dann im Hinblick auf den jeweiligen Kanal aufbereitet und durch die Technik des Verweises, des Rekurses oder der Bezugnahme mit anderen Kanälen verschränkt werden. Das dadurch entstehende Netz an Medientypen innerhalb des Unternehmens sollte so eng geknüpft sein, dass jede Zielgruppe theoretisch die Möglichkeit hat, an dem Informationsfluss zu partizipieren. Zu diesem Schritt gehören auch die systematische Integration und das Setting von Themen. Management der internen Kommunikation bedeutet, die für das Krankenhaus relevanten Themen zu finden, sich notwendige Informationen zu beschaffen und dann im Sinne des Hauses für die Mitarbeiter auszubereiten und durch das Netz der Kanäle zu kaskadieren.

Durch diese Vernetzung der internen Medien wird im Laufe der Zeit ein Themenkanon aufgebaut, der sich nachhaltig an den für das Krankenhaus wichtigen Brennpunkten abarbeiten und dazu nachvollziehbare Positionen entwickeln muss.

Diese Vorgehensweise ist das Gegenteil der klassischen Anlassberichterstattung; sie erhöht den Impact der ausgewählten Themen, eröffnet verschiedenen Rezipienten mit unterschiedlichem Vorwissen unterschiedliche Zugänge und schafft die Voraussetzungen dafür, neben der Information auch image- und überzeugungsbildend zu arbeiten und auf das tagtägliche Verhalten einzuwirken.

Ob und inwieweit interne Kommunikation drittens nachhaltig wirksam ist, lässt sich mittelfristig durch empirische Daten erfassen: Ein umfassendes Wissen über das Selbstverständnis und die Ziele des Unternehmens auf Seiten der Mitarbeiter, eine Identifikation mit dem Krankenhaus, kundennahes Verhalten, die Bereitschaft zur Veränderung oder die niedrige Fluktuation exzellenter Mitarbeiter, sinkende Reklamationen und Beschwerden, Kollaboration und Innovation sind nur einige Eigenschaften, für die sich auch betriebswirtschaftliche Key Performance Indicators, also Messgrößen, definieren lassen. Der Grad und die Entwicklung an Informiertheit, Eingebundenheit und Identifikation lassen sich durch Befragungen abermals ermitteln. Zudem sollte bewusst auf Feedback-Elemente gesetzt werden: Gibt es Feedbacks zur Berichterstattung oder Themenvorschläge seitens der Mitarbeiter, sinkt oder steigt die Auflage der hausinternen Printprodukte, nehmen Mitarbeiter in hohem oder geringem Maße an Rätseln oder Verlosungen teil? Werden die Themen im Nachgang im Rahmen der direkten Kommunikation im Haus verhandelt? Im Blick auf die webbasierte Kommunikation bieten sich Analytic-Tools zur Messung der Zugriffe und Seitenbesuche an. Diese messen, auf welche Seiten wie oft zugegriffen wurde, bieten Übersichten über die jeweiligen Suchbegriffe, die Verweildauer oder den Grad der Interaktion auf den entsprechenden Seiten (Hassler 2011). An dieser Stelle sei ausdrücklich darauf hingewiesen, dass der Einsatz dieser Tools mit dem Betriebsrat und dem Datenschutzbeauftragten abzustimmen ist, da einige Tools genauen Rückschluss auf das Kommunikationsverhalten konkreter Nutzer zulassen. Das Krankenhaus ist gut beraten, im Zweifelsfall lieber auf eine Auswertung zurückzugreifen, die die IP-Adressen der Nutzer nicht mit einbezieht.

5.3 Budgetäre und personelle Ressourcen

Kommunikation braucht Ressourcen. Die Konzeption und die Implementierung von Kanälen, die Informationsbeschaffung und Recherche erfolgskritischer Faktoren, die Abstimmung mit dem Vorstand, das Bespielen der Kanäle, Druck, Vertrieb und technischer Support kosten Geld und vor allem Zeit. Oftmals kommt die Frage auf, wie viel Budget man mindestens oder im optimalen Fall benötigt. Diese Frage ist natürlich nicht pauschal zu beantworten, die Antwort hängt von der Größe, dem Veränderungsdruck, dem baulichen oder regionalen Gefüge, der Struktur der Mitarbeiterschaft und der bisherigen Kommunikationskultur und Historie des Hauses ab. Von den 1,5 bis 3 % vom Jahresumsatz, dem sogenannten Budgetstandard der Abteilungen für Corporate Communication in der Industrie, sind Krankenhäuser in der Regel sehr weit entfernt; gleichwohl ist das auch nicht notwendig, lassen sich schon mit einigen tausend Euro pro Jahr enorme Erfolge in der internen Kommunikation erzielen. Fest aber steht: Wer der internen Kommunikation nur so viel Gewicht beimisst, dass er sie nebenher vom Sekretariat oder der Assistenz der Geschäftsführung erledigen lässt, bekommt keine strategische Kommunikationsleitung, sondern allenfalls punktuelle Informationstätigkeit – er verkennt aber die Managementaufgabe der Kommunikation und deren Potenzial, ein Krankenhaus zu verändern und wettbewerbsfähig zu machen. Wem die Kosten für die Steuerung von Einstellung und Verhalten seiner Mitarbeiter zu hoch sind, sollte sich umgekehrt fragen lassen, was mangelnde Informiertheit, schlechte Koordination und wachsende Verzagtheit der Mitarbeiter für Kosten zeitigen können.

Im Hinblick auf die Personalkosten ist – so könnte man im Klinikwesen mit einer Faustformel beschreiben – mindestens mit einer halben Stelle für die interne Kommunikation bei einem Grund- und Regelversorger mit 400 Betten zu kalkulieren. Das ist nicht üppig, sorgt aber für eine gewisse Nachhaltigkeit bei den Kommunikationsprozessen. Wer darunter bleibt, darf umgekehrt von seiner Kommunikation nicht erwarten, dass sie im beschriebenen Sinne steuert oder Akzente setzt.

Hinsichtlich der Sachkosten sollten grundsätzlich einmalige (beispielsweise Konzeption und Implementierung eines Intranets) von regelmäßigen Kosten (in diesem Fall dann der kontinuierliche technische Support) unterschieden werden. Im Hinblick auf die regelmäßigen Sachkosten sorgt der ausgiebige Wettbewerbsdruck im Printgewerbe dafür, dass sich mittlerweile zu sehr günstigen Konditionen Poster, Flyer, Broschüren und Mitarbeiterzeitungen drucken lassen. Bezüglich der Anschaffungskosten (Server) und Wartungskosten (Redaktionssystem und Betriebsumgebung) des Intranets wird in vielen Häusern oftmals dahingehend entschieden, dass man das System wählt, welches mit den bereits im Unternehmen vorhandenen Kompetenzen der IT gepflegt und gewartet werden kann. Damit entscheidet man sich oftmals gleichzeitig aber auch gegen die branchenübliche Variante und sorgt in punkto Nutzerfreundlichkeit und Performance für Unmut. Hierbei sollte nämlich beachtet werden, dass die hauseigene IT Fachmann und Ansprechpartner für den Betrieb klinischer Systeme ist, nicht aber für den Betrieb von Lösungen, die einen Kommunikationsfachmann in seiner Arbeit primär interessieren. Bevor sich also die Wahl des falschen Redaktionssystems eines Intranets aus diesen – zunächst nachvollziehbaren – Beweggründen wie ein Webfehler durch die gesamte interne Kommunikationsarchitektur zieht, sollten externe Anbieter in Erwägung gezogen werden. Das entlastet wiederum die eigene IT-Abteilung und sorgt bei – in der Regel moderaten Kosten – für ein optimales Ergebnis.

5.4 Unterstützung durch Dienstleister

Wer Bruttopersonalkosten und Einstellung von Fachkräften scheut, kann sich externe Unterstützung durch Dienstleister holen. Da interne Kommunikation einer Stetigkeit und Nachhaltigkeit bedarf, zahlt sich kurzfristiges Kalkül nicht aus, mittelfristig ist der Einsatz eigener Fachkräfte in den meisten Fällen günstiger. Das gilt nicht zuletzt, weil es für externen Support stets schwierig ist, interne Gepflogenheiten, Themen, Trends und Stimmungen im Krankenhaus auszumachen und in ihrer Relevanz zu bewerten. Sie benötigen hohen Rechercheeinsatz oder einen hauseigenen Ansprechpartner, der die eigenen Einschätzungen vermittelt und jeweils spiegelt.

Beim Einsatz von Dienstleistern sind zwei Sachlagen grundsätzlich zu unterscheiden:

- externer Support zur Implementierung oder Modifikation der Kommunikationsarchitektur oder einzelner Kanäle,
- externer Support zur Unterstützung der Regelkommunikation.

Im ersten Fall ist fremde Unterstützung weitaus häufiger; es kommt de facto eher selten vor, dass ein Krankenhaus ohne Unterstützung und Know-how beispielsweise einen Intranet-Relaunch erfolgreich und tatsächlich nutzenstiftend bewerkstelligt. Dabei greift man in der Regel auf die Unterstützung von Agenturen zurück, die nach einem Briefing, das Arbeitsauftrag, Umfang, Zeit, Budget, Pflichtenheft und Ansprechpartner umfasst, zur Vorstellung ihrer Konzepte geladen sind. Solche sogenannten Pitches sind in der Regel nicht vergütet, gleichwohl zahlt es sich auch für das Krankenhaus aus, eine gewisse Aufwandsentschädigung (etwa zwischen 1000 und 3000 €) zu zahlen. Dies hält für die Agentur Kosten in Grenzen und motiviert zur (zeit-)intensiveren Auseinandersetzung mit der Aufgabenstellung – was in der Regel auch den Pitch-Präsentationen und den vorgeschlagenen Konzepten deutlich anzusehen ist. Doch wie wählt man die richtige Agentur? Es kursieren viele Kriterien zur Auswahl der richtigen Agentur, hier sollte man sich zudem mit dem Einkauf beraten, um keine Vergabekriterien zu verletzen. Unabhängig davon, wie man diese gewichten mag, steht fest, dass der regionale Bezug, der oftmals angeführt wird (»Wir hätten gern einen Dienstleister aus der Region«), kein entscheidendes Kriterium sein sollte. Im Fokus der Beurteilung externer Dienstleister sollten hingegen Kriterien wie Branchenbezug, einschlägige Referenzen, Innovationskraft, Preis-Leistungs-Verhältnis, Durchdringungstiefe der Aufgabenstellung, Arbeitsproben, Erfahrung mit dem Stoff, persönliches Auftreten sowie das dargebotene Reflexionsniveau ausschlaggebend sein.

Davon zu unterscheiden ist der – bisweilen temporäre – Einsatz von externen Dienstleistern zum Support der Regelkommunikation. Hier sind weniger die Innovationskraft als Zuverlässigkeit und das Preis-Leistungs-Verhältnis gefragt. Grundsätzlich stehen solche Modelle vor dem Hintergrund der notwendigen Rechercheleistung und umfassender Abstimmung mit hauseigenen Kräften in der Regel in einem ungünstigen Kosten-Nutzen-Verhältnis und sind nur zur Überbrückung von Spitzen im Arbeitsaufkommen oder personellen Vakanzen angezeigt.

5.5 Widerstände

Wer interne Kommunikation im beschriebenen Sinne managt und steuert, wird sich früher oder später auch der Kritik von Mitarbeitern oder seitens des Personalrats einhandeln. Der Umstand, dass unternehmensinterne Kommunikation interessengeleitet ist und konkret die Position der Krankenhausführung darlegt, widerstrebt auch heute noch den Intuitionen oder den bisherigen Lesegewohnheiten in vielen Krankenhäusern. Derlei Reibungswärme gilt es richtig einzuschätzen: Eine Replik, zumal eine kritische, ist per se kein schlechtes Indiz und zwar aus zwei Gründen. Es zeigt, dass die Botschaften, die der Vorstand in das Krankenhaus kaskadieren möchte, ankommen und zur inhaltlichen Auseinandersetzung und eigenen Meinungsbildung reizen. Angesichts der Wettbewerbslage im deutschen Gesundheitswesen wird ein Vorstand, der in seinem Krankenhaus keine unpopuläre Maßnahme zu treffen hat, sicherlich etwas falsch machen. Die Kontroverse ist gewissermaßen das Muttermal einer strategischen Führung unter verschärften Wettbewerbsbedingungen, da diese Interessen und Präferenzen priorisiert – und bisweilen eben auch zugunsten anderer zurückstellt.

Zudem gilt es, den Unterschied zwischen Information und Kommunikation im Auge zu behalten. Wer nur informiert, provoziert selten eine Regung bei seinen Zielgruppen. Kommunikation ist ihrem Wesen nach dialogisch ausgerichtet, sie hat Zwiesprache und Dialog im Blick. Reaktionen wie Widerspruch, Abwägung, Wunsch nach Konkretisierung, aber auch Zuspruch und Akklamation sind zunächst und für sich genommen nur Indiz für eine tiefergehende Auseinandersetzung und insofern nicht negativ zu beurteilen. Hier gilt es, die Feedbacks entsprechend zu tarieren und die Reaktionen bei den Zielgruppen genau zu beobachten. Dabei gilt: Wer nur Widerspruch erntet, vernachlässigt offensichtlich den didaktischen Aspekt seiner internen Kommunikation; er erklärt nicht, warum welche Entscheidung aus Sicht des Vorstands und des Unternehmens, und somit im Sinner aller Mitarbeitenden, geboten ist. Wer jedoch keine Reaktionen provoziert, der hält kommunikativ zu großen Abstand von der Vorstandsagenda.

5.6   Tipps und nützliche Adressen

Interne Kommunikation ist keine Domäne der Krankenhäuser. Ein Blick in die Praxis zeigt schnell, dass andere Branchen weitaus filigranere Analysen und Tools der Mitarbeiterkommunikation vorzuweisen haben. Der Arbeitskreis »Interne Kommunikation« der *Deutschen Public Relations Gesellschaft e. V. (DPRG)* versteht sich als Drehscheibe für Fachleute in der internen Kommunikation und will sowohl den konzeptionellen Austausch fördern als auch die Wahrnehmung in den Unternehmen dafür schärfen, dass strategische, interne Kommunikation zur Wertschöpfung im Unternehmen einen wertvollen Beitrag liefert. Hierzu bietet sie auch eine Kommunikationsplattform (▶ www.dprg.de/profile/interne-kommunikation/6), auf der Experten-Papiere und Guidelines zu zentralen Themen der internen Kommunikation veröffentlicht werden. Der Arbeitskreis tagt dreimal jährlich.

Vergleichbares gibt es auch von gewerblicher Seite aus: Fokus IK (interne-kommunikation.net/), eine Online-Plattform der *School for Communication and Management (SCM)*, bietet Informationen rund um die Themen interne Kommunikation, Veränderungskommunikation, Führungskräftekommunikation und Mitarbeitermedien. Gemeinsam mit der Deutschen Presseakademie richtet das Unternehmen regelmäßig die branchenübergreifende Fachtagung für interne Kommunikation aus (tagungen.depak.de/interne-kommunikation).

Literatur

Hassler M (2011) Web Analytics: Metriken auswerten, Besucherverhalten verstehen, Website optimieren. Mtip, Heidelberg

Perspektiven der internen Unternehmenskommunikation

Thomas W. Ullrich

M. Brandstädter et al., *Interne Kommunikation im Krankenhaus*, Erfolgskonzepte Praxis- &
Krankenhaus-Management, DOI 10.1007/978-3-662-45154-0_6, © Springer-Verlag Berlin Heidelberg 2016

Wie sieht die Zukunft der internen Unternehmenskommunikation aus? Welchen Herausforderungen muss sie künftig begegnen? Welche Trends gibt es, auf die sich die interne Unternehmenskommunikation heute schon einstellen muss? Solche und ähnliche Fragen gilt es zu beantworten, wenn man sich mit der Perspektive, d. h. der künftigen Entwicklung befasst und möglichst schon heute einen Ausblick auf das geben will, was kommt.

Unternimmt man eine systematische Bestandsaufnahme zu den veröffentlichten Trends der internen Unternehmenskommunikation, drängt sich der Eindruck auf, dass Trends häufig von gerade denjenigen gefunden und veröffentlicht werden, die zu diesem Trend ein passendes Produkt oder eine passende Dienstleistung anzubieten haben.

Ein Beispiel hierfür ist der mit hohem Mediendruck vermittelte Trend zum Social Intranet, der die Einführung neuer, kollaborativer Intranet-Software sowie eine veränderte Arbeitskultur einforderte. Nüchtern betrachtet steht jedoch bis heute der Business Case für solche Social Intranets aus (Ullrich 2012). Im Gegenteil: Zahlreiche Projekte, die in Großunternehmen initiiert wurden, um Social Intranets einzuführen, waren in der technischen Realisierung erfolgreich, floppten jedoch in der internen Akzeptanz. Wie auch zuvor mit anderen Formaten, etwa dem Veranstaltungsformat World Café, zeigte sich auch bei den Social Intranets, dass es für die interne Unternehmenskommunikation keine »magic bullets« gibt: Tools bzw. innovative Kommunikationsinstrumente sind selten die Lösung für strukturelle und soziale Herausforderungen oder Probleme in Unternehmen.

Insgesamt existiert für die Herausforderungen der internen Unternehmenskommunikation bereits eine Vielzahl von Instrumenten, die sich für jeweils unterschiedliche Fragestellungen unterschiedlich gut eignen (▶ Abschn. 1.5). In den letzten Jahren hat in vielen Unternehmen, auch bei Kliniken, eine merkliche »Aufrüstung« im Arsenal der internen Kommunikationsmittel stattgefunden: Neben ausgereiften Kanälen der internen Regulärkommunikation ist mancherorts zudem eine belastbare Infrastruktur entstanden, um im Bedarfsfall – etwa bei Projekten, Veränderungsprozessen etc. – ergänzende Instrumente und Medien zu realisieren.

Dabei wird es auch weiterhin eine Herausforderung für die interne Unternehmenskommunikation bleiben, insbesondere die bestehenden digitalen Kommunikationskanäle auf die verschiedenen technischen Nutzungsgeräte integriert auszurichten. Stellvertretend sei hier das Thema Intranet auf mobilen Endgeräten (z. B. iPads, Smartphones), etwa durch responsive screen design und Ersatz von Flash-Elementen, genannt.

Insgesamt deutet sich für die interne Unternehmenskommunikation eine Phase der Inbonation statt Innovation an: Es geht mehr und mehr darum, wie mit dem bestehenden Medien- und Maßnahmen-Mix ein maximaler Mehrwert für die operativ tätige Organisation geschaffen werden kann. Wer braucht wann welche Informationen, um wertschöpfend tätig zu sein? Welche Informationen braucht er nicht? Wer braucht welche Dokumente, Formulare etc.? Wann?

Hier zeichnet sich ein Paradigmenwechsel im Selbstverständnis der internen Unternehmenskommunikation ab. In der Vergangenheit wurde unterstellt, dass die Mitarbeiter durch die Medien der internen Unternehmenskommunikation gut erreicht werden können. Was bisher nur bedingt richtig war, droht immer mehr zu einer falschen Annahme zu werden. Es ist beobachtbar, dass der Trend »BOYD – Bring your own device« zunehmend auch die deutsche Mitarbeiterschaft ergreift: Der einzelne Arbeitnehmer bringt seine eigenen mobilen Endgeräte, etwa internetfähige Smartphones, Tablets etc., mit an seinen Arbeitsplatz und bleibt so durchgehend online mit seinen Freunden und Bekannten sowie den Newskanälen verbunden, die ihn interessieren. Mit diesen Kanälen und Interessen müssen die Medienangebote der internen Unternehmenskommunikation zunehmend konkurrieren: Auch sie geraten in die Zwänge der Aufmerksamkeitsökonomie (Franck 1998), d. h. treten in einen Wettbewerb um Aufmerksamkeit. Werden die Inhalte der unternehmensinternen Medienangebote von den internen Zielgruppen nicht als relevant empfunden und sind sie im ökonomischen Sinne intern nicht handlungsleitend, werden die Medien der internen Unternehmenskommunikation abgelehnt, im besten Fall zunehmend ignoriert.

Will die interne Unternehmenskommunikation ihre in den letzten Jahren entwickelte Position weiterhin behaupten, wird sie ihre Rolle vom Bypass in der Organisation, vom Berichten über die Dinge, die intern geschehen, und vom Informieren der Mitarbeiter in zweierlei Hinsicht verändern müssen: Sie wird erstens inhaltlich ihre Rolle als vom Management alimentierte und strategisch ausgerichtete Meinungsführerschaft im Sinne des Unternehmens stärker wahrnehmen müssen (»Tendenzbetrieb«) und zweitens prozessual eine stärkere Rolle in der Organisation der intern divisionsübergreifend operativ erforderlichen Informationen für den einzelnen Mitarbeiter wahrnehmen müssen, d. h. konkret auf die übergreifenden Arbeitsprozesse fördernd einzuwirken.

Dies wird umso mehr virulent, je weiter die Informationsflut ansteigt. In einer Karikatur heißt es: »Heute ist ein Mensch täglich mehr neuen Informationen ausgesetzt, als ein Mensch im Mittelalter während seines gesamten Lebens.« Hierauf wurde in ▶ Abschn. 1.6 bereits eingegangen und neben der Relevanzorientierung das Denken in Kampagnen als geeigneter Ansatz identifiziert.

In der Konsequenz wird der internen Unternehmenskommunikation künftig als strategischer Ast der Unternehmensentwicklung und -steuerung eine steigende Bedeutung zukommen. Dies wird sich weniger als Anforderung auf Innovationen, sondern viel mehr als Anforderung auf eine veränderte Architektur der internen Kanäle sowie eine Integration und zielgruppenorientierte Zuspitzung von Themen und Medien niederschlagen.

Um die eigene interne Unternehmenskommunikation zukunftsorientiert und wertschöpfend aufzustellen, skizzieren die folgenden Adjektive und die ihnen zugeordneten Kernfragen den Anforderungs- bzw. Handlungsrahmen:

1. **Relevant:** Welche Themen sind für die internen Zielgruppen wichtig? In welcher Form und Tiefe? Wie ist dies mit den Unternehmenszielen verknüpfbar?
2. **Unterstützend:** Wie können wir über die Kanäle der internen Unternehmenskommunikation das operative Tagesgeschäft bestmöglich unterstützen – sowohl im Pull-Informationsangebot als auch in der Push-Themenwahl?
3. **Kampagnenfähig:** Wie vermitteln wir unsere Botschaften kanalübergreifend und dramaturgisch optimal?
4. **Vernetzt:** Wie verzahnen wir unsere Aktivitäten intern mit anderen Abteilungen und ihren Aktivitäten – etwa dem Bereich Personal?
5. **Ergebnisorientiert:** Wie messen und belegen wir die Wirkung unserer Aktivitäten, um sie in Effizienz und Effektivität kontinuierlich weiterentwickeln zu können?

Literatur

Franck G (1998) Ökonomie der Aufmerksamkeit. Carl Hanser, München
Ullrich TW (2012) Kein Enterprise 2.0 – Warum Social Media in Unternehmen nicht funktioniert. Webosoph.de. ▶ http://www.webosoph.de/2012/10/03/kein-enterprise-2-0-warum-social-media-in-unternehmen-nicht-funktioniert/. Zugegriffen: 4. Jan. 2015

Serviceteil

Stichwortverzeichnis – 120

M. Brandstädter et al., *Interne Kommunikation im Krankenhaus*, Erfolgskonzepte Praxis- & Krankenhaus-Management, DOI 10.1007/978-3-662-45154-0, © Springer-Verlag Berlin Heidelberg 2016

Stichwortverzeichnis

Z